유 아 발 달

이경희 · 김정신 공저

교육아카데미

머리말

유아교육은 먼저 교육의 대상이 되는 유아에 관해 아는 것부터 이루어져야 한다. 유아의 발달을 아는 것은 유아의 특성에 대한 이해를 바탕으로 이루어진다. 유아의 발달은 작은 우주를 펼쳐놓은 것과 같다. 유아의 사고와 행동은 그들의 발달과 함께 양적, 질적으로 아주 다른 양상을 보인다.

본 저서는 앞으로 유치원 및 보육시설과 같은 유아교육기관에서 근무하게 될 예비유아교사들을 대상으로 유아들의 발달을 이해하여 유아들을 잘 교육할 수 있도록 돕기 위한 목적으로 출간하게 되었다.

본 저서는 모두 10장으로 구성되어 있으며, 내용은 크게 세 가지로 나눌 수 있다. 첫째는 1장부터 3장으로 발달에 대한 전반적 이해를 위해 발달의 기초와 이론 및 연구방법을 다루었다. 둘째는 4장부터 8장으로 유아기 발달을 각 영역별로 나누어 신체 발달, 인지 발달, 언어 발달, 정서 발달, 사회성 발달을 다루었다. 셋째는 9장과 10장으로 이상 발달과 발달에 영향을 주는 요인에 관해 다루었다.

각 장의 이름은 1장 유아발달의 기초, 2장 유아발달 이론, 3장 유아발달 연구방법, 4장 신체 발달, 5장 인지 발달, 6장 언어 발달, 7장 정서 발달, 8장 사회성 발달, 9장 유아기 이상 발달, 10장 유아발달과 환경이며 각 장의 저술은 1장, 2장, 3장, 9장, 10장은 김정신 교수가, 4장, 5장, 6장, 7장, 8장은 이경희 교수가 저술하였다.

유아발달에 관한 저서들이 많이 출판되어 있지만 본 저서는 예비유아교사들이 유아발달을 통해 꼭 알아두어야 할 내용을 중심으로 보다 최근의 자료를 제시하고자 노력하였다. 그러나 출판하려고 하니 부족한 점이 많음을 느끼며 앞으로 계속 보완해나가고자 한다.

본 저서가 나오기까지 저자들의 가족과 사진자료에 협조해 준 인천재능대학교 부속유치원 원감, 교사, 어린이들에게 감사드린다. 끝으로 이 저서의 출판을 허락해 주신 교육아카데미 김의용 사장님과 편집부 직원분들께 깊은 감사를 드린다.

2017년 1월

저자 일동

CONTENTS

1장 | 유아발달의 기초

2장 | 유아발달 이론

CONTENTS

CONTENTS

CONTENTS

CONTENTS

1장

유아발달의 기초

1. 발달의 개념과 중요성

1) 발달의 개념

발달이란 무엇인가? 많은 학자들이 발달에 대해 공통적으로 이야기하고 있는 것은 발달은 '변화'라는 것이다(Berk, 2012; Diamond, Casey, & Munakata, 2011, Santrock, 2015). 발달은 난자와 정자가 만나 수정된 순간부터 사망에 이르기까지 인간의 전 생애에 걸쳐 진행되는 움직임이나 변화의 패턴을 의미한다(Santrock, 2015).

이러한 발달의 변화에는 양적인 변화와 질적인 변화가 있다. 먼저 양적인 변화는 크기나 양의 변화를 의미하는 것으로, 예를 들어 키나 몸무게가 변화하는 것이다. 이렇게 수치로 보이는 변화가 양적인 변화이며 성장으로 볼 수 있다. 다음으로 질적인 변화란 수치로 변화되거나 시각적으로 변화가 보이지는 않지만 본질, 구조 또는 조직상의 변화를 의미하며 감성적인 능력, 정서, 인지 능력 등이 보다 높은 차원으로 변화되는 것이다. 예를 들어 5세의 유아가 인지적으로 자기중심적인 사고를 하다가 점차 다른 사람의 입장에서 사고하게 될 때 사고의 질적인 변화로 볼 수 있다.

발달은 성장, 성숙, 학습이라는 세 가지 기제가 서로 상호작용하여 이루어진다. 성장(growth)은 키나 몸무게의 변화처럼 신체의 크기나 능력이 양적으로 증가하는 변화를 의미하고, 성숙(maturation)은 이미 유전적으로 예정되어 나타나는 생물학적 과정으로 인간의 성장과정에서 발달단계에 따라 자연스럽게 획득되거나 변화되는 현상을 말한다(정옥분, 2013). '제1성장 급등기'로 불리는 영아기의 빠른 성장과 사춘기의 2차 성징은 성숙에 의한 것이다. 학습(learning)은 직접·간접적으로 연습, 훈련, 경험에 의해 비교적 영속적으로 이루어지는 행동의 변화이다. 외국어를 획득하는 과정은 특정 훈련에 의해 이루어지므로 학습으로 인한 행동이라고 할 수 있다. 인간은 일생동안 성장, 성숙, 학습의 영향을 받으며 발달이 이루어진다.

2) 유아기 발달의 중요성

발달은 인간을 이해하는데 매우 기초적이며 중요하다. 인간의 발달 중 특히 초기 발달인 유아기 발달의 중요성에 대해 많은 학자들이 동의하고 있다.

유아기 발달의 중요성을 정리하면 다음과 같다(Caruso & Fawcett, 2006; Crain, 2010; Levine & Munsch, 2013; Spodek & Saracho, 1994).

첫째, 유아기 발달은 변화가 빠르게 나타나며, 다른 시기에 비해 잠재력이 발휘되는 민감한 시기이다. 영아기에 이어 유아기에는 신체, 인지, 언어, 사회, 정서 각 영역의 발달이 급격히 이루어지며 변화가 빠르게 나타난다. 또한, 발달이 가장 적절하게 획득되는 민감한 시기로 유아기 때 기본적인 영양공급 및 외부 자극, 다양한 상호작용 등이 적절하게 제공되지 않으면 각 영역의 발달이 지체될 수 있다. 예를 들어, 언어 발달의 경우 생물학적으로 언어적 능력을 가지고 태어났다 하더라도 유아기에 적절한 언어적 자극이 제공되지 않는다면 언어 발달이 지체될 수 있다.

둘째, 유아기 발달은 이후 모든 발달의 기초가 되기 때문에 매우 중요하다. 발달심리학의 많은 연구들은 인간 발달의 기초가 유아기에 형성된다는데 동의하고 있다. 예를 들어, 프로이트(Freud)는 인간 성격의 기초가 유아기 부모와 자녀관계에 의해 결정적인 영향을 받는다고 하였고, 에릭슨(Erikson)은 인간 발달의 각 단계에서 발달시켜야 하는 과업 중 유아기에 자율성과 주도성을 획득하는 것이 중요하며, 그렇지 못한 경우 수치심, 회의, 죄책감 등이 생긴다고 하였다.

셋째, 유아기에는 사회에서 집단적인 보육과 교육이 본격적으로 시작되기 때문이다. 취학 전 유아들은 가정 밖 환경에서도 차츰 시간을 보내게 되며, 학교 교육이 시작되기 전에 갖추어야 할 기본적인 태도나 능력을 점차 익히게 된다. 이 시기 동안 습득하는 학교 준비 정도는 이후의 원만한 학교 적응과 관련된다. 이러한 이유로 문혁준 등(2016)은 유아기 신체, 인지, 사회, 정서, 언어 등 여러 영역의 발달에 대해 체계적이고 과학적인 정보를 바탕으로 유아의 발달에 적합한 교육을 제공하는 것은 유아들 자신뿐만 아니라 이들이 속한 사회에도 매우 중요하다고 하였다.

2. 발달의 원리

발달은 인간의 전 생애 동안 이루어지기 때문에 복잡한 과정으로 이루어지나, 모든 인간 발달에서 보편적으로 따르는 원리가 있다.

첫째, 발달은 일정한 순서가 있으며 누적적이다. 발달은 예측할 수 없이 무질서하게 이루어지는 것이 아니라, 단계가 있으며 예측 가능한 순서에 따라 이루어진다. 언어 발달의 경우를 예로 들면, 처음에는 울음으로 모든 의사소통을 하다가 옹알이, 한 단어, 두 단어, 복잡한 문장 등으로 발달해간다. 신체 발달의 경우, 태어나자마자 걸을 수 있는 사람은 아무도 없다. 모든 유아는 처음엔 누워만 있다가 앉기, 서기, 걷기, 달리기 등의 일정한 순서에 따라 신체가 발달하게 된다. 신체 및 운동 발달의 경우 일정한 방향으로 진행되는데 머리에서 발끝 방향으로 발달이 진행되는 두미 방향의 원리, 몸 중심부에서 말초 쪽으로 발달이 진행되는 근원 방향의 원리, 일반적인 기능에서 특수한 기능으로 발달하는 전체–세분화 방향의 원리가 있다(이영 외, 2015).

둘째, 발달의 속도는 일정하지 않다. 각 시기별로 급격히 발달되는 시기도 있으며, 천천히 발달이 이루어지는 시기도 있다. 신체 발달의 경우, 영아기와 사춘기 때 특히 빠르게 이루어지며 언어 발달의 경우, 유아기에 많은 어휘 습득으로 급격하게 발달이 이루어진다. 이처럼 각 발달에서 급격한 성장을 보이는 시기를 '결정적 시기'라고 한다. 인간의 발달에서 결정적 시기는 대부분 인생의 초기에 이루어지기 때문에 유아기의 발달이 인간의 평생을 좌우할 만큼 중요하다. 각 발달에서 중요한 결정적 시기를 놓치게 되면 이후 치명적인 영향을 줄 수 있다.

셋째, 발달에는 개인차가 있다. 모든 발달은 일정한 순서가 있지만, 개인차가 있다. 이러한 개인차는 개인적 특성, 성별, 환경과 유전의 영향 등에 따라 나타난다. 유전적으로 같은 요인을 타고났다는 일란성 쌍생아들의 경우에도 개인차가 존재한다. 또한, 속도에 있어서 개인차가 나타나 나이가 같은 만 3세 유아라 하더라도, 키가 크거나 작은 유아가 있고, 말이 빠르거나 늦은 유아들도 있다. 특히, 유아기는 발달이 이루어지는 과정 중에 있으며 개인차가 크기 때문에 발달의 개인차를 고려하는 것이 매우 중요하다.

넷째, 발달의 각 측면은 상호 연결되어 있다. 인간의 발달 영역인 신체, 언어, 인지, 정서, 사회성 발달 등은 긴밀하게 연결되어 있으며 서로 영향을 주고받으며 발달하고 복잡하게 얽혀 있다(Diamond et al., 2011; Santrock, 2015). 부모의 접촉에 대한 반응으로 미소 짓는 유아를 생각해보면 이러한 반응은 생물학적 과정(접촉의 물리적 성질과 반응), 인지적 과정(의도적 행위를 이해하는 능력), 사회·정서적 과정(미소 짓는 행위는 긍정적 정서 감정을 반영하고 다른 사람들과 관계형성에 영향을 줌)으로 연결되어 있음을 알 수 있다(Santrock, 2015). 발달의 각 영역은 서로 영향을 주고받는데 예를 들어, 언어 발달이 뛰어나 말을 잘하는 유아는 친구들과 놀이할 때 주도적인 역할을 하게 되어 친구들과 어울리면서 사회성이 발달하게 되고, 주도적인 역할을 했던 경험이 긍정적인 자아개념을 형성하게 되어 인지 발달도 향상시키게 된다. 또한, 정서 발달이 잘 이루어진 유아인 경우에는 자신의 감정을 적절하게 표현하고, 친구들의 마음을 잘 이해하기 때문에 또래관계가 원만하여 사회적 능력도 높은 수준이 될 것이다. 이처럼, 각 발달 영역은 따로 분리되어 있지 않고 긴밀하게 연관되어 있기 때문에 발달의 한 영역이라도 소홀하게 된다면 다른 영역도 영향을 받아 전반적인 발달이 원만하게 이루어지기 어렵다.

다섯째, 발달은 유전과 환경의 상호작용에 의해 이루어진다. 발달은 유전적으로 타고난 성숙과 환경을 통해 이루어지는 학습이 있다. 이러한 유전과 환경에 대한 중요성은 오래 전부터 논의되어 왔으며, 두 가지 요인 모두가 발달에 중요한 영향을 미치고 있다. 예를 들어, 유전적으로 뛰어난 신체적 조건을 가지고 태어났더라도 매우 결핍되어 있는 환경에서 자라난다면 타고난 유전적 요인이 제대로 발휘되기 어려울 것이다. 반대로, 풍성한 환경적 요인이 있는 곳에서 자라더라도 타고난 유전적인 영향을 받을 수밖에 없다.

3. 발달의 영역 및 시기

인간의 발달을 제대로 이해하기 위해서는 발달의 영역과 시기를 구분할 필요가 있다. 발달은 다양한 요인이 상호작용하여 이루어지는 복잡한 과정이기 때문에 연령에 따른 시기 구분과 각 측면에 따른 영역을 구분하여 제시하면 다음과 같다.

1) 발달의 영역

발달의 영역은 학자마다 다양하게 구분할 수 있는데 일반적으로 생물학적 발달, 인지적 발달, 사회·정서적 발달로 나눌 수 있다(정옥분, 2013; Santrock, 2015).

먼저 생물학적 발달은 신체 발달과 관련되며 발달에 있어서 생물학적 과정의 역할이 반영된다. 유아기 신체 발달은 신체 및 운동 발달이라고도 부르며, 주로 키와 몸무게의 발달, 치아의 발달, 대근육과 소근육의 발달 등 신체적으로 성장하면서 발달되는 측면을 포함한다.

인지적 발달은 개인의 사고, 지능, 언어에서의 변화가 포함된다. 예를 들어 개념의 발달, 기억, 지능, 정보 처리 능력, 창의성 등의 정신적 표상과 능력의 발달을 말한다.

사회·정서적 발달은 대인관계, 정서, 성격의 변화와 사회적 환경의 변화를 포함한다. 이를 다시 사회성 발달과 정서 발달로 나누어볼 수 있다. 사회성 발달은 자아, 성역할, 도덕성, 사회적 능력, 친사회적 행동, 공격성 등 다른 사람과 관계를 맺는 측면과 연관된 발달을 말한다. 정서 발달은 자신과 타인의 정서를 이해하고, 표현하며, 조절해가는 측면과 관련된다.

이러한 발달의 영역들은 편의상 구분한 것이기 때문에 다르게 구분할 수도 있으며, 앞에서 구분한 발달 외에도 도덕성 발달을 추가로 구분하기도 한다. 최근에는 이러한 발달 영역간의 복합적인 관계에 대한 연구들이 발달인지신경학(developmental cognitive neuroscience)과 발달사회신경학(developmental social neuroscience) 두 분야에서 급성장하며 활발하게 이루어지고 있다(Santrock, 2015).

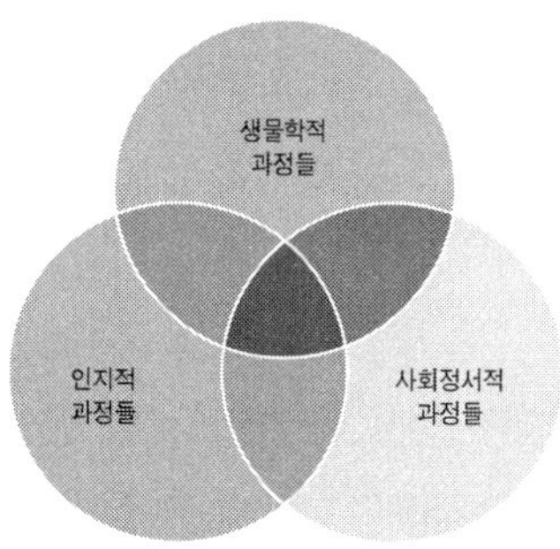

그림 1-1 발달적 변화들에 포함된 과정들

출처: Santrock, J. W. (2015). 발달심리학. 이지연, 임춘희, 김수정 공역(2016). 경기: 교육과학사. p. 18 인용

2) 발달의 시기

인간의 발달은 난자와 정자가 만난 순간부터 죽음에 이르기까지 계속적인 변화의 과정으로 시간이 지나면서 생물학적, 인지적, 사회·정서 과정의 상호작용(그림 1-1 참조)을 통해 발달이 이루어진다. 이러한 과정을 한 번에 모두 이해하기는 어려우므로, 일반적으로 나이를 기준으로 하여 발달의 시기를 구분하고 있다. 본 교재에서는 유아 발달을 주로 다루고 있지만, 전반적인 발달의 흐름을 이해하기 위해 일반적인 시기를 구분하면 다음과 같다.

(1) 태내기(수정–출생)

어머니의 자궁 안에서 난자와 정자가 만나 수정란이 되고, 태아의 신체 조직이 구성되면서 발달되는 시기이다. 이 시기에는 중요한 성장이 이루어지는데, 단세포가 뇌와 행동적 능력을 가진 복잡한 유기체로 성장한다.

(2) 신생아기(출생–1개월)

출생 후 첫 1달 정도이며, 어머니의 자궁 속에 있다가 처음으로 세상에 나와 지내는 시기이다. 신생아기에는 다양한 반사운동을 통해 세상에 적응해 나간다.

(3) 영아기(1개월 이후–만 2세)

영아기는 신체 성장이 일생 중 가장 급속도로 이루어지는 시기로, 태어나서 첫 돌이 지나면 키는 약 1.5배, 몸무게는 약 3배 정도로 성장하게 된다. 영아는 오감을 통해 세상을 배워가면서 발달한다.

(4) 유아기(만 3세–만 5세)

유아기는 취학 전 시기라고도 하며, 학자에 따라 시기 구분이 달라 더 넓은 연령을 포함하기도 한다. 유아는 유아교육기관인 유치원과 어린이집에 다니면서 가정 외에 새로운 환경 속에서 교사, 또래들과 상호작용을 하며 다양한 경험을 통해 발달해간다.

(5) 아동기(만 6세–만 11세)

아동기는 초등학교에 입학하여 다니는 시기로 학교생활과 교우관계가 아동의 사회화 과정이나 지적발달에 중요한 역할을 수행하고, 유아기에 비해 주변 사물을 보는 시각과 사고방식이 보다 객관적인 방향으로 나아간다.

(6) 청소년기(만 12세–만 18세)

사춘기를 포함하여 신체적으로 급속한 성장이 이루어지며, 자아정체감이 정립되는 시기이다. 점차 독립적인 성인으로 살아가기 위한 준비를 하며, 가족보다는 친구들과 함께하는 시간이 많아지는 시기이다.

(7) 성인 초기(만 19세 이후–40세)

대학을 졸업하여 직장이라는 새로운 세계를 경험하고, 결혼을 통해 가정을 이루는 시기이다. 이 시기는 심신의 성장을 마치고 어른이 된 시기로 다른 사람들과 함께 사회에서 자신의 위치와 책임을 수행하는 시기이다.

(8) 성인 중기(40–65세)

성인 중기는 성인 초기를 지나 점차 노화가 진행되는 시기로 흰머리가 나거나 눈이 침침해지고, 치아 등도 예전과 같지 않게 되어 건강에 주의를 기울여야 하는 시기이다. 자녀의 성장과 직장 생활로 다른 시기에 비해 안정적인 기반을 갖게 되는데 자칫 미래에 대한 계획보다는 과거의 회상이나 기억에 의존하여 예전과 같은 의욕이 생기지 않을 수 있으므로 건설적인 성인 중기를 맞이할 수 있도록 노력해야 한다.

(9) 노년기(65세 이후)

최근에는 평균 수명이 길어지면서 노년기의 기간에 대한 구분이 달라지기도 한다. 예전에 비해 노년기가 훨씬 길어지고 있기 때문에 노년기를 하나의 시기로 보지 말고 전기, 중기, 후기 등으로 구분하자는 시각도 있다. 이 시기는 다른 어떤 발달 시기보다 더 오래 지속될 것이며 숫자가 극적으로 증가하고 있기 때문에, 전 생애 발달학자들은 노년기(성인 말기) 동안의 차이들에 더 많이 주목하고 있다(Berk, 2012; Santrock, 2015).

위에서 살펴본 바와 같이 각 시기별로 보이는 발달의 특성이 있지만, 시기의 시작과 끝 연령에 대한 개인차이가 있을 수 있으며, 문화마다 보이는 특성으로 연령이 같지 않을 수도 있다. 우리나라의 경우, 유치원에 취원하는 연령이 만 3세~만 5세이기 때문에 이 시기를 유아기로 볼 수 있으며, 각 나라마다 학제 편성에 따라 시기가 달라질 수 있다. 본 교재에서는 우리나라에서 유치원에 다닐 수 있는 나이인 만 3세부터 만 5세까지를 유아기로 정하여 살펴보고자 한다.

표 1-1 우리나라 법적 연령 구분

유아 및 영유아	
유아교육법	'유아'란 만 3세부터 초등학교 취학 전까지의 어린이를 말한다.
모자보건법	'영유아'란 출생 후 6년 미만인 사람을 말한다.
아동	
아동복지법	'아동'이란 18세 미만인 사람을 말한다.
아동·청소년의 성보호에 관한 법률	'아동·청소년'이란 19세 미만인 사람을 말한다.

청소년	
청소년 기본법	'청소년'이란 9세 이상 24세 이하인 사람을 말한다.
청소년 보호법	'청소년'이란 만 19세 미만인 사람을 말한다.
그 외	
민법	사람은 19세로 성년에 이르게 된다.
형법	14세가 되지 아니한 자의 행위는 벌하지 아니 한다.
소년법	이 법에서 '소년'이란 19세 미만인 사람을 말한다.

출처: 곽금주(2016). 발달심리학. 서울: 학지사. p. 22 인용

4. 발달의 쟁점

발달에 대한 많은 이론들은 각각 인간 발달이 어떻게 이루어지고, 무엇에 의해 영향을 받는지 다양하게 설명하고 있다. 인간의 발달은 인생 전반에 걸쳐 이루어지며 매우 복잡하고 다양한 요인이 영향을 주기 때문에 하나의 이론으로 설명하기 어렵다. 발달의 쟁점에 대한 여러 의견들을 통해 유아를 이해하는 것 뿐 아니라, 유아에게 유익한 도움을 주기 위한 기초가 마련될 수 있다(김태련 외, 2004; Shaffer, 2000).

발달과 관련된 대표적인 쟁점은 3가지로 요약할 수 있다. 첫째, 발달의 과정이 연속적인가, 비연속적인가 둘째, 발달의 요인이 유전인가, 환경인가 셋째, 발달이 안정적인가, 변화되는가이다.

1) 연속적 대 비연속적

발달이 연속적으로 이루어지는가 또는 비연속적으로 이루어지는가에 관한 논쟁은 오랜 시간 동안 이루어졌다. 발달이 서서히 연속적으로 이루어진다고 보는 입장을 비단계이론이라고 부르며, 특정 시기에 급격한 변화를 통해 비연속적으로 이루어진다고 보는 입장을 단계이론으로 부르기도 한다.

먼저, 발달이 연속적으로 이루어진다고 보는 입장에서는 발달을 연속적인 양적 변화의 과정으로 설명하며, 유아들도 성인과 같은 방법으로 발달해간다고 본다. 발달은 이전 경험 위에 새로운 사건이나 변화가 질서정연하게 덧붙여지는 과정이므로 유아가 세상에 대해 반응하는 방식은 성인과 다를 바 없고 다만 양이나 복합성 정도에서 차이가 있다는 것이다(Rutter, 1987). 발달을 연속적으로 보는 대표적인 예는 식물의 성장을 들 수 있다. 식물은 씨에서 시작되어 싹이 나면 모양이 크게 변하는 것이 아니라 크기가 점점 커지면서 성장을 한다(Santrock, 2014). 이렇듯, 발달을 양적으로 점차적인 변화가 이루어졌다고 보는 입장은 발달의 연속성을 의미한다.

다음으로, 발달이 비연속적으로 이루어진다고 보는 입장에서는 유아가 성인이 됨에 따라 질적인 변화가 발생하며 각 단계별로 나타나는 독특한 특성이 있다고 본다. 마치 계단을 한 계단씩 올라가는 것처럼 새로운 수준으로 발달해갈 때 갑자기 변화가 이루어지며, 한동안은 조금씩 변하게 된다. 인지 발달의 대표학자인 피아제(Piaget)는 인간의 사고가 일련의 단계를 거치며 발달하는데, 유아기 사고는 성인과 질적으로 다른 특성을 가진다고 보았다. 발달을 비연속적으로 보는 대표적인 예는 나비의 성장이다. 나비는 알-유충-애벌레-성충의 과정을 가지며, 각 단계는 다른 단계와 구별되는 독특한 특성이 있다(Santrock, 2014).

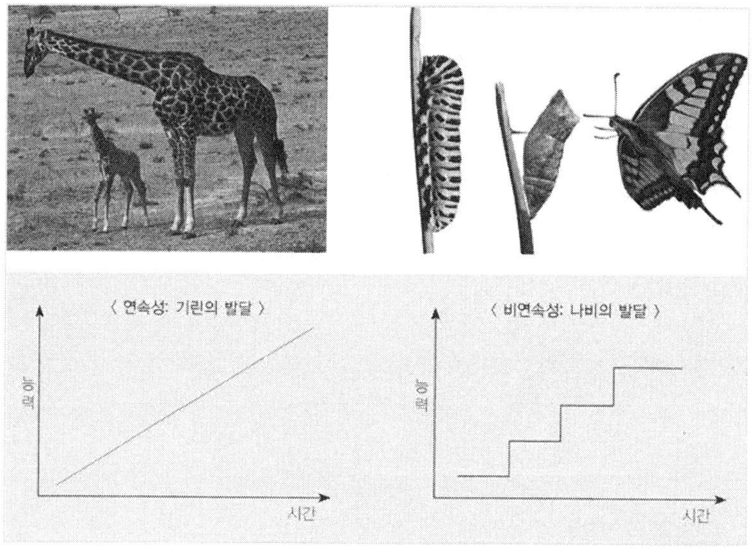

그림 1-2 발달의 연속성 대 비연속성

출처: 곽금주(2016). p. 29 인용

2) 유전 대 환경

발달에 관한 다양한 논쟁 중 지금까지도 계속 논쟁이 되고 있는 것이 바로 발달이 유전(천성)에 의한 것인가 환경(양육)에 의한 것인가이다.

유전론은 선천론으로도 불리며, 이 입장에서는 발달이 이루어지는 기제를 타고난 것, 성숙, 생득적인 것, 생물학적 요인으로 간주한다. 인간은 유전적으로 프로그램 되어 있다고 믿으며(Mader, 2014) 정해진 순서대로 성장한다고 본다. 발달은 이미 유전적으로 정해진 순서에 따라 이루어지기 때문에 걷기, 말하기 등의 발달적 보편성은 타고난 생물학적인 요인에 의해 나타나는 결과이다. 유전을 강조하는 이론가들을 성숙주의라고 부르며 대표자로 루소(Rousseau), 홀(Hall), 게젤(Gesell) 등이 있다.

유전론과 대비되는 견해가 환경론이다. 환경론에서는 타고난 유전이 아닌 이후 환경의 영향이 발달에 절대적인 영향을 미친다고 본다. 발달의 변화는 이후 환경과 경험에 의해 결정되기 때문에 타고난 생물학적 요인을 중요하게 보지 않는다. 환경을 강조하는 이론가들은 학습주의라고도 부르며 대표자로는 로크(Locke), 파블로브(Pavlov), 왓슨(Watson), 스키너(Skinner) 등이 있다. 로크는 아동을 '백지상태(tabular rasa)'에 비유하여 생물학적 기초가 아닌 환경적 영향력만이 모든 발달적 변화를 설명할 수 있다고 가정하는 극단적인 환경론을 주장하였다.

최근에는 유전과 환경 중 어느 하나만 발달의 과정에 영향을 미치는 것이 아니라, 유전과 환경 모두 상호 연결되어 발달에 영향을 미친다는 견해에 많은 사람들이 동의하고 있다. 실제로 같은 부모에게서 생물학적인 요인을 물려받고 태어난 형제들도 각자 독특한 특성을 가지며, 유아에 따라 어떤 경우에는 불리한 환경의 영향 속에서도 환경의 영향을 크게 받지 않고 잘 자라기도 하며, 반대로 주변 환경이 민감하게 영향을 미치는 경우도 있다. 따라서 사회는 개인의 타고난 유전적 잠재력이 최대한 발휘될 수 있도록 최적의 환경적 조건과 상황을 조성할 필요가 있다(Salkind, 1985). 현대의 발달심리학자들은 대부분 유전과 환경의 중간적인 입장을 취하며, 두 영향 요인이 발달적 변화를 가져오기 위해 어떻게 결합하고 상호작용하는지에 대해 알고자 노력한다(권민균 외, 2014).

3) 안정성 대 변화

세 번째 발달의 논쟁은 발달이 안정적(stability)인지, 아니면 변화(change)되는지에 관한 것이다. 특히 초기 발달에서 형성된 지능, 애착, 기질, 성격 등이 일생동안 계속 안정적으로 지속되는지, 아니면 중간에 변화를 통해 수정 가능한지에 대한 논쟁이 있다. 발달에서 안정을 강조하는 발달학자들은 안정은 유전과 생의 초기 경험의 결과라고 주장하고, 변화를 강조하는 학자들은 이후 경험들이 변화를 만들어낼 수 있다는 보다 낙관적인 관점을 취한다(Santrock, 2015).

이러한 논쟁은 앞서 살펴본 연속성 대 비연속성과 이어지는 논제이다. 발달에 있어 특정 사건이나 경험 유무가 절대적인 영향을 미쳐 그 시기를 놓치면 이후 회복이 어렵다는 것은 발달의 결정적 시기(critical period)나 민감기(sensitive period)와 관련된다. 예를 들어, 임산부가 임신 초기에 약물이나 질병 등에 노출될 경우 태아의 생명이 위독하거나 발달에 이상을 가져올 수 있어 태내 발달이 신체 조직과 성장에 매우 결정적인 시기로 볼 수 있다.

그러나 발달에 있어 결정적 시기에 발생한 초기의 결핍이 손상을 가져올 수 있지만, 이후 환경과 학습의 영향으로 수정 가능성이 있으며 어느 정도 회복이 가능하다. 특히, 인지 발달과 사회적 발달 영역에서는 결핍이 발생할 경우 이후 회복 가능성이 다른 발달 영역에 비해 크다. 따라서 발달에 있어 결정적 시기라는 용어 대신 민감기라는 용어를 보편적으로 많이 사용하고 있다.

지금까지 살펴본 바와 같이 발달과 관련된 세 가지 주요 쟁점은 연속적 대 비연속적, 유전 대 환경, 안정성 대 변화이다. 이러한 쟁점에 대해 발달 이론가들은 다양한 의견을 보이고 있으나 대부분은 발달은 모두 연속적이거나 모두 비연속적이지 않고, 모두 유전이거나 모두 환경의 영향만 받는 것도 아니며, 모두 안정적이거나 모두 변화하지는 않는다는 것을 인정한다. 즉, 연속성과 비연속성, 유전과 환경, 안정성과 변화는 발달의 특징으로 볼 수 있으며 이러한 과정을 통해 인간은 발달을 이루어간다.

2장

유아발달 이론

유아를 지도하는데 있어서 발달을 알고 이해하는 것은 매우 중요하다. 학자들은 다양한 관점을 통해 유아가 어떻게 발달하고 학습해 가는지 설명한다. 본 장에서는 유아 발달을 설명하는 많은 이론 중 중요한 몇 가지 이론을 다루고자 한다. 발달 이론을 성숙주의 이론, 학습 이론, 동물행동학 이론, 정신분석 이론, 인지 발달 이론, 생태학적 이론으로 나누어 살펴보면 다음과 같다.

1. 성숙주의 이론

성숙주의 이론에서는 유아의 발달이 이미 정해진 순서에 따라 진행된다고 보기 때문에 유전적인 요인을 강조한다. 발달과 학습을 이끄는 중요한 요인은 유아의 내부에서 나오기 때문에 환경적 요인은 최소한 인정한다. 성숙주의에서도 발달에 영향을 미치는 환경의 요인을 무시하는 것은 아니지만, 유전과 환경 중 유전적 요인이 보다 발달의 기초를 이루는데 중요한 기저 역할을 한다고 가정하는 것이다. 마치 봄이 되면 싹이 나고, 가을이 되면 열매가 열리게 되는 것처럼 발달도 자연스런 순서가 정해져 있다고 보는 입장이다. 성숙주의에서는 발달이 내적으로 이미 예정되어 있다고 보며 학습에 있어 준비도의 개념을 강조한다(Berk, 2012; Santrock, 2015). 학습 준비도란 유아에게 무엇을 가르치기 위해서는 유아가 성숙될 때까지 기다려야 한다는 학습의 시기에 관한 개념이다(정옥분, 2013). 각 발달은 준비가 되었을 때 자연스럽게 이루어지므로, 발달에 맞지 않게 자극을 주거나 미리 교육하는 것을 바람직하지 않다고 여긴다.

1) 게젤(Gesell)의 성숙주의

게젤은 미국 태생으로 대규모의 관찰과 부모 면접 등을 통해 유아를 체계적으로 관찰하고 유아 발달과 관련된 정보를 수집하여 이론을 정립하였다. 그는 자신이 재직하던 미국의 예일 대학교에서 '아동발달연구소'를 설립하여 관찰법을 통해 많은 업적을 남겼다. 게젤은 이미 유전적으로 결정된 요인에 의해 발달의 기본 방향이 정해지고, 환경적 요인은 단지 지지하거나 수정하는 역할만을 한다고 보는 발달 예정론을 주장하였다.

게젤은 유아의 발달과 성숙에서 일정하게 나타나는 규칙성에 주목하여 각 연령별로 무엇을 할 수 있는지 연구하였고, 다양한 연령단계별로 유아의 특징과 능력에 대한 표준을 만들었다. 이것이 바로 '표준행동목록'(또는 연령별 행동 표준)으로 각 연령에 따라 나타나는 발달의 표준이 되는 행동을 말한다. 표준행동목록이 발표되자 그동안 자녀들의 발달이 또래에 비해 어느 정도인지 궁금해 하던 부모들에게 큰 환영을 받았고, 교육기관에서도 널리 활용하게 되었다. 그러나 각 연령별 표준행동목록에 따라 성인들이 유아의 성숙수준을 넘어선 성취를 강요하거나 지나치게 개입하는 경우가 생기지 않도록 유의할 필요가 있다.

게젤은 인간의 내부에 위기에 대처해 나가는 힘을 자기 규제력(self-regulatory power)이라고 불렀는데, 이것은 자연스런 준비가 되지 않은 상태에서 너무 많은 것을 빨리 배우도록 강요당할 때 스스로가 저항하는 힘이다. 또한, 유아 스스로

가 자신의 능력 이상의 것을 시도하지 않기 위해 자신의 성장을 조절하고 이끌어나는 것이다. 유아기의 자기규제력은 수면주기, 깨어 있는 상태의 주기 등을 규제하는 능력이 되는데, 부모가 자녀에게 스스로 놀거나 자고 싶을 때를 결정하도록 허용하면, 유아는 점차 하루 중 낮에 깨어 있는 시간이 보다 길어지면서 점차 안정된 패턴을 형성하게 된다.

이러한 성숙주의에 바탕을 두어 교육할 때 고려해야 하는 활동의 원리는 다음과 같다. 첫째, 유아들이 발달 수준에 적합한 활동을 스스로 선택하도록 많은 선택 기회를 제공해야 한다. 둘째, 유아들의 흥미와 발달단계에 적합한 자료를 제공하는 것이 중요하다. 만약, 교사가 준비한 자료를 유아가 잘 사용하지 않는다면 자료가 유아의 발달수준에 적합하지 않을 수 있다. 셋째, 유아의 발달은 내적 성장의 힘에 따라 자연스럽게 이루어지므로 교사는 유아의 발달수준을 이해하고 허용적인 분위기를 제공해야 한다. 넷째, 유아들의 놀이나 활동에 대해 성인의 개입은 최소화해야 한다. 교사는 유아를 수용하고 안내하는 역할을 담당하며, 일방적인 지시나 행동수정은 피하도록 한다.

게젤의 관찰실

출처: 정옥분(2013). 아동발달의 이해. 서울: 학지사. p. 59 인용

2) 게젤 이론에 대한 평가

게젤은 40여 년간 수많은 유아를 관찰하고 측정하면서 각 연령별로 표준이 될 수 있는 표준행동목록을 고안하였고, 발달지체가 나타나는 유아를 가려내기 위한 판별검사의 기초자료로 널리 활용되었다. 그러나 이러한 표준행동목록을 만들기 위해 참여한 연구대상이 대부분 예일대학교 직원과 교수들의 자녀나 근처에 살고 있던 중상류층이었기 때문에 다른 문화권의 유아들에게 일반화시키기 어려운 제한점이 있다. 또한, 발달에 대한 일반적인 원리는 제시할 수 있지만, 유아 발달에 직접적인 영향을 주거나 행동을 변화시킬 수 있는 구체적인 행동지침을 제시하지 못하였고, 유아가 주변 환경과 능동적으로 상호작용하여 영향을 주고받으며 발달하는 과정에 대해서는 설명하지 못한 한계가 있다.

2. 학습 이론

학습 이론은 인간의 행동이 선천적인 요인보다는 후천적으로 학습되거나 학습에 의해 변화될 수 있다고 본다. 따라서 발달에 있어 자연스런 단계가 있다고 보지 않으며, 인간의 발달이 연속적인 과정에 따라 외부의 자극과 경험에 의해 행동이 형성된다고 주장한다. 학습 이론의 대표 이론인 파블로브(Pavlov)의 고전적 조건 형성 이론, 왓슨(Watson)의 행동주의, 스키너(Skinner)의 조작적 조건 형성 이론, 반두라(Bandura)의 사회학습 이론을 살펴보면 다음과 같다.

1) 파블로브(Pavlov)의 고전적 조건 형성 이론

파블로브는 러시아 학자로 개의 소화과정에 대해 연구하면서 조건반사를 통한 고전적 조건 형성 이론을 발표하였다. 그는 자극과 반응 사이의 관계를 최초로 연구했으며, 1904년 포유류의 소화생리에 대한 연구로 노벨상을 수상하였다.

(1) 고전적 조건 형성

개는 음식을 보게 되면 무조건 자극으로 침을 분비하는데, 음식을 줄 때 반복적으로 종소리를 들려주면 이것이 조건자극이 되어 나중에는 종소리만 들려주어도 침이 분비가 된다. 처음에 음식에 의한 침의 분비는 선천적인 것이지만, 이후 종소리를 듣고 침이 분비되는 것은 학습에 의한 것이다. 파블로브의 고전적 조건 형성 이론은 인간의 행동이 선천적으로 타고 나지 않았더라도 조건자극의 과정을 통해 학습될 수 있음을 보여준다.

파블로브가 제시한 고전적 조건 형성에 영향을 주는 요인을 살펴보면 다음과 같다. 첫째, 강화로 자극 사건이 그 행동을 다시 일으킬 가능성(확률)을 증가시키는 것이다. 둘째, 소멸로 조건 형성된 것이 계속 지속적으로 나타나는 것이 아닌데, 만약 개에게 음식을 주지 않고 종소리만 계속 들려준다면 종소리에 대한 효과는 소멸된다. 셋째, 자발적 회복이다. 소멸 후 시간이 지난 다음 조건 자극을 다시 제시하면 자발적으로 회복된다. 그러나 계속 유지하지 않으면 이것 역시 소멸된다. 넷째, 자극 일반화이다. 유사한 다른 음조의 종소리를 듣고도 같은 반응을 나타낼 수 있다. 다섯째, 자극 변별화이다. 유사한 자극도 변별할 수 있는데 큰 소리에 공포를 느끼는 유아 중에는 특정한 큰 소리의 음악에는 공포를 느끼지 않을 수 있다.

(2) 파블로브 이론에 대한 평가

파블로브는 조건반사를 이용한 경험적인 실험을 통해 학습이 이루어지는 연합의 원리를 과학적으로 이끌어 냄으로써 학습 이론의 초석을 마련하고 이를 구체적으로 확장시켰다는 점에서 공헌점을 인정받고 있다. 그러나 자극과 반응의 수동적인 연합을 설명하는데 그쳤고, 고전적 조건 형성은 조건 형성의 대상이 선천적인 반응을 유발하는 자극에 국한된다는 점에서 그 한계가 있다(문혁준 외, 2016).

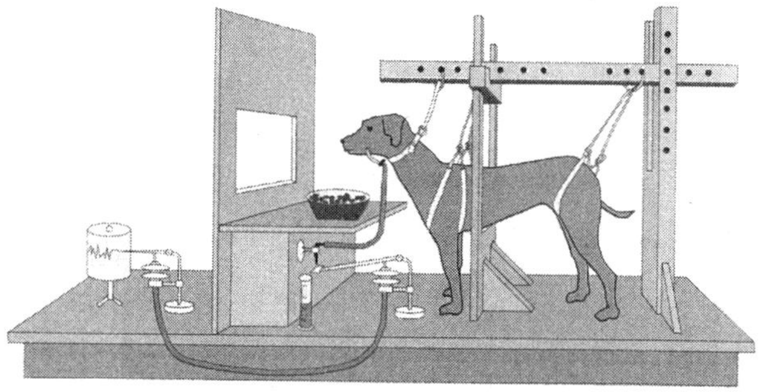

그림 2-1 파블로브의 고전적 조건형성 실험

출처: 정옥분(2013). p. 67 인용

2) 왓슨(Watson)의 행동주의

왓슨은 미국의 학자로 파블로브의 조건 형성 원리를 아동에게 적용하였다. 그는 생물학적인 요인을 거의 인정하지 않고 환경에 의한 인간 행동의 통제를 철저하게 믿어 자신에게 12명의 건강한 아이를 주면, 그들의 재능, 취미, 성향, 능력 등에 관계없이 원하는 유형의 인간(의사, 변호사, 거지, 도둑 등)으로 만들 수 있다고 장담할 정도였다. 왓슨은 1913년 '행동주의자가 보는 심리학'이라는 글을 발표하면서 최초로 행동주의라는 용어를 사용하였다.

(1) 정서의 조건 형성과 탈조건 형성

왓슨은 고전적 조건 형성을 통해 인간의 행동 뿐 아니라 정서반응도 습득될 수 있다는 것을 보여 주었다. 왓슨의 유명한 실험은 알버트와 흰쥐에 관한 실험으로, 11개월 된 알버트라는 영아에게 흰 쥐를 보여주고, 보여줄 때마다 큰 소리를 내어 알버트의 공포반응을 유발하였다. 반복된 실험이 진행되자, 알버트는 흰 쥐뿐 아니라 다른 동물에도 공포를 보였고 나중에는 흰색을 보자마자 공포반응을 나타내었다. 원래 흰 쥐에 대해 전혀 공포를 느끼지 않던 알버트가 흰 쥐와 큰소리를 연합하여 조건화되어 공포를 느끼도록 정서 행동을 통제한 것이다.

왓슨의 실험은 자극-반응의 관계를 나타낸 것으로 자극을 줄 때마다 보이는 반응이 계속 반복이 되면 습관으로 나타나게 되는 것이다. 인간의 행동은 이러한 자극과 반응을 통해 공포라는 감정도 유발할 수 있고, 반대로 공포를 탈조건화하여 없앨 수도 있다. 이러한 기법은 '체계적 둔감법'으로 이후 행동수정법으로 발전하게 되었다. 체계적 둔감법은 단계적으로 어떤 행동의 강도를 줄여나가 마침내 그 행동을 완전히 소거시키는 방법이다.

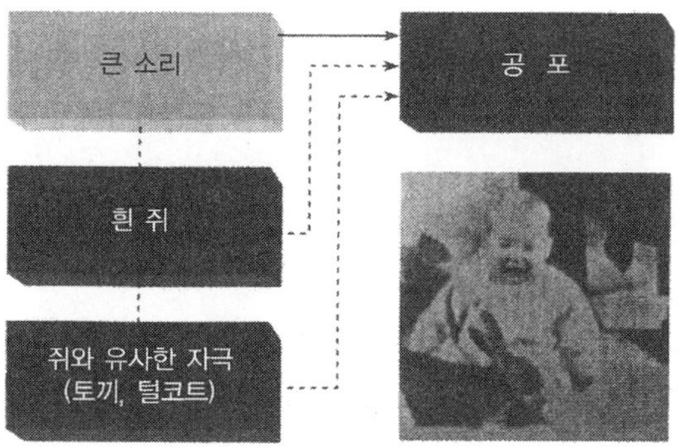

그림 2-2 왓슨의 공포반응 조건형성 실험

출처: 정옥분(2013). p. 69 인용

(2) 왓슨 이론에 대한 평가

왓슨은 행동주의라는 용어를 처음으로 사용하였고, 파블로브의 고전적 조건형성 이론을 인간의 정서 반응에 적용하여 정서도 학습될 수 있음을 밝혀 심리학과 과학을 연결시킨 의의가 있다. 그러나 인간의 정서 반응까지도 학습할 수 있다고 한 것은 인간을 능동적인 존재가 아닌 외부에 의해 철저히 통제받는 수동적인 존재로 보는 것이기 때문에 인간의 능동성을 배제했다는 점에서 비판을 받는다.

3) 스키너(Skinner)의 조작적 조건 형성 이론

스키너는 미국 태생으로 왓슨과 마찬가지로 관찰과 측정이 가능한 행동에만 관심을 보인 철저한 환경주의자이다. 그는 조작적 조건 형성 이론을 발표하여 보상과 강화에 의해 인간의 행동이 학습된다고 주장하였다.

(1) 조작적 조건 형성

스키너는 인간 행동이 조작적으로 어떤 결과에 의해 통제되고 만들어진 것으로 보아 특정 행동이 강화를 받으면 그 행동이 계속 나타나게 되고, 처벌을 받게 되면 그 행동이 재발할 가능성이 낮아진다고 주장하였다. 그는 다른 행동주의 이론가와 달리 유기체 스스로 행동을 일으키고 환경을 통제하는 자발적인 조작 행동이 있다고 보았다.

스키너의 유명한 실험으로 '스키너 상자(Skinner box)' 실험이 있다. 이 상자는 미로모양으로 되어 있으며 안에서 지렛대를 누르면 자동적으로 먹이가 나오도록 만들어진 상자이다. 상자 속에 쥐를 넣으면 처음에는 쥐가 이곳저곳을 돌아다니다가 우연히 지렛대를 누르면 먹이가 나온다. 이러한 경우가 반복되자 쥐의 지렛대를 누르는 행동은 증가하였다. 쥐가 지렛대를 누르는 행동은 조작적 행동이며, 먹이는 지렛대를 누르는 횟수를 증가시키는 강화가 된다. 조작적 조건 형성에서는 자극이 반응을 유발한다(S→R)는 고전적 조건 형성과 달리 반응이 자극을 유도하는 것(R→S)이다. 이처럼 반응이 자극을 유도하는 것이 조작적 조건 형성이다.

(2) 강화

스키너는 인간의 행동은 전에 그 행동을 한 후 긍정적인 결과를 얻었던 경험 때문에 다시 그 행동을 하게 되며, 행동의 결과에 따라 강화되거나 소거된다고 보았다. 예를 들어, 유아가 부모의 관심을 받기 위해 일부러 큰 소리로 우는 경우가 있다. 이런 경우 유아가 울 때마다 부모가 관심을 보여준 것이 강화요인으로 작용한 결과이다. 따라서 자녀가 큰 소리로 울 때 주의를 기울여주지 않으면 이 행동은 소거될 수 있다.

이러한 스키너의 조작적 조건 형성 이론에서 강화와 벌이 행동을 조작하는 중요한 역할을 하게 된다. 강화는 행동의 발생 빈도를 증가시키는 것으로, 정적 강화와 부적 강화가 있다. 정적 강화는 반응에 따르는 결과가 긍정적인 것으로 물질적 강화(예: 장난감, 과자 등), 사회적 강화(예: 칭찬, 격려 등), 내적 강화(예: 자기를 강화시키기 위해 스스로 만족감을 갖기)가 있다. 유아의 행동을 변화시키고자 한다면 처음에는 물질적 강화가 효과적이지만, 점차 사회적 강화로 바꾸어 가는 것이 좋으며, 나중에는 외적인 요인이 아닌 자기 스스로가 만족하여 원하는 행동을 지속할 수 있는 내적 강화가 되는 것이 바람직하다.

부적 강화는 혐오 상태를 제거하는 것으로 벌과는 구별된다. 매를 맞거나 꾸중을 듣는 등의 벌은 혐오 상태를 제공하여 행동의 발생 빈도를 감소시키지만, 부적 강화는 행동의 발생 빈도를 증가시켜 혐오상태를 제거하는 것이다(문혁준 외, 2016).

또한, 연속적 강화와 간헐적 강화가 있는데 연속적 강화는 유기체가 반응할 때마다 강화를 주는 것이고, 간헐적 강화는 반응의 횟수와 반응과 반응간의 시간 경과에 따라 간헐적으로 강화를 주는 것이다. 강화는 행동이 나타난 직후 즉시 주는 것이 효과적이다. 스키너의 조작적 조건형성 원리를 이용하여 '행동수정법'이 개발되어 특히, 유아의 문제행동을 바람직한 행동으로 개선하는데 많은 도움을 주었다.

(3) 스키너 이론에 대한 평가

스키너 이론은 고전적 조건 형성의 한계를 넘었고, 특히 특수아를 지도할 때 널리 사용되는 행동수정법을 개발하여 현장에서 유아의 문제가 되는 행동을 수정하고 바람직한 행동을 학습시킬 때 매우 유용하게 활용되고 있다. 그러나 스키너의 조작적 조건 형성 이론도 다른 행동주의 이론과 마찬가지로 환경의 중요성을 지나치게 강조하고, 타고난 생물학적인 영향력에 대해서는 관심을 가지지 않았다는 비판을 받고 있다.

4) 반두라(Bandura)의 사회학습 이론

사회학습 이론의 대표자인 반두라는 캐나다에서 태어나 심리학을 전공하였다. 그는 스키너의 조작적 조건 형성 이론의 영향을 받기는 했으나, 사회학습과 특히 공격성에 관한 많은 연구를 통해 모델링 현상에 따른 이론에 관심을 가지면서 조작적 조건 형성보다 정보처리 개념을 중심으로 이론을 정립하였다.

(1) 관찰학습

반두라는 스키너의 이론을 토대로 하였으나, 이전의 행동주의자들과 달리 강화나 벌과 같은 직접적인 영향이 아닌, 관찰이나 모방을 통한 간접적인 영향을 통해서 특정 행동이 학습될 수 있다고 보았다. 교실에서 친구가 정리를 하고 교사에게 칭찬받는 것을 관찰한 유아는 자신이 직접 칭찬받지 않았더라도 친구의 정리하는 모습을 배우게 된다. 이러한 경우 반두라는 대리적 강화가 작용하기 때문이라고 보았다. 직접 만나는 실제 인물이 아니더라도 다른 사람의 말을 듣거나, 글을 읽거나, 간접적으로 보는 경험을 통해 얼마든지 대리적 강화가 가능하다. 반두라의 학습을 관찰학습, 모방학습, 대리학습 등으로 부른다.

반두라는 '보보 인형 실험'을 통해 공격적인 행동이 모방을 통해 학습된다는 것을 보여 주었다. 아래 사진과 같이 한 성인이 보보 인형(공기를 주입해서 부풀

려진 오뚝이 모양 인형)을 때리고 발로 차는 등의 공격적인 행동을 하고, 이 장면을 아동이 목격하도록 하였다. 이후 연구자는 실험실에 아동과 보보인형만을 남겨 두었는데, 아동은 성인이 보였던 공격적인 행동을 정확하게 모방하였다.

반두라의 보보 인형 실험

출처: 곽금주(2016). p. 409 인용

반두라(1977)는 관찰학습이 4가지 요소로 이루어진다고 보았다. 첫째, 관찰의 대상에게 주의를 기울이는 주의집중 과정, 둘째, 주의 집중하여 기억한 정보를 상징적인 형태로 기억하는 파지 과정, 셋째, 행동을 정확하게 재생하기 위해 운동 기술을 구비하는 운동 재생 과정, 넷째, 강화와 동기적 과정이다.

반두라(1977)는 환경이 사람의 성격과 행동을 조성한다는 왓슨이나 스키너와 달리, 사람/인지, 행동, 환경 간의 관계는 양방향성을 가진다는 상호결정론(reciprocal determinism)을 주장하였다. <그림 2-3>과 같이 상호결정론은 삼각형의 구성으로 되어 있는데 사람/인지는 개인이 가지고 있는 인지능력, 신체적 특성, 성격, 태도 등을 의미한다. 다음으로 행동은 신체적 반응, 사회적 상호작용, 언어 등을 의미하며, 환경은 물리적 환경, 가족이나 친구, 사회적 환경 등을 의미한다. 반두라는 개인이 경험하는 환경이 개인에게 영향을 미치고, 개인의 행동 또는 환경에 영향을 미친다고 보았다.

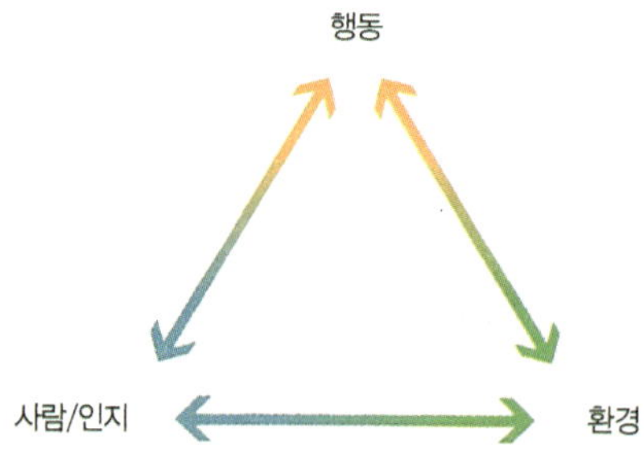

그림 2-3 반두라의 사회인지 모델

출처: Santrock(2015). p. 34 인용

(2) 반두라 이론에 대한 평가

반두라는 다른 행동주의자들과 달리 관찰학습, 모방학습을 제시하여 사회적 환경 속에서 인간이 어떻게 새로운 행동을 학습하고 발달해 가는지 새로운 방향을 제시하였다. 또한, 사회적·정서적·동기적 측면을 고려하여 인지 발달에 대한 이해를 넓혔다는 긍정적인 평가가 있으며(Miller, 1993) 그의 이론을 기초로 공격성, 친사회적 행동, 자기효능감 등에 대한 다양한 연구가 활발히 이루어지고 있다. 그러나 실증적인 예시가 부족하여 이론의 유용성에 제한점이 있으며, 방법 면에서도 체계적이지 못했다는 비판이 있다.

3. 동물행동학 이론

동물행동학 이론은 다윈(Darwin)의 진화론에 근거하여 유아발달에 있어 생물학적인 요인을 강조한다. 동물행동학은 인간행동의 많은 부분을 인간이 공통적으로 가지고 있는 종 특유의 유전적 기제로 설명하며, 종의 구성원들이 공유하는 본능적 행동에 초점을 맞춘다(Hinde, 1989). 대표 이론으로 로렌츠(Lorenz)의 각인 이론과 보울비(Bowlby)의 애착 이론이 있다.

1) 로렌츠(Lorenz)의 각인 이론

로렌츠는 오스트리아에서 출생하여 의학을 공부한 후 의사자격을 획득했지만, 동물에 대한 관심으로 이후 동물학을 연구한 학자이다. 그는 1973년에 노벨생물학상을 공동수상하였다.

(1) 각인(imprinting)

로렌츠는 동물에게 나타나는 고유한 특성인 각인 이론을 주창하였다. 각인이란 생의 초기에 동물의 어린 새끼가 움직이는 대상을 보고 그 대상이 어미오리로 생각하여 따라다니는 본능적인 행동이다. 생의 초기에 어떤 행동이 각인되어 결정되면 이후에 그 행동이 계속 나타나게 되므로 학습의 과정과는 다르다. 그는 회색 기러기를 통해 실험을 하였는데, 회색 기러기를 두 무리로 나누어 한 무리는 어미가 알을 품고, 다른 무리는 인큐베이터에서 자라게 했다. 어미 품에서 깨어난 새끼 기러기들은 어미 기러기를 따라다녔으나, 인큐베이터에서 부화하여 로렌츠를 처음으로 보게 된 새끼 기러기들은 로렌츠를 애착 대상으로 삼아 각인되어 따라다녔다. 로렌츠는 '결정적 시기'라는 용어를 통해 특정 시기 동안에 특정 형태의 학습이 이루어지는 시기가 있다고 보았다.

로렌츠를 따라가는 회색 기러기

출처: Santrock(2015). p. 35 인용

(2) 로렌츠 이론에 대한 평가

로렌츠의 각인 이론은 자연에서 동물을 관찰하여 이를 인간의 행동 연구에 적용하는 새로운 관점을 제안하고, 결정적 시기와 각인이라는 새로운 개념을 제시하여 다른 이론과 차별화된다. 그러나 생물학적 기초들을 지나치게 강조한 것과 결정적 시기의 개념이 너무 엄격한 것에 대해 비판을 받는다(Santrock, 2015).

2) 보울비(Bowlby)의 애착 이론

보울비는 영국 태생으로 로렌츠의 결정적 시기 개념을 행동 발달에 적용하여 영아-어머니 애착관계를 설명하였다. 그는 2차 세계대전 후 수용시설에서 자라는 아이들이 여러 정서적 문제가 생기는 것을 발견하고 관심을 갖게 되었고, 동물행동학적 이론 안에서 영아-어머니 간의 관계에 초점을 두어 이론을 정립하였다.

(1) 애착

애착이란 영아가 생의 초기에 주양육자와 맺게 되는 정서적 유대감을 말한다. 애착관계가 잘 형성된 영아는 이후 발달에도 긍정적인 영향을 미치게 되며, 자녀뿐 아니라 주 양육자도 만족감과 즐거운 감정을 느끼게 된다. 보울비는 애착을 인간에게서 나타나는 특정 행동으로 보고, 영아가 자신을 가장 가까이에서 돌보아주는 주양육자에게 어떻게 애착을 형성해 가는지 과정을 이론화하였다.

보울비의 애착 이론을 더욱 정교화하여 애착을 다양한 유형으로 나눈 학자는 에인스워스(Ainsworth)이다. 에인스워스는 애착이 부모-자녀 관계의 기본적 특성이지만 모든 어머니와 영아의 관계는 동일하지 않다는 점에 주목하고 애착유형을 측정하기 위해 '낯선 상황 실험'을 고안하였다. 그녀는 이 실험을 통해 애착의 유형을 분류하였고, 안정적 애착을 형성하기 위해 평소 부모가 영아의 요구에 민감하게 반응해주는 것이 중요함을 밝혔다.

할로우(Harlow)는 애착 형성에 있어 음식과 촉감 중 무엇이 더 중요한지 알아보기 위해 새끼 원숭이를 대상으로 실험을 실시하였다. 새끼 원숭이를 어미와 격리시킨 후, 천을 두르고 있는 대리모와 철사로 만든 대리모의 두 가지 유형의 대리모가 있는 곳에 두고 관찰하였다. 새끼 원숭이는 음식을 먹을 때에만 철사 대리모에게 갔다가 대부분 시간을 천으로 감싼 대리모와 시간을 보냈고, 위험한 순간이 올 때에는 바로 천으로 감싼 대리모에게로 달려갔다. 이 실험을 통해 애착 형성에 있어서 중요한 것은 단순히 음식을 제공하는 것이 아니라 따뜻한 신체 접촉(스킨십)이 중요하다는 것을 알 수 있다.

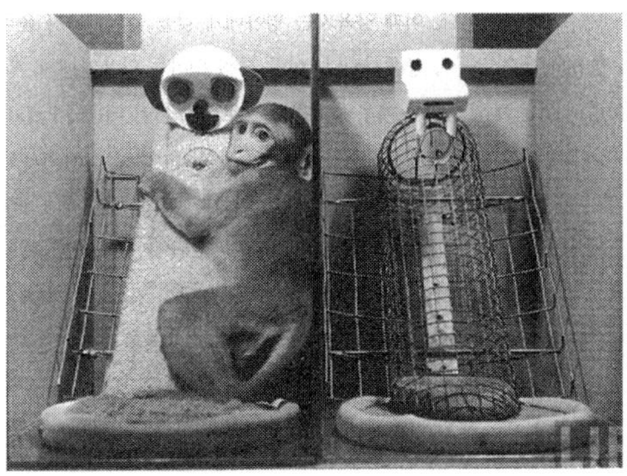

천을 두르고 있는 대리모(왼쪽)와 철사 대리모(오른쪽)

출처: 곽금주(2016). p. 360 인용

(2) 애착의 단계

보울비는 애착이 형성되는 기간을 분류하여 사회적 반응을 변별하지 못하는 단계, 사회적인 반응을 변별하는 단계, 능동적 접근 추구의 단계, 목표 수정 조합의 단계의 총 4단계로 설명하였다.

① 사회적 반응을 변별하지 못하는 단계(출생-3개월)

울음, 미소, 눈 맞춤 등으로 애착 행동을 나타내며, 성인의 관심을 자극하여 양육자와 접촉을 시도하여 양육자를 자기 곁에 머무르게 한다. 한 사람의 양육자에 대해 일관성 있는 선호보다는 대부분 다른 사람에게도 비슷하게 반응하는 시기이다.

② 사회적인 반응을 변별하는 단계(3-6개월)

애착 행동이 좀 더 세분화되어 나타나며 몇 명의 친숙한 성인에게 미소를 보인다. 옹알이를 하는 대상도 선택적으로 이루어지고, 타인의 얼굴을 명백히 변별할 수 있게 되어 익숙한 사람에게 친근감을 가지게 된다. 낯선 사람에게는 낯가림은 하지 않지만 단순히 응시하는 모습을 보인다. 한 명의 주양육자에게만 애착을 하는 것은 아니며 아직 애착 대상과 떨어질 때에도 저항을 보이지는 않는다.

③ 능동적 접근 추구의 단계(6개월-3세)

자신의 필요와 욕구에 가장 잘 반응해주는 대상에게 강한 애착을 형성한다. 유아가 처음으로 한 명의 특정 대상에게 애착을 형성하는 시기이며 낯가림이 서서히 나타나기 시작하는 시기이다. 애착 대상이 보이지 않거나 떠나려 하면 울기 시작하고 격리불안을 느끼기도 한다.

④ 목표 수정 조합의 단계(2세 이후)

이전과 다르게 유아는 자신의 욕구를 충족시키기 위해 양육자의 행동을 적당히 변화시킬 수 있는 전략을 사용한다. 양육자가 없어도 비교적 안정된 상태로 지낼 수 있게 되며, 양육자의 행동에 대한 의도를 어느 정도 이해하면서 양육자와 동반자 같은 관계를 행동하기 시작하는 시기이다.

(3) 애착의 유형

에인스워스를 포함한 연구자들은 '낯선 상황 실험'을 통해 애착의 유형을 분류하였다. 영아가 양육자로부터 격리되었을 때, 재결합했을 때, 위로를 받을 때 어떻게 반응하는지를 고려하여 안정 애착, 불안정-회피 애착, 불안정-저항 애착, 그리고 불안정-혼란 애착 유형으로 분류된다.

① 안정 애착

보통 60~70% 아이들이 안정 애착에 속한다. 영아는 주양육자인 어머니를 안전기지 삼아 낯선 상황에서 놀잇감을 탐색한다. 놀이를 하다가 어머니가 사라지면 불안해하지만, 어머니가 돌아오면 위로를 받으며 곧 진정이 된다. 이런 반응을 보이는 것은 평소 주양육자가 영아의 필요에 민감하고 효과적인 방법으로 반응을 잘해주었기 때문이다(Gross, 2011).

② 불안정-회피 애착

불안정 애착에는 세 가지 유형이 있다. 불안정-회피, 불안정-저항, 불안정-혼란 유형이다. 먼저, 불안정-회피 유형은 영아가 낯선 상황 실험에서 어머니가 나간 후, 어머니가 다시 돌아와도 반갑게 맞이하거나 위로를 받기보다는 회피하고 무시하는 행동을 보인다. 이것은 영아가 부모로부터 위로를 받아본 경험이 없기 때문이며, 부모가 평소 자녀에게 지속적으로 반응을 해주지 않았을 경우에 나타난다. 불안정-회피 유형인 영아들은 또래 관계에서 자신의 감정을 억제하거나 혼자 놀이하는 경우가 많다.

③ 불안정-저항 애착

영아는 어머니가 돌아와도 어떻게 해야 하는지에 대한 확신이 없기 때문에 어머니와 다시 만났을 때 불안해하고 화를 내며 자신의 감정을 과장되게 표현한다. 이 유형은 평소 주양육자가 일관성 없는 양육을 하여 자녀의 입장에서는 상대방의 행동이 어떨지 예측하기가 어렵기 때문에 오히려 과장된 행동이 나타나는 것이다. 불안정-저항 유형은 또래관계에서 과장된 감정표현이나 공격적 행동을 보인다.

④ 불안정-혼란 애착

이 유형이 네 가지 유형 중 가장 위험한 경우로 볼 수 있다. 대부분 애착을 형성할 당시에 경제적 어려움, 스트레스, 우울증 등이 원인이 되어 양육 자체가 잘 이루어지지 않았을 경우에 나타난다. 불안정 혼란 애착을 형성한 영아는 재결합 상황에서 양육자에게 다가가고 싶지만 동시에 무서운 존재로 여겨 양육자를 피하고 싶은 두 가지 감정을 가지고 혼란스러워하는 모습을 보인다(Main & Solomon, 1990). 이 유형인 영아들은 어떤 기준이 없기 때문에 어머니가 다시 돌아와도 울면서 뒷걸음질 치거나 안아줘도 위로를 받지 못한다. 또래관계에서도 적대적이며 사회성이 크게 떨어진다.

(4) 보울비 이론에 대한 평가

보울비의 애착이론은 초기 경험에서 주양육자와의 관계가 대한 중요성을 다시 한 번 일깨워 이후 애착관계의 발달과정이나 애착의 질에 대한 연구 등이 활발히 이루어지는데 영향을 미쳤다. 그러나 이 이론은 다른 시기에 대한 내용보다는 영유아기에만 치중되었고, 동물행동학적 개념을 인간에게 적용함에 있어 범위가 명확치 않다는 비판을 받기도 한다.

4. 정신분석 이론

정신분석 이론은 인간의 의식 아래 있는 무의식을 강조한다. 겉으로 보이는 행동을 이해하기 위해서는 내면에 있는 무의식을 알고 인간을 이해해야 한다는 견해이다. 대부분의 정신분석이론가들은 어렸을 때 부모와의 관계가 유아발달에 많은 영향을 미치기 때문에 중요성을 강조한다. 대표자로는 프로이트

(Freud)의 심리성적 이론과 에릭슨(Erikson)의 심리사회 이론이 있다.

1) 프로이트(Freud)의 심리성적 이론

프로이트는 정신분석의 대표자로 체코슬로바키아에서 태어났다. 그는 의과대학에서 신경학 분야를 전공하여 히스테리아에 대한 많은 연구를 통해 최면요법, 자유연상법 등을 개발하여 자신만의 독특한 이론을 정립하였다. 인간의 무의식, 성적 에너지인 리비도(libido), 성격의 세 구조인 원초아, 자아, 초자아 등을 통해 자신의 이론을 설명하였다.

(1) 성격의 구조와 구성요소

프로이트(1917)는 성격은 각 단계에서 쾌락의 근원과 현실의 요구들 간 갈등을 해결하는 방식에 의해 결정된다고 하였다. 그는 성격의 구조를 의식, 전의식, 무의식으로 이루어져 있다고 보았고, 구성요소를 원초아, 자아, 초자아로 구분하였다. 먼저 성격의 구조는 다음과 같다.

① 의식(consciousness)

의식은 내가 지금 느껴서 알 수 있는 경험이나 감각을 말한다. 성격을 빙산에 비유했을 때 물 위에 떠 있는 작은 부분이 의식이며, 자신이 주의를 기울이면 곧 바로 알아차릴 수 있다.

② 전의식(preconsciousness)

전의식은 의식과 무의식 사이에 있는 것으로 현재는 의식하고 있지 않지만 주의를 집중할 경우 의식되어 사용 가능한 기억들이 저장되어 있는 영역을 말한다. 성격을 빙산에 비유했을 때 파도에 의해 물 표면으로 나타나기도 하고, 잠기기도 하는 부분이며 주의를 집중하고 노력하면 의식이 될 수 있다.

③ 무의식(nonconsciousness)

무의식(nonconsciousness)은 정신세계에서 가장 많은 부분을 차지하며 중요한 영역이다. 성격을 빙산에 비유했을 때 물 속에 잠겨 있으며, 자신이 전혀 의식하지 못하는 부분이다. 무의식은 내가 의식하지 못하지만 현재 내 행동을 결정하게 되는 부분으로 본능, 욕구, 동기 등과 관련된 내용들이 저장되어 있어 꿈, 최면 후 행동 등으로 나타나게 된다고 보았다.

다음으로 성격의 구성요소를 살펴보면 다음과 같다.

① 원초아(id)

원초아는 무의식 영역에 속해있으며 가장 원초적이고 생물학적인 요소이다. 원초아는 쾌락의 원리에 의해 지배 받아 즉각적인 만족이나 쾌락을 추구하려고 한다. 예를 들어, 해야 할 일이 많이 있지만 자고 싶으면 자고, 놀고 싶으면 놀고 싶은 욕구를 따른다면 원초아가 지배하는 것으로 볼 수 있다.

② 자아(ego)

자아는 원초아와 초자아 사이에서 균형을 잡아주는 요소이다. 자아는 현실의 원리에 지배 받기 때문에 내가 하고 싶더라도 현실을 고려하여 행동하는 특성을 보인다. 예를 들어, 해야 할 일이 많이 있을 때, 놀고 싶은 욕구를 조절하여 현실적으로 어떤 것을 먼저 해야 하는지 상황을 고려하고 사회가 수용 가능한 형태로 만족을 얻는 것이다.

③ 초자아(superego)

초자아는 자아를 넘어서는 것으로 성격 중 가장 마지막으로 발달하는 부분이다. 초자아는 이상의 원리, 양심의 원리에 지배 받으며 쾌락과 욕구 충족보다는 자아 이상을 추구한다. 예를 들어, 해야 할 일이 많이 있을 때, 단순히 놀고 싶은 욕구를 참거나, 누군가 시켰기 때문에 억지로 하는 수준을 넘어 양심에 비추어 내가 해야 할 일을 스스로 하는 것이다.

(2) 발달단계

프로이트는 성격 발달을 구강기, 항문기, 남근기, 잠복기, 생식기의 5단계로 설명하였다. 특히, 각 단계마다 성적 에너지인 리비도(libido)가 집중적으로 모이는 신체 부위가 있고, 리비도가 한 곳에 있는 것이 아니라 다른 곳으로 이동한다고 보았다.

① 구강기(oral stage, 0-1세)

구강기는 성적 에너지인 리비도가 입에 몰려 있는 시기로, 입술과 혀를 통해 쾌락을 얻는 시기이다. 이 시기에 영아는 모든 물건을 입에 가져가 물기, 빨기, 핥기, 씹기 등의 행동을 하면서 만족함을 얻는다. 만약, 이 시기에 욕구가 충족되지 못하거나 지나치게 충족될 경우에 다음 단계로 넘어가지 못하고 이 단계에 머무는 '고착(fixation)' 현상이 나타난다. 프로이트는 입과 관련된 고착 현상으로 손톱 물어뜯기, 과음, 과식, 지나친 흡연, 욕설 등의 형태로 나타난다고 보았다.

② 항문기(anal stage, 1-3세)

항문기는 성적 에너지인 리비도가 입에서 항문으로 옮겨가 항문에 집중되어 있는 시기이다. 1~3세 영아는 괄약근을 조절하며 배변을 보유했다가 배설하면서 쾌감을 얻는다. 따라서 이 시기에는 무엇보다 올바른 배변훈련이 중요하다. 항문기에 배변훈련을 성공적으로 한 영아는 이후 단계로 잘 넘어갈 수 있다. 그러나 부모가 지나치게 엄격하게 배변훈련을 시키게 되면 고착이 되어 결벽증, 수전노, 인색함 등이 나타나고, 배설을 하고 나서 근육이완의 쾌감에 고착하게 되면 지저분함, 낭비벽 등의 모습이 나타나게 된다.

③ 남근기(phallic stage. 3-6세)

남근기는 리비도가 남근, 즉 성기로 이동하는 시기로 이성 부모에게 욕망을 느끼면서 콤플렉스와 동일시, 성역할 형성 등이 나타난다. 남아의 경우 이성 부모인 엄마를 이성으로 좋아하면서 동성 부모인 아버지에게 라이벌 의식을 갖게 되지만 자신보다 신체적으로 우위에 있는 아버지가 자신을 신체적으로 위해하거나 남근을 거세할지도 모른다는 공포심을 갖게 되고 콤플렉스가 생기는데 남아가 동성 부모인 아버지에게 갖는 콤플렉스를 '오이디푸스 콤플렉스'라고 하였다. 결국, 남아는 거세불안을 해소하기 위해 아버지를 해치는 대신 아버지와 동일시를 하게 되면서 남성의 성역할을 형성하게 된다. 반대로, 여아인 경우 아버지를 사랑하면서 '엘렉트라 콤플렉스'를 갖게 되고, 서서히 어머니를 동일시하면서 여성의 성역할을 배우게 된다. 이 시기의 아이들이 역할놀이를 하는 모습을 보면, 남아는 아버지 역할, 여아는 어머니 역할을 선호하며 놀이하게 되는데 프로이트는 이것을 남근기의 특성으로 설명하고 있는 것이다. 남근기에 고착이 되면 지나치게 경솔하거나, 자신을 과시하고, 교만한 성격으로 나타난다.

엄마, 아빠놀이를 하며 성역할을 배워가는 유아들의 모습

④ 잠복기(latency stage. 6-12세)

잠복기는 리비도가 잠시 잠복되어 겉으로 나타나지 않고, 평온하게 지내는 시기로 학령기에 해당된다. 아이들은 학교를 다니면서 다양한 규범과 약속을

배우게 되고 학업에 열중한다. 또한, 성적 에너지가 활발하게 나타나지 않기 때문에 동성인 친구들과 어울리는 것을 좋아한다. 잠복기에 고착되면 성인이 되어서 이성에 대해 정상적인 친밀감을 갖지 못하거나 성적 관계를 회피하는 행동을 보인다.

⑤ 생식기(genital stage, 사춘기)

생식기는 성기기라고도 하며, 2차 성징이 나타나는 사춘기로 급격한 호르몬의 변화로 인해 성적 충동이 강하게 나타나게 된다. 이성에 대한 성적 욕구가 생기고, 이러한 욕구가 운동, 독서 등 다른 활동을 통해 승화되기도 한다. 생식기에 고착되면, 지나친 금욕주의가 되거나 반대로 지나친 쾌락추구로 가출, 비행 행동을 보이고 이성에 대한 부적응 행동을 보일 수 있다.

(3) 프로이트 이론에 대한 평가

프로이트 이론은 그동안 강조되지 않았던 무의식 영역을 새롭게 개척하여 정신의학 및 심리학 발달에 큰 기여를 하였다. 또한, 인생 초기의 부모-자녀 관계를 강조하여 어렸을 때 부모의 역할 및 자녀 양육에 대한 관심을 가져왔다. 그러나 지나치게 성적인 욕구를 강조하여 모든 발달 단계에 적용했고 고착, 오이디푸스 콤플렉스, 엘렉트라 콤플렉스 등의 개념은 검증이 어렵다는 한계점을 가진다. 또한, 그의 이론이 신경증 성인 환자의 자료에 근거하여 이루어졌기 때문에 정상인과 유아 발달을 설명하는데 제한이 될 수 있다.

2) 에릭슨(Erikson)의 심리사회 이론

에릭슨은 독일에서 태어났으며, 프로이트의 심리성적 이론에 비해 사회 문화적인 요인을 강조하였고, 평생에 걸친 단계를 설명하였다. 특히, 청소년기 이후의 성인 초기, 중기, 노년기까지의 발달을 제안하여 인간의 전반적인 발달을 이해하는데 공헌을 하였다.

(1) 발달단계

에릭슨은 전 생애를 나누어 8단계로 설명하였고, '심리사회적 위기'라는 개념을 도입하였다. 인간은 발달과정에서 각 단계마다 사회가 요구하는 발달과업과 관련된 심리사회적 위기를 경험하게 된다. 이 위기는 양극의 개념으로 대비되어 단계마다 긍정적인 경험과 부정적인 경험으로 구분되며 위기를 잘 극복하면 바람직한 성격이 형성되고 그렇지 못한 경우 결함이 생기게 되는 것이다. 따라서 양 극단의 두 가지 경험을 균형 있게 이루어 건전한 성격 형성을 이루는 것이 중요하다.

① 신뢰감 대 불신감(Trust vs. Mistrust. 0-1세)

1단계는 프로이트의 구강기에 해당되며, 이 시기에 가장 중요한 것은 자신을 돌봐주는 주양육자와 맺게 되는 신뢰감이다. 양육자가 일관성 있고 안정되게 영아를 돌봐주면서 욕구를 충족시켜주면 신뢰감이 형성된다. 그러나, 그렇지 못할 경우에는 반대 개념인 불신감이 형성된다. 가장 기초 시기에 형성되는 신뢰감은 이후 성인이 되어서도 계속적인 영향을 미치기 때문에 1단계에서 신뢰감을 형성하는 것은 매우 중요하다.

② 자율성 대 수치심 및 회의(Autonomy vs. Shame and Doubt. 1-3세)

2단계는 프로이트의 항문기에 해당되며, 이 시기에 배변훈련을 통해 자신의 의지를 조절시키면서 자율성을 획득하게 된다. 유아는 독립심이 생기면서 주변을 활발하게 탐색하고 조절해나간다. 특히, 이 시기에는 대소변 가리기가 중요한 과업으로 부모의 관심과 배려를 통해 대소변 가리기 훈련이 잘 이루어지면 자율성이 커지나, 부모가 유아의 대소변 가리기를 지나치게 통제하거나 강제로 할 경우 유아 자신에 대해 수치심을 느껴 건전한 성격 형성이 어렵다.

③ 주도성 대 죄책감(Initiative vs. Guilt. 3-6세)

3단계는 프로이트의 남근기에 해당되며, 이 시기 유아는 자신이 주체가 되어 목표나 계획을 설정하고 달성하며 주도성을 갖게 된다. 또한, 주변 환경과 사물에 대한 관심이 많아지며 적극적으로 탐색하고 놀이하는 것을 즐기고, 새로운 시도를 하며 만족감을 갖는다. 그러나 주도적으로 하려는 행동이 때로는 부모의 입장에서 제재가 가해져 하지 못하게 될 때 죄책감을 갖게 된다.

④ 근면성 대 열등감(Industry vs. Inferiority. 6-12세)

4단계는 학령기에 해당되며 프로이트의 잠복기이다. 이 시기에는 학교에 적응하면서 학습하며 규범을 익히고 배우게 된다. 학교생활에 잘 적응하여 규범을 익힌 아동은 근면성을 획득하나, 과업에 실패하거나 다른 아이들과 비교를 당하게 될 때 열등감을 갖게 된다.

⑤ 정체감 대 정체감 혼미(Identity vs. Role Confusion. 12-20세)

5단계는 프로이트의 생식기에 해당되는 시기로, 신체적 변화가 이루어지면서 새로운 자아정체감을 확립해가는 단계이다. 청소년들은 '나는 누구인가?'라는 고민을 하게 되면서 직업 선택과 학업에 대한 문제에 당면하게 된다. 이 단계에서 나에 대한 자아정체감이 확립되지 않을 경우 정체감에 대한 혼란 속에서 방황하게 된다. 에릭슨은 1단계의 신뢰감 대 불신감 단계와 5단계인 정체감 대 정체감 혼미 단계가 인생에서 중요한 시기로 보았다.

⑥ 친밀감 대 고립감(Intimacy vs. Isolation. 성인 초기)

6단계부터는 프로이트는 제시하고 있지 않는 단계이다. 에릭슨은 6단계를 성인 초기로 보고 다양한 사회적 관계 속에서 친밀감을 형성하는 것이 가장 중요한 과업이라고 보았다. 즉, 성인 초기의 발달 과제는 무엇보다 타인과 관계를 형성하여 친밀감(intimacy)을 넓히는 것이 중요하다(Crain, 2010). 이러한 친밀감은 앞 단계에서 자아정체감이 잘 확립되었을 때 가능하며 친밀한 관계를 통해 사회적으로 성숙한 시민으로 나아가게 된다. 이 시기에 친밀감을 형성하지 못하면 소외되어 고립감을 느끼게 된다.

⑦ 생산성 대 침체성(Generativity vs. Stagnation. 성인 중기)

7단계는 중년기에 해당되며 성인 초기를 지나 사회적으로 생산적인 일을 하는데 힘쓰게 되는 시기이다. 생산성에는 자녀를 낳고 기르는 것 뿐 아니라, 사회적으로 다음 세대를 위해 가치 있는 일을 했다는 직업적 성취나 다양한 분야의 업적 등이 포함된다. 생산성을 경험한 성인은 사회적으로 보람과 긍지를 느끼게 되면서 다른 사람에 대해 성숙한 태도를 보이나, 그렇지 못한 경우에는 침체되어 자신만의 욕구나 생각에 치중하게 된다.

⑧ 자아통합 대 절망감(Integrity vs. Dispair. 노년기)

8단계는 마지막 단계로 노년기에 해당된다. 나이가 들어 노년기가 되면, 누구나 한 번쯤은 죽음에 대해 생각하게 된다. 가족이나 가까운 친구들의 죽음을 통해 자신도 언젠가는 죽게 될 것을 생각하고 내가 살아온 인생을 돌아보며 숙고하는 시간을 갖는다. 만약 지나온 시간들에 대해 수용하고 가치 있는 시간이었다고 인정하게 되면 자아통합감을 느끼나, 그렇지 않은 경우에는 삶에 대한 후회, 분노 등으로 절망하게 된다.

(2) 프로이트와 에릭슨 이론의 차이점

에릭슨은 프로이트의 영향을 많이 받았으나, 두 이론을 비교할 때 보이는 차이점이 있다. 첫째, 프로이트는 그의 이론에서 성적 에너지인 리비도가 집중하는 부위를 강조한 반면, 에릭슨은 발달에 있어 유아 주변의 사회 문화적 맥락을 중시하였다. 에릭슨은 개인의 욕구보다는 개인이 각 발달 시기에 획득한 능력과 그 사회에서 요구하는 능력이 잘 부합하는지에 관심을 가졌다. 따라서 프로이트의 이론은 심리성적 이론이라고 하며, 에릭슨의 이론은 심리사회 이론이라고 부른다.

둘째, 프로이트가 구강기, 항문기, 남근기, 잠복기, 생식기의 총 5단계로 발달단계를 구분하여 마지막 성격 발달이 청소년기 이전에 이루어진 것으로 본 반면 에릭슨은 청소년기 이후에도 발달이 계속 이루어져 이후 성인 초기, 성인 중기, 노년기까지 전 생애를 발달단계로 나누었다.

(3) 에릭슨 이론에 대한 평가

에릭슨의 이론은 프로이트 이론의 한계를 넘어 정신분석 이론의 적용 가능성 및 사회문화 영역까지 범위를 확대하며 공헌을 가져왔다. 특히, 인간발달에서 전 생애를 통해 발달단계를 구분하고 문화적 상대성을 인정하였다. 그러나 이론에 대한 과학적인 근거 제시가 이루어지지 못하여 개념들이 모호하다는 비판과(Thomas, 2000) 인간이 후천적인 환경에 의해 변화할 수 있다는 점에 대해서는 설명하지 못하는 한계점이 있다.

표 2-1 프로이트와 에릭슨의 발달단계 비교

시기	프로이트의 심리성적 이론 단계	에릭슨의 심리사회 이론 단계
0-1세	구강기	신뢰감 대 불신감
1세-3세	항문기	자율성 대 수치심 및 회의
3세-6세	남근기	주도성 대 죄책감
6세-12세	잠복기	근면성 대 열등감
사춘기	생식기	정체감 대 정체감 혼미
성인 초기		친밀감 대 고립감
성인 중기		생산성 대 침체성
노년기		자아통합 대 절망감

5. 인지 발달 이론

인지이론가들은 유아들의 사고 발달이 어떻게 이루어지는지 관심을 가지고 연구하였다. 인지 발달이란 유아가 언어적인 기술을 획득하는 것처럼 사고와 추론 기술을 발달시키는 과정이다(Spodek & Saracho, 1994). 대표 이론가인 피아제(Piaget)의 인지 발달 이론과 비고스키(Vygotsky)의 사회문화 이론을 중심으로 살펴보면 다음과 같다.

1) 피아제(Piaget)의 인지 발달 이론

피아제는 스위스에서 태어나 어렸을 때부터 학문적으로 뛰어난 재능이 있었고 생물에 대해 관심을 보여 11세 때에는 참새에 대한 논문을 발표할 정도였다. 그는 생물학과 철학을 접목시켜 지식이란 무엇인지, 안다는 것이 무엇인지 등 인식론에 관심을 두고 탐구하였다. 1920년 지능검사 실험실에서 일하면서 지능검사를 실시하던 중 아동의 오답이 연령에 따라 비슷하다는 것을 발견하여, 연령이 높은 아동이 낮은 아동에 비해 단지 더 많이 아는 것이 아니라, 연령에 따라 서로 질적으로 다른 사고를 한다는 것을 토대로 자신의 인지 발달 이론을 구축하였다. 초기에는 큰 관심을 끌지 못했으나 1960년대부터 인정을 받아 지금까지도 탁월한 학자로 인정받고 있다.

(1) 기본 개념

① 인지능력

피아제가 제시한 인지능력은 지능과 구분된다. 지능이 비교적 고정적이고, 수량화되는 개념인데 비하여, 인지능력은 계속적으로 변화 가능하며 환경의 변화에 따라 적응해가는 능력으로 보았다. 인간은 환경의 변화에 대처하기 위해 자신을 계속 변화시켜 가면서 인지능력의 발달이 이루어진다고 보았다.

② 도식(scheme)

도식이란 유기체가 가지고 있는 전체적인 인지구조, 전체적인 틀을 의미한다. 도식은 선천적으로 가지고 태어나는 것이 아니라, 환경과의 상호작용에서 형성되며 단순한 반사 행동에서부터 복잡한 계획, 아이디어까지 포함하는 개념이다. 최초의 도식은 반사적이며 적응의 과정을 통해 새로운 도식을 개발하고 변화시킨다.

③ 동화(assimilation)

동화란 인간이 주변 환경에서 새로운 사물과 정보를 받아들일 때 이미 자기가 가지고 있는 도식에 맞추어 그대로 받아들이는 과정을 의미한다. 예를 들어, 고양이를 처음 본 유아는 자신이 기존에 가지고 있던 개라는 도식에 맞추어 고양이를 이해한다. 이러한 동화는 마치 우리가 음식을 먹어서 소화시키는 과정과 마찬가지로 양적인 변화를 의미한다.

④ 조절(accommodation)

조절은 동화와 반대되는 개념으로, 인간이 주변 환경에서 새로운 사물과 정보가 기존의 도식에 맞지 않을 때 도식을 변화시키는 것을 의미한다. 예를 들어, 고양이를 처음 본 유아가 처음에는 고양이를 기존에 있던 개라는 도식에 맞추어 이해하나(동화), 고양이의 울음소리와 개의 울음소리가 다르며 다른 특성들도 다르다는 것을 알게 되어 기존의 개에 관한 도식을 변화시키는 것이다. 이러한 조절은 양적 변화가 아닌 질적인 변화를 뜻한다.

⑤ 평형(equilibration)

평형이란 동화와 조절의 상호작용을 통해 인지상태가 어느 한쪽에 치우치지 않고 균형을 유지하는 상태를 의미한다. 인간은 평생 동안 동화와 조절을 통한 평형 상태를 유지하면서 한 차원 높은 새로운 인지구조를 형성하고 발달하게 된다.

(2) 인지 발달 단계

피아제는 인지 발달은 유기체와 환경의 상호작용으로 이루어지는 적응과정이며 질적으로 다른 네 개의 단계가 있다고 보았다. 각 단계별 특성을 정리하면 다음과 같다.

① 감각운동기(sensorimotor stage)

감각운동기는 출생에서 2세까지이며, 신체의 감각과 운동을 통해 세상을 알아가는 시기이다. 초기에는 생득적인 반사활동이 주를 이루나, 후기가 되면 상징적 표상을 통하여 사고를 시작하게 된다. 감각운동기에는 대상영속성이 생기기 시작하는데, 대상영속성이란 존재하는 물체가 어떤 것에 가려져 보이지 않더라도 그것이 사라지지 않고 지속적으로 존재하고 있다는 사실을 아는 능력을 말한다. 즉, 대상이 눈으로 식별되지 않거나 탐지할 수 없을 때, 그 대상이 계속 존재하며 그 사물과 사물을 인지하는 유아가 독립적으로 공존한다고 믿는 것을 지칭하는 말이다(Shaffer, 2006). 약 8개월 정도가 되면 대상영속성이 생겨 두 개의 도식을 연합하게 된다.

② 전조작기(preoperaional stage)

전조작기는 2세에서 7세경의 유아기에 해당된다. 이 시기는 이전 시기인 감각운동기에 비해 사물에 대한 상징 능력이 증가하지만 전(pre)조작기라는 이름에서 알 수 있듯이 논리적인 조작적 사고를 하는데 어려움을 보이며, 이에 따른 다양한 오류를 보이기도 한다. 전조작기에 보이는 사고의 특성은 상징적 표상, 자기중심성, 물활론, 인공론적 사고, 전환적 사고 등이 있는데 정리하면 다음과 같다.

■ 상징적 표상

상징적 표상이란 한 사물을 다른 사물로 대치하는 행위를 말한다. 예를 들어, 블록을 가지고 놀이하면서 그 블록이 마치 전화기인 것처럼 놀이할 때 상징적 표상이 나타나고 있는 것이다. 상징적 표상은 초기에는 지각적으로 유사한 물체를 상징의 매개로 삼지만 점차 발달하면서 더 임의적이고, 관습적인 상징을 사용하는 빈도가 늘어나며, 상징의 의미도 잘 이해하게 된다.

■ 중심화(egocentrism)

중심화란 하나의 눈에 띄는 특징에 집중하며 다른 특징에는 주의를 기울이지 않는 경향성을 말한다. 대표적으로 표현되는 형태가 자기중심성으로 유아는 세상을 자신의 관점에서만 바라보고, 타인의 입장을 이해하는 것은 어렵다. 이러한 자기중심성은 이기적인 것과는 다른 것으로 유아기의 독특한 사고의 특성으로 보고 있다.

■ 물활론(animism)

물활론이란 모든 만물은 생명이 있다고 생각하는 것으로 자아 중심적 경향에서 나온다고 할 수도 있다. 예를 들어, 그림을 그릴 때 유아들은 흔히 나무, 해, 돌 등에 눈, 코, 입을 그려 넣어 생명이 있는 것으로 생각한다.

■ 인공론적 사고

인공론적 사고는 모든 사물이나 현상이 인간을 위해 만들어졌다고 생각하는 것이다. 예를 들어, 밤에 사람이 무섭지 않으려고 별이나 달이 있으며, 꽃이 핀 이유도 사람이 보고 기분이 좋기 위해서라고 생각하는 것이다.

■ 전환적 사고

하나의 특정사건으로부터 다른 특정사건을 추론하는 것으로 시간적으로 근접하여 발생하면 두 현상 간에 관련이 없어도 인과관계가 있다고 여긴다.

이 외에도 전조작기에는 눈에 보이는 대로 판단하는 직관적 사고로 인해 사물의 모양이 변하거나 나누어져도 속성은 변하지 않는다는 보존개념을 형성하지 못하며, 일정한 특성에 따라 사물을 순서대로 놓는 서열화, 비슷한 속성을 가진 것끼리 묶는 분류화나 유목 포함도 아직은 잘 이해하지 못한다.

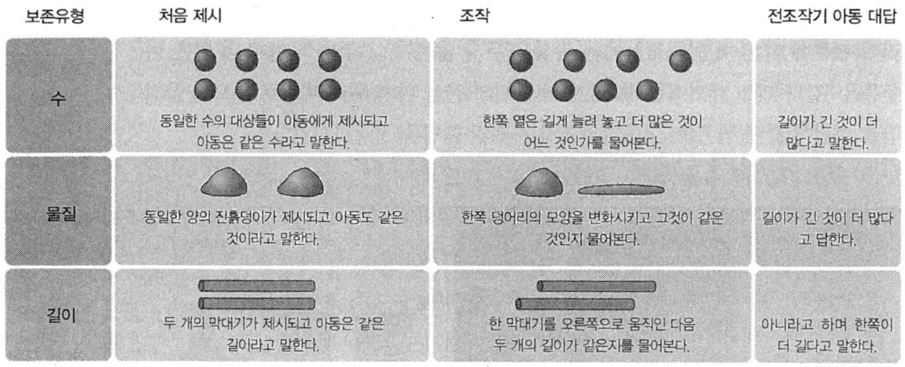

그림 2-4 보존에 대한 차원들: 수, 물질, 길이

출처: Santrock(2015). p. 228 인용

③ 구체적 조작기(concrete operational stage)

7세부터 11세까지 초등학교 시기로 구체물 조작을 동반한 논리적인 사고가 어느 정도 가능해지는 시기이다. 가역적 사고가 가능하고 보존개념도 형성된다. 분류하고 서열화하기에 능숙해져서, 전조작기에 보였던 자기중심성에서 점차 벗어나게 된다.

④ 형식적 조작기(formal operational stage)

12세 이후 시기로 눈에 보이지 않는 사물이나 상황에 대해 가상적이며 추상적인 사고를 할 수 있으며, 새로운 상황에 직면했을 때 현재, 과거, 미래의 경험을 이용할 수 있다. 체계적인 과학적 사고가 가능하여 도덕적 개념과 철학적 문제를 이해할 수 있으며, 가설적인 가능성을 체계적으로 검증하는 조합적 사고도 가능해진다.

(3) 피아제 이론에 대한 평가

피아제는 유아를 스스로 지식을 구성하는 능동적 존재로 보며, 성인과 질적으로 다른 차이가 있다는 점을 통해 교육적으로 많은 시사점을 제공해 주었다. 그러나 피아제가 유아들의 대상 개념에 대한 인지 능력을 과소평가하여 실험과제가 인지적으로 복잡하거나 대상 개념 이외의 다른 능력들을 요구하므로, 유아들의 능력이 제대로 평가 받지 못했다는 점과 발달에 대한 사회문화적 영향을 소홀히 했다는 비판점이 있다.

2) 비고스키(Vygotsky)의 사회문화 이론

비고스키는 러시아 출생으로 언어학, 문학, 법학 등 다양한 학문을 공부하여 자신의 이론에 대한 기초를 확립하였다. 그는 피아제와 출생년도가 같아 같은 시기에 연구가 이루어졌으나, 37세에 폐결핵으로 요절하여 왕성한 연구 활동을 남기지 못했다. 피아제가 개인적 차원에서 유아를 능동적 존재로 보며 환경과의 상호작용을 강조한 반면, 비고스키는 개인적 차원을 넘어선 사회적 차원에서 유능한 또래나 성인 등의 도움을 통한 상호작용을 강조하였다. 비고스키는 인간 발달을 사회문화적 요인을 통해 설명하려고 하였다. 그는 유아는 사회문화적인 존재이기 때문에 모든 유아가 똑같은 인지 발달단계를 거치거나 혼자 발달해가기 보다 주변의 의미 있는 성인이나 또래와의 사회적 상호작용을 통해 학습하며 발달해간다고 보았다.

(1) 근접발달지대(ZPD: Zone of Proximal Development)

유아의 발달에는 두 가지 수준이 있다. 하나는 실제적 발달 수준으로 유아가 성인의 도움 없이 스스로 문제를 해결할 수 있는 수준이며, 다른 하나는 잠재적 발달 수준으로 유아가 유능한 또래나 성인의 도움을 받아서 도달할 수 있는 수준이다. 이러한 실제적 발달 수준과 잠재적 발달 수준과의 차이를 근접발달지대라고 하였다. 비고스키는 근접발달지대에 있을 때 유아가 가장 잘 학습할 수 있으며, 이때 중요한 것이 주변에 있는 유능한 성인이나 또래가 도움을 주는 것으로 보았다.

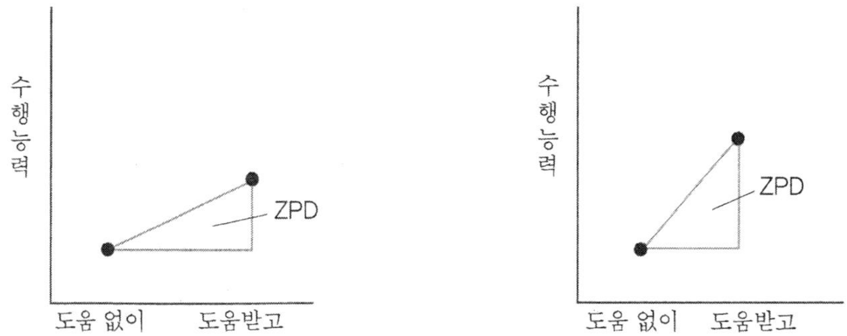

그림 2-5 도움에 의한 문제해결 수준의 개인차

출처: 정옥분(2013). p. 99 인용

근접발달지대에서 중요한 것은 비계설정이다. 비계설정(scaffolding)이란 유아 스스로 해결할 수 없을 때 보다 유능한 성인이나 또래가 학습의 발판을 만들어 주어 도와주는 것을 말한다. 즉, 학습에 필요한 발판을 마련해 주는 것이다. 비계설정을 할 때, 교사의 역할이 중요한데 교사는 과제가 새로운 것이어서 유아가 혼자하기 어려울 때에는 많은 도움을 주지만, 점차 유아의 능력이 증가하게 되면 도움의 정도를 줄여 나가 유아의 자율성, 독립성, 책임감을 길러주어야 한다. 유아의 학습에 민감하게 반응하며 적절한 발판을 설정해주는 것이 중요하다.

또래의 비계설정을 통해 학습하는 모습

(2) 언어와 사고

비고스키는 인지 기능을 이해하기 위해서는 무엇보다 언어가 가장 중요한 도구라고 강조하였다. 인간은 동물과 다른 고등 정신기능을 가지고 있는데, 언어를 도구로 하여 사회구성원과 상호작용함으로써 고등 정신기능인 인지 기능이 발달된다고 보았다. 사회적 상호작용에서 언어의 역할은 특히 중요하다. 유아는 언어를 통해 주변 사람들의 지식과 태도를 내면화한다.

비고스키는 혼잣말의 역할에 대해 피아제와 다른 견해를 보였다. 피아제는 전조작기 유아들이 다른 사람의 관점에서 사고할 수 없기 때문에 자기중심적 언어를 사용한다고 보았다. 그러나 아동의 인지 능력이 발달하고 사회적 경험이 쌓이면 자기중심적 언어는 줄어들고 다른 사람과 의사소통하는 사회적 언어로 변화한다는 것이다. 즉, 피아제는 아직 인지적으로 미숙한 상태에서 보이는 언어를 자기중심적 언어로 보았다.

이와 달리 비고스키는 자신의 행동에 대해 생각하고 행동을 주도해 나가는 과정에서 자기 자신과 의사소통하는 혼잣말을 한다고 하였다. 비고스키는 혼잣말이 문제해결과 자기 조절에 중요하며, 쉬운 과제일 때보다 어려운 과제일 때 혼잣말을 많이 하면서 문제해결의 길잡이 역할을 한다고 하였다. 유아는 어려운 과제를 수행할 때 쉬운 과제를 할 때보다 혼잣말을 많이 사용하기 때문에 혼잣말이 다른 사람과 의사소통을 하는 목적 외에 다른 목적이 있다는 것이다. 이후 혼잣말의 가치를 연구하는 결과들이 입증되면서 비고스키의 혼잣말에 대한 의견이 지지되었다.

(3) 상호 교수와 협동 학습

비고스키 이론을 교육 현장에 적용시키고자 할 때, 상호 교수와 협동 학습을 활용할 수 있다. 상호 교수는 독해에 어려움을 겪는 유아들을 대상으로 개발된 교수법으로 한 명의 교사와 2~4명의 아동들이 한 집단이 되어 내용에 대한 대화를 나누면서 학습하는 방법이다. 이 방법에는 질문, 요약, 명료화, 예측의 4가지 인지 전략이 사용된다(조복희, 2008).

협동 학습은 또래와의 협동 과정에서 근접발달지대 내에서 비계 설정을 통해 서로의 발달에 도움을 줄 수 있는 방법이다. 비고스키는 혼합연령 집단의 중요성을 강조했는데, 나이가 많거나 좀 더 유능한 또래와 짝을 이루어 협동할 때 가장 많은 도움을 받을 수 있기 때문이다.

(4) 비고스키 이론에 대한 평가

비고스키 이론은 사회문화적 맥락 안에서 유아의 발달을 이해하였고, 혼잣말과 협동 학습의 가치를 밝혔다는데 의의를 가진다. 또한, 피아제와 달리 교육이 발달에 도움을 준다고 하면서 환경의 역할, 이후 학습의 중요성도 강조하였다. 그러나 인간 발달에 있어서 생물학적인 측면을 간과하였고, 근접발달지대의 개념도 모호하다는 비판점이 있다.

표 2-2 비고스키 이론과 피아제 이론의 비교

	비고스키	피아제
사회문화적 맥락	매우 강조함	거의 강조하지 않음
구성주의	사회구성주의	인지구성주의
단계들	발달의 일반적인 단계를 제안하지 않음	단계에 대한 강력한 강조 (감각운동기, 전조작기, 구체적 조작기, 형식적조작기)
주요 과정들	근접발달지대, 언어, 대화, 문화의 도구	도식, 동화, 조절, 조작, 보존, 분류화
언어의 역할	주요 역할. 언어는 사고 형성에 강력한 역할을 함	언어는 최소한의 역할을 함. 인지가 기본적으로 언어를 지휘함
교육에 대한 입장	교육은 아동들의 문화도구에 대한 학습을 도와주는데 중추적인 역할을 함	교육은 단지 이미 출현한 아동의 인지기술을 정교화시킬 뿐임
교수-학습에 대한 적용	교사는 지시자가 아니라 촉진자와 안내자로 교사들과 숙련된 또래들과 함께 아동이 학습할 수 있는 기회들을 확립시킴	교사는 지시자가 아니라 촉진자나 안내자로 아동이 세상을 탐색하고 지식을 발견할 수 있도록 지지를 제공해줌

출처: Santrock, J. W.(2014). Child Development(4th ed.). New York: McGraw-Hill. p. 190 인용

6. 생태학적 이론

생태학적 이론에서는 인간을 둘러싸고 있는 환경에 초점을 두어 가장 가까운 환경에서부터 가장 멀리 있는 환경까지 다양한 환경의 영향을 자세하게 밝히고 있다. 대표 이론가인 브론펜브레너(Bronfenbrenner)의 생태학적 이론을 중심으로 살펴보면 다음과 같다.

1) 브론펜브레너(Bronfenbrenner)의 생태학적 이론

생태학적 이론의 대표자는 브론펜브레너로, 러시아에서 출생하여 어렸을 때 미국으로 이주하였고, 심리학을 전공한 후 인간발달을 연구하였다. 그는 '인간발달 생태학'이라는 저서를 통해 생태학적 이론을 설명하였다.

(1) 생태학적 모델

생태학적 이론에서는 유아를 둘러싸고 있는 체계 안에서 유아의 발달을 이해해야 한다고 하면서 미시체계, 중간체계, 외체계, 거시체계, 시간체계의 5가지 체계를 설명하고 있다(Bronfenbrenner & Morris, 2006). 이 이론에서는 유아를 중심으로 가장 가까이에 있는 체계가 다른 체계에 비해 더 직접적으로 유아에게 영향을 미치고, 각 체계들은 상호 연관되어 서로에게 영향을 주고받는 것을 강조한다.

① 미시체계(microsystem)

미시체계는 유아와 가장 가까운 환경으로 직접 상호작용이 가능하다. 예를 들어, 가정, 학교, 이웃, 유아가 다니는 교육기관 등이 속한다. 유아들은 가장 가까운 가족인 부모와 형제, 교육기관에서 만날 수 있는 교사와 친구 등과 밀접하게 상호작용을 하며 발달하게 되므로 미시체계의 영향력은 매우 크며 직접적이다.

② 중간체계(mesosystem)

중간체계는 가정, 학교, 이웃, 교육기관과 같은 미시체계들 간의 관계를 의미한다. 예를 들어, 가정에서의 부모가 교육기관에 얼마나 관심을 갖고 있으며 참여하느냐에 따라 유아발달에 영향을 미칠 수 있다. 중간체계에서의 긍정적인 지원이 유아발달에도 바람직한 영향을 미치게 된다.

③ 외체계(exosystem)

외체계는 유아가 직접적으로 접하지는 않으나, 간접적으로 영향을 주는 체계를 의미한다. 예를 들어, 부모의 직장이나 지역사회의 복지서비스, 정부에서 운영하는 기관 등이 포함된다. 유아의 입장에서 부모의 직장을 직접 접하는 것은 아니나, 근무시간, 여건 등에 따라 자녀를 양육하는데 간접적인 영향을 주고받게 된다.

④ 거시체계(macrosystem)

거시체계는 유아가 속한 문화가 갖는 신념, 문화, 가치, 법 등을 의미한다. 다른 체계에 비해 범위가 넓고 크며 거시체계의 특성에 따라 유아가 접하게 되는 문화나 경험 등이 달라질 수 있다. 예를 들어, 우리나라와 같이 웃어른을 공경하며 존칭을 사용하는 문화에서 자란 유아는 그렇지 않은 문화에 비해 예의와 관련된 경험을 하게 되며 발달과정에서 영향을 받게 된다. 거시체계는 일반적으로 다른 체계보다 안정적이지만, 때로는 사회변화에 따라 변할 수 있다(Elder & Caspi, 1988).

⑤ 시간체계(chronosystem)

시간체계는 인간의 생애에서 일어날 수 있는 시간적 변화로 생애 과정 동안의 환경적 사건들과 전환들 뿐 아니라 사회역사적 환경의 패턴을 말한다. 예를 들어 이혼은 한 가지 전환으로, 연구에 의하면 아동들에게 미치는 이혼의 부정적 효과는 이혼 후 첫해에 절정에 이르며 이혼 후 두 번째 해가 되면 보다 안정이 된다(Hetherington, 2005). 사람이 태어나서 시간이 흐름에 따라 공통적으로 경험하게 되는 입학, 졸업, 결혼, 이사, 죽음 등은 인생의 전이에 따라 발생하며, 유아의 발달에 영향을 미치게 된다.

(2) 브론펜브레너 이론에 대한 평가

브론펜브레너의 생태학적 이론은 유아를 둘러싸고 있는 환경에 대해 체계적으로 접근하여 가장 직접적인 미시체계부터 거시체계까지 과거, 현재, 미래라는 시간체계 변화 속에서 유아의 발달을 설명하였다. 그러나 실제로 모든 맥락과 환경을 고려하여 연구를 수행하는 것은 매우 어려움이 있어 과연 검증 가능성이 있는가에 대한 우려가 있으며, 유아의 능동적 발달과정이나 생물학적 요인에 대한 영향력이 간과되었다는 비판점이 있다.

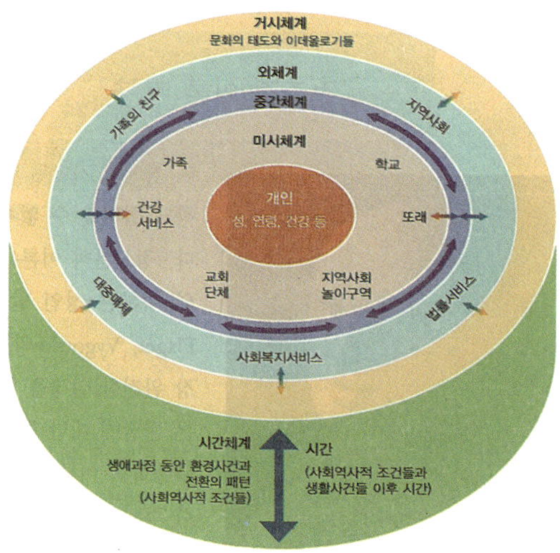

그림 2-6 브론펜브레너의 생태학적 이론

출처: Santrock(2015). p. 37 인용

3장

유아발달 연구방법

1. 유아발달 연구의 목적

유아들을 바르게 이해하기 위해서는 연구가 필요하다. 유아발달 연구는 유아의 발달 과정을 이해하고 설명하며 도출된 결과는 유아와 가족과 관련된 정책 개발, 프로그램 개발 및 운영, 전반적 가치관 형성 등과 관련되어 영향을 미치게 된다(Berk, 2012). 이러한 유아발달 연구에는 크게 세 가지 목적이 있는데 기술, 설명, 적용이다.

1) 기술(describe)

유아발달 연구의 첫 번째 목적은 기술이다. 기술은 각 유아들을 주의 깊게 관찰하고, 연령에 따른 발달의 변화를 객관적이고 정확하게 기록하는 것이다. 기술을 통해 연령에 따른 유아의 평균 발달의 수준과 개인차 등을 알 수 있게 된다.

2) 설명(explain)

두 번째 목적은 설명이다. 설명은 첫 번째 목적인 기술을 통해 알게 된 연령에 따른 유아의 평균 발달의 수준과 개인차 등을 다른 사람이 이해할 수 있도록 밝혀서 말하는 것이다. 연령에 따른 발달의 변화와 개인차에 대한 설명은 매우 복잡하기 때문에 사회심리학, 성격심리학, 인류학, 생리학, 유전학, 사회학, 인간생태학, 소아과학 등 다양한 분야의 연구결과로부터 도출된다(정옥분, 2013). 이를 통해 유아의 성장과 발달의 주요 요인이 무엇인지 밝힐 수 있다.

3) 적용(apply)

유아발달 연구의 세 번째 목적은 적용이다. 연구결과를 활용하여 유아가 더 나은 삶을 살 수 있도록 유아의 삶의 질을 증진시키는데 적용하는 것이다. 기술과 설명을 통해 밝혀진 연령에 따른 유아의 평균 발달의 수준과 개인차 등을 진단하여 건강한 방향으로의 발달을 위해 적절한 환경을 마련하는데 유아발달 연구의 목적이 있다.

2. 유아발달 연구의 자료수집 방법

유아기는 신체, 언어, 인지, 사회, 정서 각 영역의 발달이 활발히 이루어지며 각 영역의 특성들이 명백하게 나타나는 시기이다. 이 시기에 유아가 어떻게 변화하며 어떠한 과정을 거쳐 발달하는지를 알기 위해서는 발달에 관한 연구가 필요하다. 그동안 많은 연구자들은 유아의 발달에 대해 심도 있게 연구해 왔고, 그 결과는 유아와 관련된 일을 하는 전문가 및 부모들이 효과적으로 유아의 발달을 지원하는데 활용되어 왔다.

유아발달을 연구하기 위한 방법에는 여러 가지가 있는데, 그 중 대표적인 관찰법, 면접법과 질문지법, 표준화검사법, 사례연구 등을 살펴보면 다음과 같다.

1) 관찰법

관찰법은 가장 오랫동안 유아들을 연구하기 위해 사용된 방법으로, 유아의 행동을 직접 눈으로 보고 객관적으로 기록하는 방법을 말한다. 연구자가 관심 있는 대상이나 현상을 특정 상황에서 살펴보고 체계적으로 기록하는 것이다(안선희 외, 2015; Johnson & Christensen, 2004). 관찰은 일상의 활동 속에서 나타나는 유아의 행동에 대해 인위적 조작 없이 있는 그대로 기록하는 방법이다. 특히 자연스러운 상황 속에서 반복적으로 나타나는 유아의 행동으로부터 개별 유아의 독특한 개성을 발견하여 유아를 객관적으로 이해하도록 돕는다.

관찰을 하기 위해서는 언제, 어디서, 누구를, 어떻게 관찰할 것인지 계획되어야 하며, 어떤 형태로 기록할 것인지도 정하여 체계적인 방법으로 진행되어야 한다. 관찰을 할 때에는 교사나 교실 전체에 방해가 되지 않도록 눈에 띄지 않는 곳에서 해야 하며, 한 번의 관찰로 어떤 결론을 유출하는 것보다 반복적으로 여러 번 관찰을 실시하는 것이 바람직하다(Caruso & Fawcett, 2006). 관찰법은 실제적인 정보를 수집하는데 유용한데, 특히 언어적 의사소통에 어려움이 있는 영유아를 연구하기에 적절한 방법이다.

(1) 관찰법의 종류

관찰은 관찰하려는 행동 장면을 인위적으로 통제하느냐, 통제하지 않느냐에 따라 자연 관찰과 구조화 관찰로 나눌 수 있으며, 관찰자가 직접 장면에 참여하느냐에 따라 참여 관찰과 비참여 관찰로 나눌 수 있다.

① 통제 정도에 따른 분류

■ 자연 관찰

자연 관찰은 자연적인 일상 상황에서 유아의 행동을 관찰하는 방법이다. 유아들이 생활하는 가정, 놀이터, 유치원 등이 자연 관찰의 장소가 될 수 있다. 자연 관찰에서 연구자는 변인을 인위적으로 조작하거나 통제하지 않고 자연 상황에서 보여지는 행동과 사건을 있는 그대로 기록한다(황해익 외, 2008; Santrock, 2015). 예를 들어, 놀이터에서 신체 놀이를 하는 유아를 관찰하기 위해 실외놀이 시간에 놀이터에 나가 신체 놀이하는 아이들을 자연스런 상황에서 관찰할 수 있다.

자연 관찰법은 인위적이지 않은 일상 상황에서 유아들을 관찰하기 때문에 유아의 평소 모습을 볼 수 있다는 장점이 있다. 또한, 연구자가 관심을 가지고 있는 행동에 대해 전체적 맥락 안에서 정보를 입수할 수 있어 사건 전, 후의 관련성을 확인할 수 있다. 그러나 몇 가지 단점도 있는데 때로는 관찰하고자 하는 행동이 잘 나타나지 않아 연구 진행이 어려울 수가 있고, 실험실처럼 통제된 상황이 아니기 때문에 연구자가 관심을 갖는 행동이나 사건이 발생하지 않는 경우에는 자료를 수집하기가 힘들다. 또한, 연구 대상들이 관찰자의 존재를 의식하여 평소와 다른 행동을 보일 수 있으며, 관찰자의 편견(observer bias)으로 인해 자신의 가설과 주장을 지지하고자 편향된 해석을 기록할 가능성도 있다. 따라서 연구자는 이러한 점을 주의하여 자연 관찰을 수행해야 한다.

유아의 놀이를 관찰하는 교사

■ 구조화 관찰

구조화 관찰은 실험실과 같이 인위적으로 통제된 구조화된 환경에서 연구자가 관심 있는 행동을 관찰하여 기록하는 방법이다. 예를 들어, 반두라는 실험실에 아이들을 데려와 성인의 공격성 행동을 관찰한 후 어떻게 행동하는지 관찰하여 공격성 행동이 모방을 통해 가능하다는 것을 밝혀냈다.

구조화 관찰의 장점은 통제가 가능하기 때문에 연구자가 관찰하고자 하는 행동이 발생하도록 유도할 수 있고, 과정과 절차도 구조화하여 진행할 수 있다(안선희 외, 2015). 반면, 구조화 관찰에서는 자연 관찰에서 보여지는 다양한 요인들을 인위적으로 제거한 상태에서 관찰이 진행되기 때문에 과연 실제 일상생활에도 적용할 수 있는가 하는 문제가 제기된다. 또한, 유아들의 경우 구조화된 실험실 상황에서는 평소 모습과 다르게 반응할 수 있으며, 실험을 관찰하기 위한 장치나 장비 등의 인력과 비용이 소요된다.

② 관찰 참여에 따른 분류

■ 참여 관찰

참여 관찰은 관찰자가 관찰대상이나 관찰행동에 대해서 아무런 통제를 가하지 않고 함께 생활하면서 자연스런 행동을 관찰하는 방법이다. 예를 들면, 교실에서 교사가 관찰자이자 교사의 역할을 하게 되는 경우, 보조교사가 관찰을 하면서 유아를 관찰하게 되는 경우이다. 현장에서는 유아를 관찰할 때 대부분 참여 관찰 방법을 많이 활용한다.

■ 비참여 관찰

비참여 관찰은 관찰자가 현장에 있으나 그 장면에서 일어나는 활동에 전혀 개입하지 않고 단지 관찰만 하는 경우를 말한다. 대표적인 방법으로 일방경을 통하여 행동을 관찰하거나 유아의 일상적인 환경에 비디오카메라나 CCTV를 설치하여 관찰할 수 있다. 현장에서는 유치원 참관실을 이용하여 교실에 있는 유아의 행동을 관찰하는 방법을 활용할 수 있다. 비참여 관찰을 할 때 관찰자가 유의할 점은 다음과 같다(Martin, 1999). 첫째, 관찰로 인해 교실에서 진행되고 있는 활동을 방해하지 않도록 교실에서 조용히 움직인다. 둘째, 만약 유아가 무엇을 하고 있는지 물어보면 간단하고 정직하게 대답을 한다. 일단 답을 했으면 더 이상 대화가 진행되지 않도록 자리를 피한다. 셋째, 유아의 행동이나 활동에 감정적인 반응을 보이지 않도록 한다. 예를 들어 웃거나 놀라는 등의 감정적인 반응은 유아의 주의를 끌게 되므로 유의해야 한다.

참관실에서 유아를 관찰하는 모습

(2) 관찰법의 방법

① 일화기록

일화기록은 유아의 특성을 나타내는 하나의 사건에 초점을 두고 객관적으로 상세히 기록하는 것이다. 이 방법은 특별한 준비가 필요하지 않으며, 시간이나 틀에 얽매이지 않아도 되어 현장에서 교사가 쉽게 활용할 수 있는 장점이 있는 반면, 시간이 많이 소모되는 것이 단점이다. 유아의 성격 및 행동 양식을 이해하기 위해 구체적으로 기록하여 사례와 상황에 초점을 두어야 하며, 제대로 기록하지 않고 기록한 것에서 필요한 정보를 분류하여 분석하지 않는다면 유아를 이해하는데 도움이 되지 않는 기록만 남게 되므로 주의해야 한다.

일화기록 시 주의할 점은 다음과 같다(심성경 외, 2012).

첫째, 주관적이거나 감정적인 표현을 배제하고 객관적인 용어를 사용해야 한다.

둘째, 관찰 시 기록에 집착하지 않으며, 일단 기록한 후 누락된 부분을 보완한다.

셋째, 가능한 관찰과 동시 또는 직후, 최소한 당일에 기록한다.

넷째, 관찰기록지에 반드시 유아 이름, 성별, 생년월일, 관찰일시, 관찰 장면 등을 기록한다.

다섯째, 실제 관찰 사실과 교사의 해석을 반드시 구분한다.

여섯째, 유아와 교사의 실제 언어를 그대로 인용한다.

일곱째, 하나의 일화를 참여한 여러 유아의 일화로 사용할 수도 있다.

표 3-1 일화기록 예시

관찰 유아	김성은 (만 5세)	성별	여	관찰일	2016.6.10
관찰자	손미희	관찰시간	오전 11시 30분~11시 35분(5분)		
누리과정 영역	사회관계				
관찰 장면	실외놀이(모래놀이 영역)				
기록	실외놀이 시간에 모래놀이 영역에서 하은, 정미, 희수가 놀이를 하고 있다. 성은이가 다가가 하은이 옆에 놓여 있는 삽을 손에 들고 모래를 판다. 하은이가 "내꺼야. 어서 줘." 하자, 성은이는 "아니야. 내가 할거야."하며 고개를 돌리고 삽으로 모래를 판다. 옆에 있던 정미가 "그거 하은이꺼야. 빨리 줘."하고 말하고, 희수도 "하은이한테 줘. 성은이 욕심쟁이야."라고 말한다. 성은이는 "나 욕심쟁이 아니야. 너희들이 욕심쟁이지!"라고 말하면서 하은, 정미, 희수에게 모래를 뿌리고 노려본다. 성은이는 큰소리로 "너희들만 놀면 어떻게 해. 나도 같이 놀아야지!"하고 말하며 "선생님~ 애네들이 자기들만 놀려고 해요. 나도 같이 놀고 싶어요."하며 미끄럼틀 쪽에 있는 교사에게로 간다.				
해석 및 평가	성은이가 하은이 옆에 있던 삽을 가지고 모래를 파는 행동의 원인이 무엇인지 파악해보아야 한다. 성은이는 친구들과 함께 놀고 싶었을 수도 있고, 삽이 바닥에 놓여 있어 사용한 것일 수도 있다. 이 장면에서는 성은이가 너희들만 놀지 말고 자기도 같이 놀자고 이야기한 것으로 보아 함께 놀고 싶었던 이유가 있었던 것 같다. 그러나, 친구와 함께 놀고 싶을 때 어떻게 행동해야 하는지, 친구들이 좋아하는 행동과 그렇지 않은 행동에 대해 알려줄 필요가 있다. 또한, 친구에게 모래를 뿌리는 행동은 해서는 안 되는 행동이기 때문에 하지 못하도록 지도할 필요가 있으며, 잘못된 행동을 한 뒤에 친구들에게 사과하는 방법에 대해 지도해야 한다.				

② 체크리스트

체크리스트는 관찰하고자 하는 행동 목록을 미리 만들어 놓고 관찰 여부를 표시하여 기록하는 방법이다. 연구자가 관심 있는 행동의 출현 유무를 아는 것이 필요할 때 사용하며, 이 방법은 많은 훈련 없이 쉽게 사용할 수 있고 시간이 절약되는 장점이 있다. 그러나 관찰하는 행동의 유무만 체크되기 때문에 자세한 정보를 제공하지 못하며 목록에 포함되지 않는 다양한 측면의 행동을 기록할 수 없다는 단점도 있다.

체크리스트를 사용할 때 유의할 점은 다음과 같다(김희진, 2014).

첫째, 어떤 행동의 발생 유무를 체크할 것인가를 사전에 결정해야 한다.

둘째, 유아를 이해하는 데 도움이 되는 정보를 수집할 수 있도록 제작해야 한다.

셋째, 체크리스트로 관찰하여 수집한 자료를 종합하여 정리하는 자료로 활용할지 또는 기초 관찰 자료로 활용할지 결정한다.

넷째, 관찰하고자 하는 대상 유아의 연령에 맞게 제작한다. 체크리스트를 제작하거나 선정할 때는 관찰하고자 하는 대상 유아의 성별, 연령에 따른 발달, 유아교육기관의 특성에 적합해야 한다.

다섯째, 관찰할 항목에 발달적 또는 개념적 순서가 반영된 체크리스트를 제작할지 여부를 결정한다.

표 3-2 체크리스트 예시

<table>
<tr><th colspan="5">창의적 신체표현 체크리스트</th></tr>
<tr><td>이름</td><td colspan="2"></td><td>활동명</td><td></td></tr>
<tr><td>평가시기</td><td colspan="2"></td><td>평가유형</td><td></td></tr>
<tr><td>평가내용 및 관점</td><td colspan="4">*예술적 표현 즐기기 - 움직임과 춤으로 표현하기
- 창의적인 표현과정 즐기기
: 신체를 이용하여 주변의 움직임을 다양하게 표현하는가?
: 움직임과 춤을 통해 생각과 느낌을 자유롭게 표현하는가?
: 예술 활동에 참여하여 표현과정을 즐기는가?</td></tr>
<tr><td rowspan="12">내용</td><td colspan="2">체크리스트</td><td>예</td><td>아니오</td></tr>
<tr><td>1</td><td>대상을 표현하는 활동에 참여하여 표현과정을 즐거워하는가?</td><td></td><td></td></tr>
<tr><td>2</td><td>활동하는 동안에 집중했는가?</td><td></td><td></td></tr>
<tr><td>3</td><td>동작의 진행순서에 따라 움직였는가?</td><td></td><td></td></tr>
<tr><td>4</td><td>대상의 모양과 움직임에 대해 알고 있는가?</td><td></td><td></td></tr>
<tr><td>5</td><td>다양한 대상의 모양과 움직임을 표현할 수 있는가?</td><td></td><td></td></tr>
<tr><td>6</td><td>전신이나 신체부분을 다양하게 활용하여 움직일 수 있는가?</td><td></td><td></td></tr>
<tr><td>7</td><td>다른 아이들의 움직임을 관찰하는가?</td><td></td><td></td></tr>
<tr><td>8</td><td>교사의 신호에 맞추어 대상의 모양을 바꾸어 만들 수 있는가?</td><td></td><td></td></tr>
<tr><td>9</td><td>(느리고 빠르게) 속도의 변화를 주어 대상의 움직임을 표현할 수 있는가?</td><td></td><td></td></tr>
<tr><td>10</td><td>높낮이에 변화를 주어 대상의 움직임을 표현할 수 있는가?</td><td></td><td></td></tr>
<tr><td>11</td><td>대상이 되어 이동할 때 걷기, 달리기, 두발 번갈아 뛰기, 말뛰기 등 다양한 이동 동작을 사용할 수 있는가?</td><td></td><td></td></tr>
<tr><td>사진</td><td colspan="2"></td><td></td><td></td></tr>
<tr><td>해석</td><td colspan="2"></td><td></td><td></td></tr>
</table>

출처: 심성경 외(2012). 유아 평가 바로 알기. 서울: 창지사. p. 76 인용

③ 평정척도법

평정척도는 미리 정해 놓은 척도에 따라 유아의 특정 행동의 성취수준이나 특성의 정도를 평정하는 것이다. 평정척도는 행동이나 특성의 존재유무를 넘어서 그 정도나 질적 수준을 평가할 수 있다는 장점이 있으나, 일화기록이나 체크리스트와 달리 관찰 결과 자체가 아니라 관찰 결과에 따른 교사의 판단을 기록하는 것으로 주관성의 배제가 어렵다는 단점이 있다. '매우 그렇다'부터 '전혀 그렇지 않다'와 같은 기술식 척도와 숫자식 척도, 선으로 표시된 도식 척도가 있으며 3점, 5점, 7점 척도가 일반적이다.

평정척도 사용 시의 유의점은 다음과 같다(심성경 외, 2012).

첫째, 관찰 결과에 기초해 척도 간 기준을 제시하여 객관적으로 평정한다.

둘째, 관찰의 대상이 되는 행동을 정확히 이해하여 평정한다.

셋째, 다양한 상황에서 충분히 관찰한 후 평정한다.

표 3-3 평정척도 예시

<table>
<tr><th colspan="4">소근육 운동 능력 평정척도 : 가위질하기</th></tr>
<tr><td>이름</td><td colspan="2"></td><td>활동명</td></tr>
<tr><td>평가시기</td><td colspan="2"></td><td>평가유형</td></tr>
<tr><td>평가내용 및 관점</td><td colspan="3">*나의 몸 움직이기 - 감각 기관을 활용하기
: 눈과 손을 협응하여 선을 따라 오릴 수 있는가?</td></tr>
<tr><td></td><td colspan="2">평정척도</td><td>1 2 3
그렇지 않다 그렇다 매우 그렇다</td></tr>
<tr><td rowspan="6">내용</td><td>1</td><td>선과 상관없이 임의대로 오린다.</td><td>1 2 3</td></tr>
<tr><td>2</td><td>긴 직선(l)을 따라 오린다.</td><td>1 2 3</td></tr>
<tr><td>3</td><td>짧게 연결된 직선(W)을 따라 오린다.</td><td>1 2 3</td></tr>
<tr><td>4</td><td>긴 곡선(⌒)을 따라 오린다.</td><td>1 2 3</td></tr>
<tr><td>5</td><td>사각형, 삼각형, 원 등의 도형을 오린다.</td><td>1 2 3</td></tr>
<tr><td>6</td><td>불규칙하게 울퉁불퉁한 선을 따라 모양을 오린다.</td><td>1 2 3</td></tr>
<tr><td>작업표본</td><td colspan="3"></td></tr>
<tr><td>해석</td><td colspan="3"></td></tr>
</table>

출처: 심성경 외(2012). p. 70 인용

④ 사건표집법

사건표집법은 특정한 행동이 보여지는 사건과 관련된 정보만 기록하는 방법이다. 관찰자는 미리 관찰 하고자 하는 행동을 정하고, 그 행동이 나타날 때 기록을 한다. 이 방법은 특히 처음, 중간, 끝 부분으로 구성되는 연속성을 가진 사건 내의 행동들을 기술하는데 효과적이다(Levine & Munsch, 2013). 예를 들어, 교실 놀이 상황에서 유아가 보이는 친사회적 행동을 연구하고자 할 때 친사회적 행동을 정의하고 이 행동이 나타날 때 기록하는 것이다.

⑤ 시간표집법

시간표집법은 연구자가 보고자 하는 행동을 미리 목록화하여 정해진 시간간격 동안 행동이 얼마나 나타났는지 반복하여 관찰하는 방법이다. 이 방법은 비교적 자주 발생하는 행동을 관찰할 때 효과적이며 정해진 시간동안 미리 선정한 목록의 행동이 일어나는지를 보고, 시간간격에 맞추어 여러 차례 반복하여 관찰하는 방법이다.

그러나 유아의 생각이나 감정 등 행동으로 나타나지 않거나 자주 발생하지 않는 행동에 대해서는 시간표집법을 사용하는 것이 적절하지 않다. 시간표집법을 활용한 예로는 유아의 주의집중력 연구가 있는데 수업시간동안 수업태만, 움직이기, 소리내기, 물건 가지고 놀기, 자리 이탈하기 등의 행동을 1분 간격마다 체크하여 유아의 주의집중이 어느 정도인지 알아볼 수 있다(Levine & Munsch, 2013).

2) 면접법과 질문지법

면접법과 질문지법은 연구 대상자에게 질문을 통해 연구자가 원하는 정보를 수집하는 방법이다. 면접법이 직접 연구 대상자와 얼굴을 보며 구두로 제시되고 면접자가 답변을 기록하는 반면, 질문지법은 글로 제시된 질문지에 연구 대상자가 직접 답변을 기록하는 방법이다.

(1) 면접법

① 구조화 면접

구조화 면접은 표준화된 질문을 통해 면접하는 방법이다. 이 방법에서는 연구 대상자에게 동일한 내용을 동일한 순서로 질문하며 질문에 따른 대답을 점수화하여 사용한다. 특히, 문해 능력이 부족한 유아를 대상으로 할 때 자료 수집이 용이하다. 구조화 면접은 면접의 내용과 순서가 미리 일관성 있게 준비되고 이에 따라 면접이 실시되는데, 면접자는 면접 스케줄에 제시되어 있는 어법이나 문항의 순서 등을 바꿀 수 없으며, 면접자에게 어느 정도의 융통성이 주어지는 개방식 질문에서도 구체적 지침을 따라야 한다(안선희 외, 2015).

② 비구조화 면접

이 방법은 구조화 면접보다 융통성이 있고 개방된 형식의 면접 방법이다. 응답자의 답변에 따라 후속 질문이 달라질 수 있으며, 보다 심층적인 자료를 수집할 수 있다. 구조화 면접과 달리 면접 스케줄이 구체적으로 준비되어 있지는 않지만, 핵심 질문과 개략적인 절차는 제시되어 있다.

면접법은 연구 대상자와 직접적인 관계 속에서 면접 내용에 대한 연구 대상자의 태도나 행동을 직접 관찰함으로써 연구 자료에 대한 구체적인 정보를 얻을 수 있고, 예기치 못한 응답에 대한 추가 질문이나 부연 설명을 통해 자료 수집을 보다 구체적으로 수행할 수 있는 장점이 있다(권민균 외, 2014). 그러나 면접자의 주관적 해석으로 인해 정확한 자료 수집이 어려울 수 있으며, 면접자와 피면접자 간의 상호관계에 기초하여 이루어지므로 우호적이고 신뢰할 수 있는 관계가 성립되지 않는 한 기대하는 결과가 이루어지지 않을 수도 있다. 특히, 성인이 아닌 유아를 대상으로 면접을 할 때는 다양한 사항을 고려해야 한다(황혜정 외, 2011). 첫째, 유아는 제한된 언어능력을 가지고 있으며, 이해능력이 아직 부족하다는 것을 이해한다. 둘째, 유아는 면접상황에 대한 이해가 부족하여 주의집중력이 짧은 특성이 있다. 셋째, 유아는 감정 통제가 어려우며, 면접자의 역할을 잘 이해하지 못하여 장난을 할 수 있다. 따라서 모든 면접을 한 번에 마무리하려고 하지 말고 충분한 시간을 두고 실시하며, 가능한 짧게 하는 것이 좋다. 특히, 면접자와 유아와의 친밀감 형성이 중요하므로 면접장소와 물리적 환경에 익숙해질 수 있도록 시간을 준다.

유아와 라포(rapport)를 형성하여 면접을 하는 모습

(2) 질문지법

질문지법은 구조화된 질문지를 서면 형태로 제공하고, 응답자가 직접 답변을 하여 자료를 수집하는 방법이다. 유아 발달 연구에서는 유아에게 직접 질문지법을 사용하는 경우는 거의 드물며, 주로 부모나 교사에게 질문지법을 통해 유아들에 대한 정보를 수집한다. 이 방법은 많은 정보를 빠른 시간에 수집할 수 있고, 수집된 자료를 수량화하여 분석하기가 용이한 장점이 있다. 반면, 응답자의 특성에 따라 질문에 대해 솔직하게 답을 하지 않거나, 제대로 기억하지 못하여 잘못 응답하는 경우, 자신의 생각이 아닌 일반적으로 바람직하다고 여겨지는 내용에 응답하는 등 정보의 한계점이 있다.

3) 표준화검사법

표준화검사법은 각 영역의 수행력을 평가하기 표준화 과정을 거쳐 개발된 검사로(문혁준 외, 2016), 유아의 행동특성과 발달을 평가하여 유아가 지닌 발달상의 문제나 발달지체 정도를 파악하는데 많이 사용된다. 이 검사법은 모든 절차와 방법을 일정하게 만들어 놓고 표본 집단의 점수를 기초로 규준이 만들어진 검사이므로 개인의 점수를 규준에 맞추어 해석, 비교하는 것이 가능하다. 대표적인 검사의 예로는 스탠퍼드-비네 지능검사가 있는데, 학령 전부터 성인 말기에 이르기까지 다양한 연령대를 가진 사람들을 대상으로 연구하였고, 그림 3-1에서 볼 수 있듯이 연구 결과 스탠퍼드-비네 검사의 점수는 정상분포를 이루고 있다.

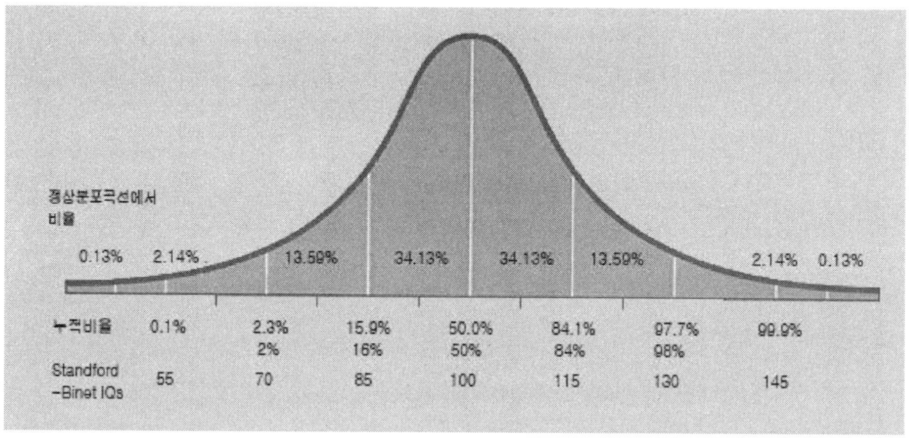

그림 3-1 정상분포곡선과 스탠퍼드-비네 IQ 점수

(IQ점수의 분포는 정상곡선과 비슷한데 모집단의 대부분이 중간 점수의 범위에 속한다)

출처: Santrock(2015). p. 329 인용

표준화검사법은 검사 결과를 통해 얻어진 자료를 기초로 개별 유아의 발달에 대한 상대적 비교가 가능하며 개인차의 구체적인 정보를 얻을 수 있는 장점이 있으나, 어린 연령의 유아에게 사용될 경우 검사 상황이 주는 심리적 부담감으로 인해 올바른 검사 결과를 파악하기 힘들다는 단점도 있다(권민균 외, 2014).

표준화검사는 몇 가지 특징이 있는데 정리하면 다음과 같다(정옥분, 2013).

첫째, 개인의 점수가 집단 내 다른 사람들의 점수와 비교하여 상대적으로 어떠한가를 알아보는 것으로 점수는 주로 백분율로 나타낸다. 둘째, 표준화검사는 개인차에 관한 정보를 제공해준다. 그러나 표준화검사에 의해 얻은 정보로 언제나 유아의 행동을 예측할 수 있는 것은 아니다. 이 검사법을 사용할 때에는 문화권에 따라 적합하지 않는 경우도 있으므로 유의해야 한다. 비교문화 심리학자들이 많은 심리검사가 서구문화 위주로 제작되었기 때문에 다른 문화권에는 적합하지 않다고 위험성을 경고한다(Lonner & Malpass, 1994).

표 3-4 유아용 발달검사도구

저자명(연도)	도구명	대상연령	하위 척도 구성	문항 수
박은선, 이재창, 이영순(2004)	유아용 학습검사	5세	언어이해력(6), 상식(6), 공간운동(3), 읽기(4)	19
이승은, 이영석(2004)	감성지능 척도	4-6세	정서지각(12), 정서의 사고촉진(9), 정서이해(11), 정서조절(9)	41
조광순, 전병운, 유재연, 이준석(2004)	유아용 발달진단도구	3-5세	인지(100), 사회정서(128), 운동(79), 적응(75), 의사소통(61)	443
윤치연(2006)	한국 유아발달검사	2.5-7세	인지(40), 언어(40), 사회・정서(40), 자조기술(40), 대근육 운동(40), 소근육운동(40)	240

이경화(2005)	한국형 개별 창의성검사	4세-초등 6학년	언어(2), 도형(1), 조작(1)	4
김남희, 황해익(2005)	유아기초학습 능력검사	5-6세	읽기(25), 쓰기(18), 셈하기(23), 정보처리(30)	96
이경화, 손원경, 윤미숙(2008)	유아의 선택적 및 지속적 주의력 검사	5-6세	선택적 주의(4), 지속적 주의(4)	8
손원경, 황해수, 차미영(2009)	5, 6세용 유아발달검사	5-6세	인지(13), 언어(13), 운동(9), 사회정서(13)	48
곽효경(2010, 2011)	유아의 기본학습기능 진단검사	3-6세	듣기·말하기(15), 읽기(13), 쓰기(7), 수학(18)	53
김남희(2011)	유아그림기초 학습능력검사	5-6세	읽기(24), 쓰기(16), 기초수학(34)	76

출처: 안선희 외(2015). 아동관찰 및 행동연구. 서울: 창지사. p. 231 인용

4) 사례연구

사례연구는 한 명이나 두 명 정도의 개인에 대해 깊이 있게 연구하는 것으로 개인의 독특한 삶이 다른 개인들에게 재현되거나 검증될 수 없을 때 주로 정신건강 전문가들이 수행하게 된다(Santrock, 2015). 사례연구에서는 관찰, 잘 조직된 개별화된 질문, 육아 일기, 기록물, 작품, 각종 검사 등이 다양하게 사

용될 수 있으며 이렇게 수집된 정보들을 종합하고 분석하여 판단하게 된다(권민균 외, 2014).

예를 들어, 피아제는 자신의 자녀들을 자세하게 관찰하면서 인지 발달의 이론을 전개했으며, 에릭슨은 인도의 정신적 지도자인 간디의 삶에 대해 광범위한 사례연구를 실시하여 정체성 발달에 대해 연구했다. 프로이트는 환자 중 가장 흥미로운 대상을 깊게 관찰하고 비정상적 심리를 연구하여 성격이론의 기초를 마련했는데 '어린 Hans'에 대한 사례연구가 고전적인 예가 된다(정옥분, 2013). 프로이트는 사례연구를 통해 어린 Hans가 말에 대해 가지고 있는 공포심을 무의식적으로 억압된 성적 충동으로 해석하여 설명하였다.

사례연구는 교육 현장에서 문제가 발생했을 때, 문제에 개입되어 있는 사람들의 문제의 해답을 발견하기 위해 몇 가지 단계를 거쳐 사용되기도 한다. 1단계에서는 문제를 확인하고, 2단계에서는 문제의 원인에 대한 예측 및 문제해결 방법을 개발하고, 3단계에서는 하나 혹은 그 이상의 예측을 검증하는 것이다. 이때 상황에 대한 자료와 증거를 수집하고, 실제 예들을 시행하고, 어떠한 일들이 발생하는지 알아보고 이러한 증거들을 대상으로 평가 또는 일반화하는 과정을 거친다(Almy & Genish, 1994).

사례연구는 개별적 대상을 선정하여 심층적으로 고찰하기 때문에 여러 변인들이 어떻게 작용되고 영향을 미치는지 자세하게 기술되고 개인을 전반적으로 이해하는 데 도움이 되는 장점이 있다. 그러나 사례연구의 대상은 독특하며, 다른 사람과 다른 경험과 개인적 역사를 가지고 있기 때문에 일반화하기 어렵고 객관성이 문제가 될 수 있다.

3. 유아발달 연구의 접근법

유아를 연구하기 위해 발달의 변화가 어떠한지 알아보기 위한 접근은 다를 수 있다. 대표적인 방법이 횡단 연구 설계, 종단 연구 설계이며, 두 방법을 보완한 순차적 설계가 있다.

1) 횡단 연구 설계

횡단 연구 설계는 다른 연령집단을 대상으로 동일한 시기에 함께 조사하여 연구하는 방법이다. 대부분 같은 시기동안 연령에 따른 행동특성을 비교할 때 사용된다. 예를 들어 유아의 어휘력에 대해 알아보고자 할 때 횡단 연구 설계에서는 2016년 10월 10일~10월 20일 동안 같은 시기에 4세, 6세, 8세 유아들을 대상으로 동시에 어휘력을 연구하여 각 연령별 유아들이 어떤 차이가 있는지 살펴볼 수 있다.

횡단 연구 설계의 장점은 종단 연구 설계에 비해 비교적 연구 기간이 짧고, 연구 대상의 탈락 문제가 발생할 가능성도 낮아 연구 설계가 보다 용이하다(문혁준 외, 2016). 그러나 횡단 연구 설계에서는 같은 연구 대상자를 계속적으로 추적 조사하는 것이 아니기 때문에 안정성에 문제가 제기될 수 있다. 또한, 출생 시기가 같은 연령 집단이나 특정 세대에서 독특하게 나타나는 특성으로 인해 동년배 효과(cohort effect, 동시대 출생집단 효과)의 영향을 받는다. 동년배 효과란 같은 연도에 출생한 집단 즉 동년배에게만 나타나는 독특한 특성을 말한다. 예를 들어, 1980년에 출생한 유아와 2000년에 출생한 유아의 경우, 태어난 연도와 자라나는 시대적 특성이 다르기 때문에 이러한 특성이 영향을 미치게 된다. 과거와 현재는 경제, 사회, 문화, 교육 전반에 걸쳐 다양한 변화가 이루어졌는데 횡단 연구 설계에서 나타난 결과가 연령 때문이 아닌 동년배 효과로 인한 것일 수 있으므로 주의해야 한다.

2) 종단 연구 설계

종단 연구 설계는 같은 연구 대상자를 시간의 차이에 따라 계속적으로 추적하면서 반복하여 연구하는 방법이다. 유아가 성장함에 따라 일정한 시간 간격을 두고 반복적으로 자료를 수집하여 연령이 증가함에 따라 어떤 변화가 있었는지 알아볼 수 있다. 예를 들어, 각 연령에 따라 사용하는 유아의 어휘력을 연구하고자 한다면 같은 유아가 4세, 6세, 8세가 될 때 반복적으로 어휘력을 측정하며 변화를 살펴보는 것이다. 종단 연구 설계는 기간에 따라 보다 짧은 기간 진행하는 단기 종단 연구도 있고, 출생 후부터 아동기나 성인기까지 매우 장기간 동안 추적 조사하는 장기 종단 연구도 있다.

종단 연구 설계의 장점은 다음과 같다. 첫째, 오랜 시간 동안 같은 대상을 연구했기 때문에 연구 대상자의 발달 연속성을 알아볼 수 있으며, 각 연령 집단 간의 비교도 보다 확실하게 볼 수 있다. 둘째, 시간의 흐름에 따른 발달의 변화과정을 정확하게 이해하도록 도와주며 발달적 인과 관계(cause and effect)를 파악하게 해준다(권민균 외, 2014).

그러나 종단 연구 설계는 일반적으로 실시하기가 쉽지 않은 단점이 있다. 첫째, 장기간 같은 연구 대상자를 확보해야 하며, 연구 기간이 매우 오래 걸린다. 둘째, 연구 대상이 중간에 탈락하는 경우 연구 대상의 수가 줄어들게 된다. 종단 연구는 매우 오랜 기간 동안 이루어지기 때문에 중간에 연구 대상이 참여하기를 거부하거나, 개인적인 이유로 더 이상 참여할 수 없는 경우가 발생할 수 있다. 셋째, 같은 연구 대상에게 반복적으로 같은 검사를 실시하게 되므로 경우에 따라 검사에 익숙해져서 측정하고자 하는 능력이 좋아질 수 있고, 반대로 같은 검사에 싫증이 나서 나빠질 경우 평가가 정확하게 이루어지기 어렵다.

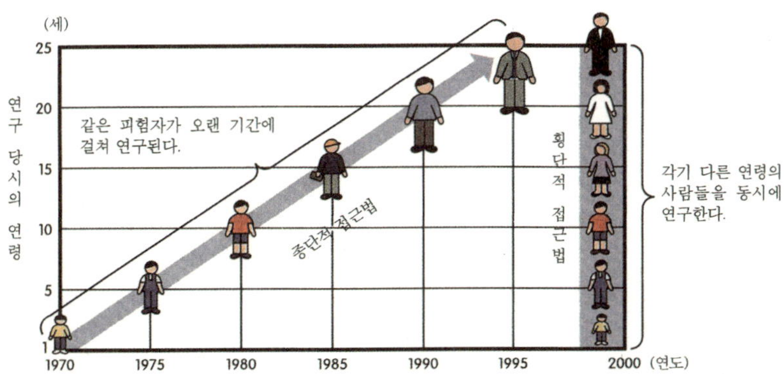

그림 3-2 횡단적 접근법과 종단적 접근법

출처: 정옥분(2013). p. 153 인용

3) 순차적 설계

순차적 설계 방법은 계열적 설계라고도 불리며, 앞서 살펴본 종단적, 횡단적, 설계 방법의 단점을 보완하고 각 방법의 장점을 최대한 극대화할 수 있도록 혼합되어 사용하는 방법이다. 이 방법에서는 몇 개의 동시대 출생 집단을 몇 차례에 걸쳐 측정하여 연령 효과와 동시대 출생 집단의 효과 및 측정시기의 효과를 분리해낼 수 있다. 순차적 설계는 각 설계의 단점을 보완했기 때문에 유용한 정보를 얻을 수 있는 장점이 있으나, 여러 접근법을 혼합했기 때문에 방법이 복잡하며 시간과 비용이 많이 드는 단점이 있다.

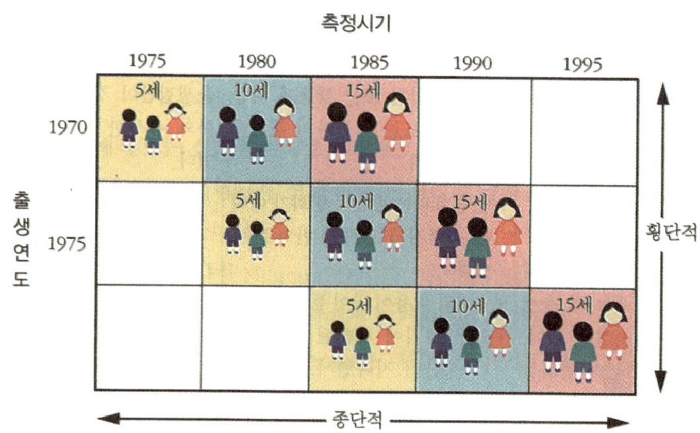

그림 3-3 순차적 접근법

출처: 정옥분(2013). p. 155 인용

4. 유아발달 연구의 윤리

유아발달에 관한 연구는 인간 그 중에서도 스스로 연구 참여 여부를 결정하기 어려운 유아를 대상으로 하는 연구이기 때문에 발생할 수 있는 잠재적인 위험이 있는지, 자칫 부정적인 효과를 가져오는 것은 아닌지 다양한 측면을 고려하여 연구를 진행해야 한다. 연구 윤리는 과거보다 현대 사회에서 더욱 강조되고 있으며 연구 목적, 대상, 방법 등 전반적인 과정에서 윤리적인 기준에 맞추어 연구가 이루어져야 한다. 미국심리학회(American Psychological Association)와 아동발달연구학회(Society for Research in Child Development)를 비롯한 발달심리학 관련 주요 기관들은 연구의 윤리적 검토를 위한 지침을 제정했는데, 반드시 지켜야 하는 기본적인 원칙들을 정리하면 다음과 같다(임지영 외, 2015).

첫째, 연구 참여자를 신체적, 심리적 위험으로부터 보호해야 한다. 연구자들은 유아에게 신체적, 심리적으로 해를 줄 수 있는 절차를 사용해서는 안 되며, 연구 대상인 유아가 받을 스트레스 가능성을 최소화해야 한다. 연구 도중 유아의 복지를 위협할 수 있는 경우에는 부모, 보호자와 상의해야 한다.

둘째, 연구 참여에 대한 승인을 받아야 한다. 연구자는 연구가 시작되기 전에 연구 참가자에게 연구의 내용과 예상되는 결과, 참가자의 역할에 관한 충분한 설명을 하고 연구 참가자로부터 자발적인 연구 참여 승낙서를 반드시 받아야 한다. 연구 참여자가 유아인 경우에는 부모 혹은 보호자의 동의서가 필요하며, 어떠한 불이익도 없이 언제든지 원할 경우 연구 동의를 철회할 수 있어야 한다. 연구 참여 동의서에 포함되는 사항은 일반적으로 연구에 소요되는 시간과 연구절차, 연구에 참여함으로써 예상되는 위험이나 불편, 연구로부터 예상되는 혜택, 연구에 참여하는 것은 전적으로 자유의사라는 점 등이다(정옥분, 2013).

셋째, 연구자들이 연구 참여자들의 자연스러운 반응을 조사하기 위해 의도적으로 그들에게 잘못된 가정을 갖게 하거나 실험의 목적을 위장하기 위한 속임수의 사용이 불가피한 경우가 있다. 미국심리학회의 윤리지침에서도 이런 경우 속임수 사용을 허락하고 있다. 그러나 비록 속임수의 사용이 불가피하다고 할지라도 이러한 속임 연구는 연구 참여자의 연구 참여에 관한 자기결정 권리를 무시하고 그들의 사생활을 침해할 수도 있으므로 이에 대한 비판이 거세다. 불가피하게 속임수를 사용할 경우, 연구자는 속임수가 참여자에게 해가 되지 않을 것이고, 연구가 종료된 후 가능한 빨리 참여자에게 보고할 것을 보증해야 한다.

넷째, 참가자의 개인적인 정보에 대한 비밀은 보장되어야 한다. 연구에 관련된 정보라도 사전에 허락된 정보 이외에는 수집할 수 없다. 연구자들은 연구과정에서 입수한 연구대상에 대한 모든 정보의 기밀을 유지해야 한다(Cook & Cook, 2005). 연구대상의 실명이나 연구대상을 식별할 수 있는 어떠한 정보도 누출하지 말아야 한다. 대부분의 연구에서는 집단의 평균 정보나 여러 연구대상들을 통해 누적된 점수 정도를 발표한다. 개인 자료의 경우라면 반드시 익명으로 처리해야 한다. 또한 연구 결과는 연구목적 이외의 목적으로 사용되어서는 안 되고, 비디오 촬영 시에도 미리 허락을 받고, 촬영한 테이프는 유출되지 않도록 주의해야 한다.

4장 신체 발달

1. 유아기 신체 발달

1) 신장 및 체중의 발달

출생부터 24개월까지 영아기는 신체의 성장과 발달이 급속히 이루어진다. 급속한 신체적 성장과 발달로 신체의 외형적 모습이 달라진다. 얼굴이 신체에 차지하는 비율이 낮아지며 복부와 다리의 길이가 상대적으로 길어진다. 일반적으로 태아는 2달인 경우 머리가 전체 신장의 1/2의 비율이며, 5달이 되면 1/3, 출생 직후 1/4이 된다. 2세가 되면 1/5, 6세는 1/6, 12세는 1/7, 25세는 1/8의 비율이 된다.

만 3세부터 만 5세 유아기에는 영아기보다 신장과 체중의 성장 속도가 완만해지기는 하지만 중요한 변화와 발달이 이루어진다. 3세 이후 유아들의 신장은 연평균 5~7㎝씩 증가하여 만 5세경에는 출생 시 신장의 약 2배 정도의 크기로 성장한다. 체중의 경우 매년 2~3㎏ 정도씩 증가하여 만 5세경에는 출생 시의 약 5~6배 정도로 성장한다. 가슴둘레는 만 5세경에는 출생 시의 약

1.5~1.7배로 커진다. 영아기에 비해 유아기의 체중, 신장, 가슴둘레를 비교하면 성장의 폭이 가장 큰 것은 체중이며 그 다음은 신장, 가슴둘레의 순서로 변화가 큰 성장을 보인다. 남아와 여아를 비교해보면 체중, 신장, 가슴둘레 모두 그 평균치가 남아가 여아보다 앞섰다.

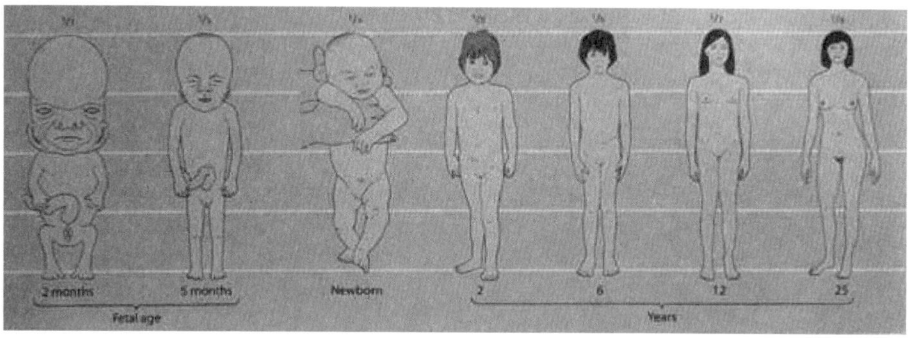

그림 4-1 인간의 신체 변화 비율

출처: Santrock(2014). p. 104 인용

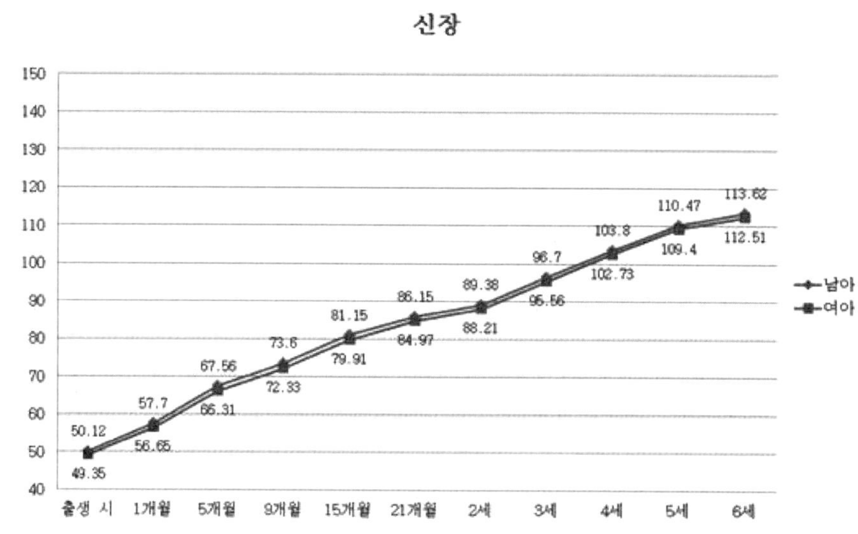

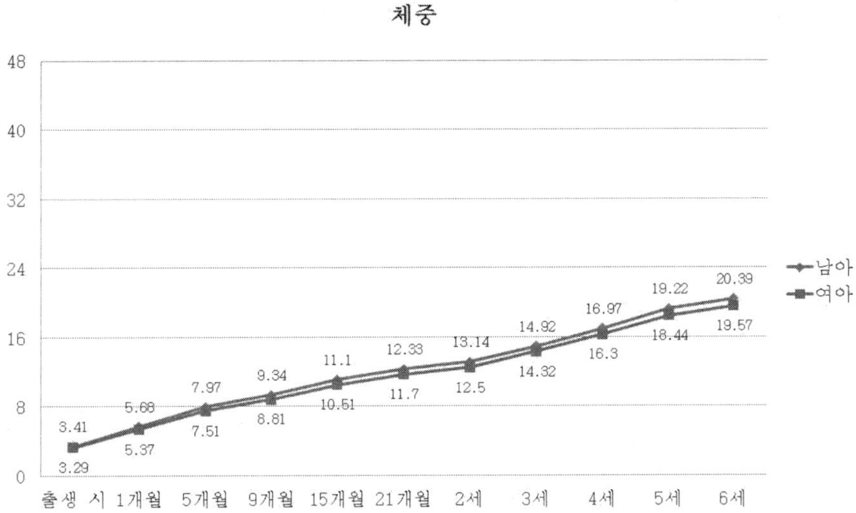

그림 4-2 한국 영유아의 신장과 체중 발달 곡선

표 4-1 한국 유아발육 표준치

연령	남아			여아		
	체중 (kg)	신장 (cm)	가슴둘레 (cm)	체중 (kg)	신장 (cm)	가슴둘레 (cm)
3-3.5세	14.92	96.70	52.4	14.32	95.56	51.5
3.5-4세	15.91	100.30	53.2	15.28	99.20	52.1
4-4.5세	16.97	103.80	54.1	16.30	102.73	52.8
4.5-5세	18.07	107.20	55.0	17.35	106.14	53.6
5-5.5세	19.22	110.47	56.0	18.44	109.40	54.5
5.5-6세	20.39	113.62	57.0	19.57	112.51	55.5

출처: 보건복지부, 질병관리본부, 대한소아과학회, 소아·청소년 신체발육 표준치 제정위원회(2007). 소아 · 청소년 표준 성장도표.

2) 골격과 근육의 발달

출생 전 태아의 골격은 부드럽고 유연한 연골(軟骨) 조직으로 형성되어 있다가 임신 6주가 지나면 연골 세포 조직이 단단해져 뼈의 형태를 형성하게 된다. 출생 직전 골단(骨端: 뼈의 성장을 맡고 있는 긴 관상골의 양 끝을 가리키는데 이것은 골화의 중심으로 성장기에는 연골로 둘러싸여 있음)을 말하는 것으로 성장중추가 만들어지면서 팔과 다리의 긴 뼈 양끝 부분에 나타난다. 연골세포들이 긴뼈의 끝 성장판에 계속 만들어진다.

2세 이후가 되면 부드럽고 유연한 조직인 연골이 빠르게 경골화(硬骨化) 된다. 경골화된다는 것은 뼈가 단단해져가는 것을 말한다. 유아기와 아동기에 연골이 경골화되어 골단은 점점 가늘어지고 마침내 사라져 화골(化骨)이 되어 성인의 뼈가 되어간다. 화골 골격의 발달은 운동 발달과 몸의 균형에도 중요하게 작용한다.

경골화가 되면 신체의 움직임이 보다 안정적이 된다. 무릎과 팔의 뼈들이 단단해져서 신체를 잘 지탱하고 유지할 수 있게 해준다. 영아는 보통 걸을 때 뒤뚱거리며 무릎 부분도 벌리고 불안하게 걷지만 유아는 무릎도 곧게 펴서 걸을 수 있어 안정적인 걸음을 할 수 있다.

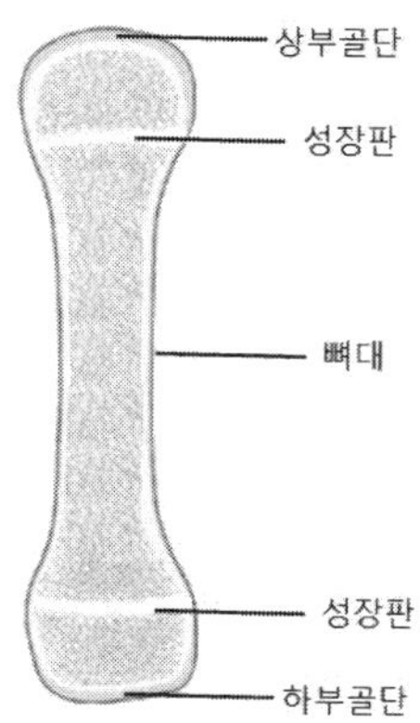

그림 4-3 장골(長骨)의 구조

유아기의 골격과 근육의 발달은 유아의 신체 외형을 성인의 외형과 가까운 모습으로 변화시키며 내장 기관을 보호하는 기능도 하게 된다. 근육의 성장과 발달은 뇌의 발달과 연합되어 운동 능력을 발달시킨다. 뇌신경과 근육조직의 발달은 운동기능의 발달에 관계한다.

우리나라 남녀 유아의 근육량과 골량을 비교하면 남아가 여아보다 더 많은 근육량과 골량이 있다.

3) 치아발달

(1) 치아의 기능과 역할

유아기 신체 발달에 치아가 중요한 요인이 된다. 치아의 기능 중 가장 중요한 역할은 음식물의 섭취로 치아가 제대로 발달해야 잘 먹을 수 있어서 신체 발달에 필요한 영양분을 골고루 흡수할 수 있다. 영아기에 치아 관리를 잘못하여 치아가 부실하면 음식물 섭취에 문제가 생기고 발달에 필요한 영양분 공급을 받을 수 없게 된다. 뿐만 아니라 얼굴의 형태 변화를 줄 수 있다. 얼굴 형태의 변화는 심리적 문제를 일으켜 사회적 관계 형성도 어렵게 만들 수 있다. 이와 같이 치아의 발달에 문제가 있는 것은 신체적 발달뿐만 아니라 전체적인 발달에 피해를 줄 수 있다.

치아 기능과 역할을 정리하면 다음과 같다.

① 음식물을 물고, 끊고, 잘게 씹고, 갈아 으깨는 기능을 한다.

인간의 치아는 물고 끊고 잘게 자르고 갈아 으깨는 기능을 할 수 있도록 치아의 형태나 구조가 알맞게 갖추어져 있어서 균형 잡힌 음식물의 섭취가 가능하도록 되어 있다.

② 의사소통을 보조하는 기능이 있다.

인간의 치아는 원하는 소리나 언어를 바르게 내도록 도와 의사소통을 원활하게 한다. 치아가 없거나 과도한 돌출과 같이 치아의 상태가 부실하면 소리가 새거나 정확한 발음이 어려워 의사전달이 안되거나 잘못 전달되어 오해를 일으킬 수 있다. 치음(齒音)이라고 불리는 ㅅ, ㅈ, ㅊ(t, d, f, th) 등은 치아가 없으면 발음하기 어렵다.

③ 아름다움의 기준이 되는 역할을 한다.

치아는 얼굴 모습을 바르게 또는 균형 있게 잡아주고 치아 자체로 아름다움을 나타낼 수 있는 역할을 한다. 치아가 가지런하지 않거나, 좌우의 대칭이 이루어지지 않거나, 치아가 모두 없는 얼굴은 불균형인 얼굴 모습이 된다.

이와 같이 치아는 여러 가지 기능과 역할을 하지만 무엇보다도 인간의 성장과 수명에 관계하기 때문에 유아기 치아발달은 매우 중요하다.

(2) 유아기 치아 발달

유아기 치아발달은 개인적인 차이가 있지만 일반적으로 생후 6~8개월부터 유치가 나오기 시작하여 약 3세가 되면 유치가 모두 나온다. 유치는 5~6세가 되면 빠지기 시작하면서 유치 자리에 영구치가 나오게 된다. 유치가 빠지는 순서는 유치가 나온 순서와 거의 같다. 그러나 사고로 치아를 부딪쳐 유치가 너무 일찍 빠지거나 썩어서 빨리 빠지게 되면 영구치가 나오기 전까지 치아의 기능을 할 수 없기 때문에 음식물 섭취나 미용 면에서 발달에 어려움을 주게 된다.

정서면에서도 다른 유아의 놀림을 받을 수 있다. "앞니 빠진 중강새 우물곁에 가지마라 붕어 새끼 놀랜다"라는 전래동요가 있듯이 앞니가 빠지면 다른 유아 앞에서 입을 벌리기 어려울 수 있고 상호작용하는 데도 지장을 받을 수 있다.

사고로 유치가 너무 일찍 빠지면 수술로 유치를 보존하거나 썩은 부분을 치료하여 영구치가 나오기 전까지 사용할 수 있게 하는 것이 좋다.

유아기는 치아와 턱뼈가 발달함에 따라 얼굴의 턱 부분이 둥글게 커진다.

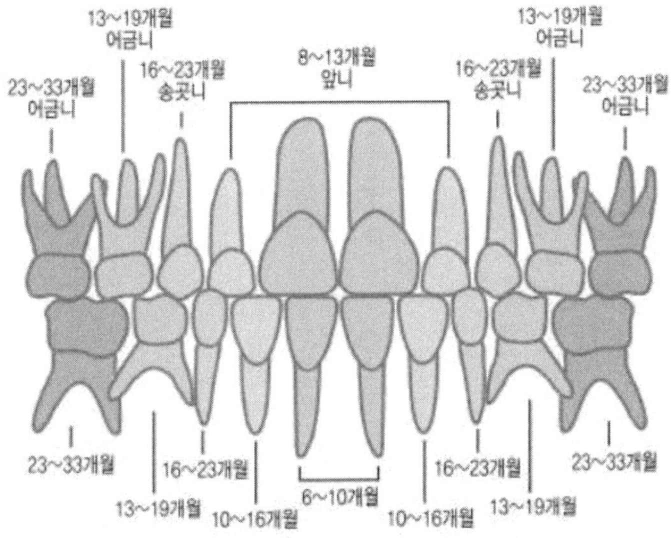

그림 4-4 유치가 나오는 순서

출처: 대한소아치과학회.

(3) 치아 건강관리

① 유치 보존

유아기에 유치가 빠지고 영구치로 바뀔 때 까지 치아관리를 잘 해주어야 한다. 유치가 충치를 먹거나 사고로 빠졌을 때 치료해서 건강하게 보호해야 한다. 그 이유는 치아의 음식물 섭취를 위한 저작운동은 음식물 섭취뿐만 아니라 턱뼈의 성장을 위해서 이며, 유치는 영구치가 나올 공간을 확보해주는 중요한 역할을 한다. 충치로 유치가 빨리 빠지면 주변 치아가 그 공간으로 쏠려 영구치가 제대로 나오는 것을 방해하여 치열이 삐뚤어지고 얼굴 모양까지 나쁘게 만든다. 유치가 충치로 심하게 손상된 상태를 방치하게 되면 기형적인 영구치가 나오거나 아예 치아가 나오지 않는 경우도 있다.

② 치아의 건강한 발달

치아를 건강하게 발달시키기 위한 방법을 알아보면 다음과 같다.

첫째, 올바른 식습관 형성

- 치아에 좋은 음식 섭취하기
  - 단백질, 칼슘 등 치아에 좋은 영양분이 들어가 있는 음식물을 먹는다.
- 치아에 무리가 안 되도록 요리하기
  - 음식물을 섭취할 때도 유아가 먹기 어려울 정도로 딱딱한 상태는 피한다. 매일 물렁물렁한 음식물을 주게 되면 치아의 씹는 기능을 자극하지 못해 발달에 도움이 되지 못한다. 그러므로 치아에 무리가 가지 않을 정도로 딱딱한 상태의 음식물도 먹을 수 있도록 한다.
- 치아에 나쁜 음식 피하기
  - 초콜릿, 설탕껌, 유산균 음료는 먹은 후 그대로 있으면 치아를 부식시키거나 충치가 될 수 있다. 단 음식을 먹은 후 곧 입안을 행구거나 잇솔질을 하도록 한다.

둘째, 바른 구강 관리

- 식사 후 올바른 잇솔질 습관 형성
  - 잇솔질의 3・3・3 원칙(식사 후 3분 이내에, 3분 이상, 하루 3번 이상 잇솔질)을 지키는 습관을 들인다. 유아가 혼자서 잇솔질을 하도록 격려해 주고 잘 닦기 전까지는 잇솔질을 끝난 후에 다시 한번 더 닦아준다. 잇솔질은 유아의 머리를 칫솔을 집지 않은 팔로 뒤에서 감싸고 손바닥으로 턱을 감싸 머리를 고정시킨 후 손가락으로 뺨과 입술을 젖혀 치아를 닦아준다. 이때 꼭 치약을 사용할 필요는 없다.
- 잠자리에 들기 전 잇솔질 하기
  - 잠자기 전에는 반드시 치아를 닦는 습관을 들여야 한다. 치아에 음식물

의 찌꺼기가 붙어 있으면 밤 새 자는 동안 충치를 먹기 쉽다. 그러므로 잠자기 전에 꼭 잇솔질을 하여 입안과 치아가 청결한 상태가 되도록 해야 한다.

- 나쁜 습관 고치기
  - 손가락이나 수건을 빠는 버릇, 담요를 무는 습관은 고르지 못한 치열의 원인이 된다. 특히 손가락을 빠는 버릇은 위의 앞니를 앞으로 밀어내 아래의 앞니와 틈이 크게 벌어지게 하여 뻐드렁니가 되기 쉽다. 그러므로 유아가 이해할 수 있게 설명을 하여 나쁜 습관을 바꾸도록 해야 한다.
  - 3세까지 충치를 막기 위해서 가장 신경 써야 할 것은 우유병으로 인한 충치이다. 우유병으로 우유나 이유식을 먹는 영아의 경우 우유병을 물고자지 않도록 조심해야 한다. 우유병 충치는 대개 앞니 4개에 많이 발생하는데 유아에게 많은 질환으로 오랜 시간 우유, 유동식, 이유식, 과일주스 등을 우유병에 넣어 먹을 때 고무젖꼭지를 오래 물려 놓는 경우에 발생하므로 주의해야 한다.
- 정기적인 구강 건강진단
  - 건강한 치아 관리와 유지를 위해 정기적으로 구강 검진을 받아 충치를 예방하도록 한다. 충치가 생기면 방치하지 말고 빠른 시일 내에 치과 진료를 받도록 한다.

식사 후 잇솔질

2. 유아기 운동 발달

만 3~5세에 유아들은 활동반경이 넓어지고 신체 운동의 기회가 많아지면서 대·소근육, 신체의 균형 유지 및 각 부분의 협응력 등 기초적인 운동능력이 발달한다. 또한 유아는 신체 움직임을 통해 자신의 신체적인 이미지를 형성하며 신체 이미지는 자아형성에 영향을 주므로 건강한 신체와 운동능력의 발달은 유아의 전인적 발달에 중요하며 이후 성인이 되었을 때 건강과 신체활동의 발달을 예측할 수 있게 해준다.

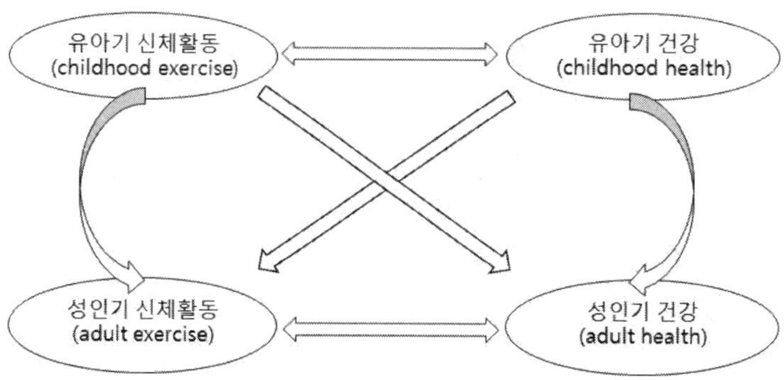

그림 4-5 유아기 신체운동과 성인기 신체운동과의 관계

출처: 이순례 등(2010). 유아 신체활동은 '체육'인가? '창의적 활동'인가?. 2010년도 대한어린이교육협회 추계회원연수. p. 7 인용

우리나라 유아들이 다니는 유아교육기관에서 이루어지고 있는 신체운동 활동에 관한 연구들(지성애, 2008; 한애자, 2008)에 의하면 유아들이 다니는 유아교육현장에서 신체활동 교육은 주로 신체표현활동을 담임교사가 주1회 10~30분 정도로 하며 횟수 에서 90년대 주2~4회 보다 줄어들었다. 이러한 연구결과를 볼 때 유아 신체활동의 중요성을 인식하고 활발한 교육활동을 해야 할 교육기관이 오히려 역행하는 현상을 보이고 있다는 점에서 우려가 된다. 현행

3~5세 누리과정 운영에서 매일 바깥놀이를 1시간 이상으로 정한 것은 역행하는 현상을 방지하는데 도움이 될 것이다.

1) 대근육 운동 발달

만 3~5세 유아들은 정상적인 신체 발달이 이루어졌다면 영아와 달리 부모나 성인이 붙들어주고 움직이도록 도와줄 필요가 없어진다. 이 시기 유아들은 완전하지는 않지만 스스로 걷고 뛰는 등 자신의 의도대로 신체 운동을 할 수 있다. 유아들이 성취해야 할 대근육 운동은 달리기, 뛰기, 균형 잡기, 기어오르기, 공 던지기 등이다.

(1) 달리기

3~4세 유아들은 달리기와 뛰기와 같은 대근육 운동에 흥미를 가진다. 처음에는 똑바로 잘 달리지 못하나 뛰어다니는 것을 좋아한다. 뛰어다닐 수 있다는 것에 긍지감을 가진다.

4~5세 유아들은 어느 정도 속도를 내어 잘 달릴 수 있게 되지만 달리는 도중 발생하는 급격한 변화에 대처하는 능력은 부족하다. 달리는 도중 걸림돌이 있을 때 방향을 빨리 바꾸어서 뛰어야 하는데 그러지 못하고 넘어지는 경우가 많다.

5~6세 유아들은 능숙하고 잘 달릴 수 있게 되어 계속 달리면서 방향을 바꿀 수도 있고 달리다가 갑자기 멈추어도 앞으로 넘어지지 않는다.

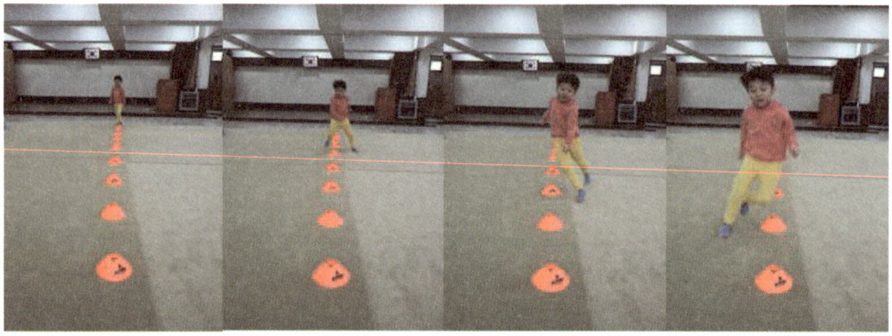

만 5세 달리기하는 모습

(2) 뛰기

3세 유아들은 계단과 같이 높이가 높지 않은 곳에서 뛰어내리기를 좋아하며 대부분 성공적으로 한다.

4세 유아들은 넓이 뛰기, 높이뛰기 등의 뛰기가 가능하나 정교한 동작으로 하진 못한다.

5~6세 유아들은 한 발로도 뛰기를 할 수 있다.

만 4세 뛰기 모습

(3) 균형 잡기

3세 유아들은 곧게 뻗은 길에서 균형을 잡는 것이 가능하다. 그리고 평균대 위에서의 균형 잡는 것이 처음에는 어려워 잡아주어야 하나 연습하면 발을 바꾸어서 걸을 수도 있게 된다.

4세 유아들은 구불구불한 길에서도 균형을 잡을 수 있는 것이 가능하다.

5세 유아들은 팔짱을 낀 채 한쪽 발로 서는 것이 가능하다.

만 4세 구불구불한 길에서 균형 잡고 걸어가기기

(4) 기어오르기

4세 유아들은 두발을 교대로 사용하여 기어오르기를 할 수 있다. 철봉에 매달리기를 할 수 있다.

5세 유아들은 한 다리를 철봉에 걸어 놓고 오르기, 철봉에 매달려서 몸의 위치를 바꾸기 등의 기어오르기 놀이를 즐긴다.

유아의 기어오르기 틀 활동

(5) 공 던지기

3세 유아들은 공을 던질 때 팔목 사용을 할 줄 모르고 주로 어깨와 팔꿈치를 움직여 공을 던진다.

4세 유아들은 공을 던질 때 팔목을 사용하여 던질 수 있게 된다.

5세 유아들은 어느 정도 균형 잡힌 자세로 옆으로 던지기가 가능하게 된다.

6세 유아들은 공을 던지는 동작이 유연하고 정확해진다.

공 던지기

(6) 놀이기구를 통한 대근육 운동

미끄럼틀, 정글짐, 그네 등 놀이기구와 자전거나 롤러브레이드 등의 탈것을 이용하는 놀이를 통해 운동 발달이 이루어진다. 3세경에는 세발자전거의 페달을 돌릴 수 있으며, 5~6세에 이르면 두발 자전거도 가능하며 자전거 페달과 방향조정을 동시에 할 수 있다. 한국아동학회(2001) 보고에 의하면 두발자전거 타기는 3세의 19.7%, 4세의 28.7%, 5세의 40.1%가 탈 수 있다. 롤러브레이드는 3세의 4.4%, 4세의 14.1%, 5세의 36.9%가 탈 수 있었다. 탈것 능력의 남녀 유아의 차이는 3세경에는 별 차이가 없었으나 5세가 되면서 남아가 좀 더 잘 타는 것으로 나타났다(정정옥 등, 2003).

만 3세 유아의 자전거 타기

2) 소근육 운동 발달

유아기에 연령이 증가 할수록 소근육 운동 기술이 발달한다. 소근육 운동은 손가락의 엄지와 검지를 이용하여 장난감 집기, 젓가락 사용하기 등을 통해 이루어진다.

3세 유아들은 10개 정도의 블록을 쓰러뜨리지 않고 쌓을 수 있다. 이때 균형을 잡기위해 양손을 사용하기도 한다.

4세 유아들은 소근육 협응이 보다 정확해진다. 블록을 보다 능숙하게 쌓을 수 있으며, 쌓은 후에 쌓은 것이 무너지지 않도록 블록에서 손을 떼는 일에 세심한 주의를 기울일 수 있다.

5세 유아들은 소근육 협응 능력이 더 발달한다. 블록을 쌓는 속도도 빨라지고, 단순한 탑쌓기에 관심이 없고 집과 도로 등 자신들의 의도대로 정교하게 정확하게 쌓을 수 있게 된다.

<만 3세>

<만 4세>

<만 5세>

3세, 4세, 5세 유아가 쌓은 블록

종이 자르기와 종이 접기의 경우 3세가 되면 한 번 또는 두 번 정도의 접기가 가능하다. 가위를 사용하여 종이를 자르기도 한다. 그러나 종이 위에 그려진 선을 따라 자르는 것은 3세 말이 되어야 가능하다. 그림그리기는 2~3세 유아는 운동신경 조절에 의한 욕구 표출로 낙서를 한 것처럼 아무렇게 되는대로 그린다. 4~5세 유아들은 팔과 손의 운동이 어느 정도 조절된 그림이 나온다.

<만 3세>

<만 4세>

<만 5세>

그림 4-6 3세, 4세, 5세 유아의 사람 그림

숟가락, 젓가락 사용, 옷 입기 등 기본생활 습관과 관련된 신체조절 능력은 반복적인 연습으로 점차 능숙해진다. 젓가락은 4세부터 사용할 수 있으나 서투르며 6세 이후에 능숙하게 된다. 3세 유아의 39.7%, 4세 유아의 58.5%, 5세 유아의 75.1%가 젓가락을 사용할 수 있었다. 유아들은 대개 엄지손가락과 집게손가락으로 숟가락을 잘 잡으며, 포크로 음식물을 먹을 수 있다.

양손을 사용한 신체적 기술이 증진되어 단추 끼우기, 가위질하기 등이 능숙해진다. 옷을 입는 것이 벗는 것보다 더 발달된 운동기술을 요구하는데 3세가 되면 혼자 옷을 벗을 수 있어서 양말을 벗고 단추를 뺄 수 있다. 그러나 옷 입기는 서툴러 양말이나 셔츠를 거꾸로 입는 것이 보통이다. 5~6세경에는 어느 종류의 옷이든 입고 벗을 수 있으며 혼자서 신발을 신고 끈도 맬 수 있다. 기본생활을 위한 신체적 기술이 증진되지만 신발의 왼쪽, 오른쪽을 구별하지는 못하고, 옷을 벗기는 하지만 앞, 뒤, 위, 아래를 혼동하여 바르게 옷을 입는 것이 쉽지는 않다. 유아들은 가위질을 비교적 잘할 수 있다. 3세 유아의 87.0%, 4세 유아의 93.7%, 5세 유아의 97.8%가 가위질을 할 수 있었다(정정옥 등, 2003).

3. 뇌 발달

1) 일반적인 뇌 발달

인간은 수백 억 개의 뉴런(neurons)을 가지고 태어난다. 뇌에서 뉴런들은 전기적 화학적 신호를 보내면서 서로 의사전달을 주고받는다. 뉴런은 정보처리를 다루는 신경세포로, 뉴런의 몸체를 보면 섬유질 형태의 축색과 수상돌기가 있다. 일반적으로 축색은 뉴런 몸체로부터 오는 신호를 전달하고 축색돌기는 축색으로 정보를 전달한다. 수초는 지방층으로 이루어져 있으며 많은 축색들을 싸고 있다. 수초는 절연체로 축색 밑으로 전기적 신호가 더 빨리 전달되도록 돕는다. 수초화는 뉴런에 에너지를 공급하여 의사전달이 더 촉진될 수 있도록 한다. 축색 끝부분에 종말단추가 있는데 이것은 신경전달물질로 불리는 화학물질을 방출하여 뉴런 간 작은 틈인 시냅스가 형성되도록 해준다. 시냅스에서 화학적 상호작용은 축색과 수상돌기를 연관시키며 하나의 뉴런에서 다른 뉴런으로 정보가 전달되도록 해준다(Santrock, 2015).

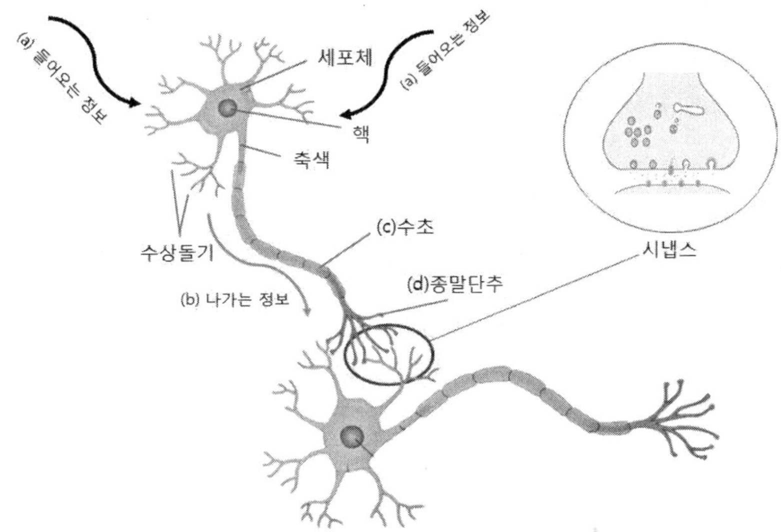

그림 4-7 뉴런의 구조와 시냅스

유아기 뇌 발달은 신체 발달에서 중요하다. 정상적인 뇌 발달은 신체발달 뿐만 아니라 언어 발달, 인지 발달, 정서 및 사회성 발달에 중요한 영향을 미친다. 유아교육에서 뇌 발달 연구 결과가 많은 영향을 주고 있다.

뇌 발달의 일반적 원칙은 다음과 같다(서유현, 2006).

첫째, 뇌는 적절 자극에 발달하나 과잉 자극이나 장기간 자극에 손상 받는다. 따라서 뇌는 휴식과 수면이 필수적으로 필요하다.

둘째, 뇌는 끊임없이 창조된다(시냅스 회로, 줄기세포)

셋째, 뇌는 평생을 통해 발달할 수 있다.

넷째, 지성(학습 등), 창의력은 정서(감정)와 밀접하게 연관되어 있다.

다섯째, 특정 뇌기능은 특정 시기, 기간에 효율적으로 잘 습득된다. 그러나 절대적인 결정적 시기는 아니다.

여섯째, 환경 요인(스트레스와 풍족한 환경)은 뇌의 발달과 기능(이성과 감성)에 중대한 영향을 미친다.

2) 뇌의 구조와 기능

출생 시 태아의 뇌는 성인 뇌의 25% 정도인 350g 정도 밖에 되지 않는다. 이렇게 작은 뇌가 생후 1년 만에 1000g 정도로 성장하며 이후 10세 정도까지 빠르게 자라다가 사춘기가 지나면서 성인 뇌 무게인 1300~1500g에 도달하게 된다. 뇌는 크게 대뇌, 중뇌, 소뇌, 간뇌, 연수, 척수로 구성된다.

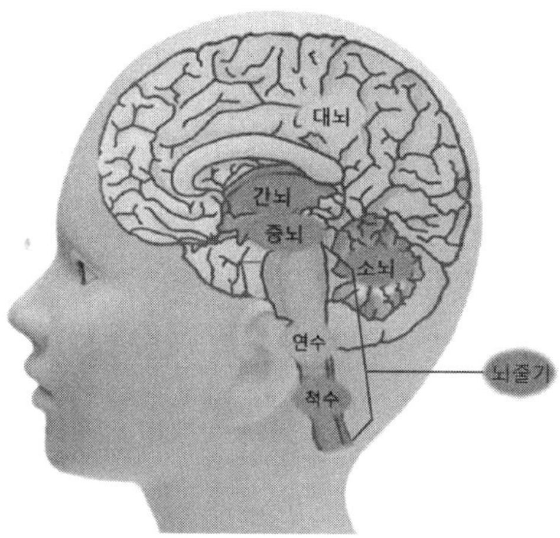

그림 4-8 뇌의 구조

대뇌는 머리의 대부분을 차지하고 있으며 뇌중에서 가장 늦게까지 만들어진다. 모양은 껍데기를 벗겨낸 호두 알맹이와 비슷하다. 대뇌는 좌뇌와 우뇌로 이루어져 있으며 이 두 반구는 뇌량을 통해 연결되어 있고 긴밀한 상호 협력체계를 갖추고 있다. 좌우를 연결하는 뇌량은 10세 때까지 발달한다. 소뇌는 한 쌍으로 되어 있으며 표면에는 가로로 난 홈이 많고 몸의 평형을 유지하는 역할을 한다. 중뇌는 안구운동, 홍체 수축 등 눈과 관련된 일과 호르몬 분비, 체온 조절, 식욕 조절 등의 일을 담당한다. 연수는 심장박동, 호흡, 소화 등 생명유지에 필수적인 활동을 맡고 있다. 사람은 대뇌나 소뇌를 다쳐도 죽지는 않지만 연수를 다치면 뇌사가 일어나 치명적이다. 척수는 뇌간에서 연속적으로 이어져 있으며 뇌의 맨 아랫부분을 이루고 있다. 모양은 백색의 가늘고 기다란 원기둥 모양이다. 척수는 운동신경과 감각신경, 그리고 자율신경이 지나가는 통로이며, 외부로부터 이들을 보호한다. 간뇌는 대뇌와 소뇌 사이에 위치한다. 간뇌의 약 4/5를 차지하는 시상은 감각의 대기실과 같은 역할을 한다. 모든 감각정보가 일단 이 대기실에 모여 있다가 대뇌의 감각중추로 올라간다. 대뇌피질은 대뇌를 둘러싸고 있는 부분으로 이곳에서 사고, 판단, 창조 등 우리가 알고 있는 고도의 정신활동이 이루어진다. 이곳에는 신경세포가 140억 개나 모여 있다. 인간이 만물의 영장이라고 자부할 수 있는 것도 이 대뇌피질이 다른 포유류보다 훨씬 발달했기 때문이다.

대뇌는 머리 앞부분의 전두엽, 머리 정수리 부분의 두정엽, 양 옆의 측두엽, 뒤쪽은 후두엽으로 구분한다. 두뇌발달은 앞의 전두엽부터 뒤의 후두엽으로 이동하면서 발달한다. 전두엽은 가장 넓게 차지하고 있는 부분으로 사고와 언어에 대한 일을 담당한다. 두정엽은 신체를 움직이는 일과 입체공간적 인식 기능을 담당한다. 측두엽은 언어적 능력과 청각에 관련된 일을 한다. 후두엽은 눈으로 보고 느끼는 시각적인 정보를 담당한다.

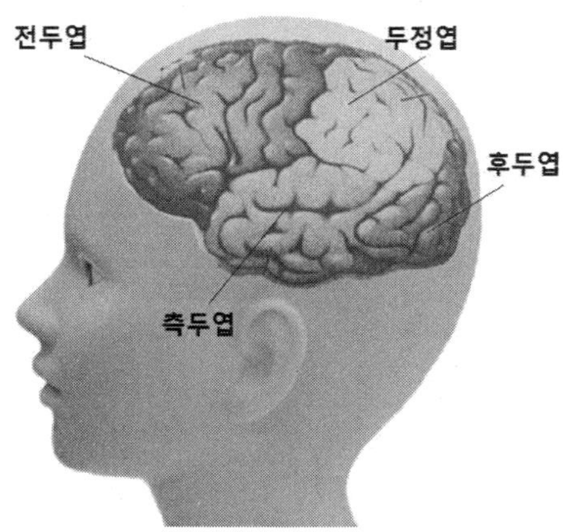

그림 4-9 대뇌의 구조 및 발달 방향

3) 유아기 뇌 발달

만 3~5세 유아기 뇌 발달은 영아기 만큼 급속도로 성장하지 않아도 발달의 변화가 뚜렷하다. 신장과 체중의 발달보다 뇌 발달이 더 급격하게 빠르게 이루어진다. 유아의 체중은 성인의 체중 30% 정도이나 뇌 무게는 성인의 90%정도를 차지한다. 전체적인 뇌 크기는 3세부터 15세까지 극적인 증가는 하지 않는다.

만 0~3세는 전두엽, 두정엽, 후두엽 등 전뇌가 골고루 발달한다. 만 3~6세의 가장 급속한 성장은 전두엽 부분에서 일어난다. 이 부분은 새로운 활동을 계획하고 조직하고 과제에 주의집중을 유지하는데 핵심적 역할을 한다. 신경세포 회로(시냅스)는 만 3세까지 일생을 통해 가장 활발하게 발달한다. 출생 전부터 계속 진행되는 두 가지 변화는 첫째, 수상돌기의 수와 크기 증가 두 번째, 수초화가 계속됨이다. 수초화는 여러 능력이 발달하는데 중요하다. 가령 손과 눈의 협응과 관련된 뇌영역에서 수초화는 만 4세가 되어서야 완성된다. 주의집중과 관련된 뇌영역에서 수초화는 아동 중기나 말기가 되어야 완성된다. 더 높은 수준의 전두엽의 수초화는 청소년 말기나 성인기가 되어야 완성된다(Santrock, 2015).

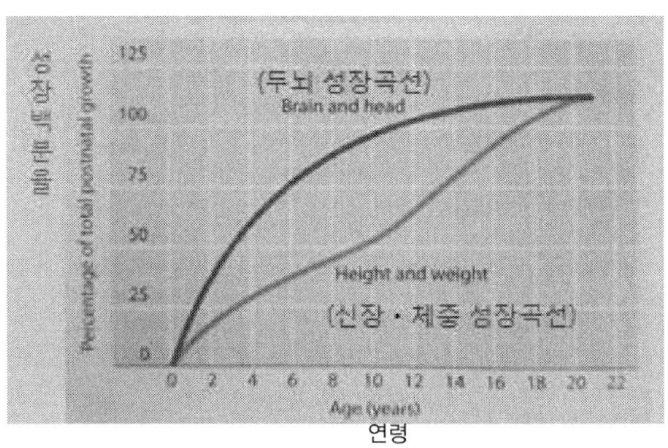

그림 4-10 두뇌와 신장 · 체중의 성장 곡선

출처: Santrock(2014). p. 115 인용

4. 건강한 신체 발달을 위한 지도

1) 바른 식생활

(1) 영양공급

유아기의 지속적인 성장 발육과 급증하는 운동량을 위해 필요한 영양 공급이 필요하다. 균형 잡힌 영양분의 공급을 위해 음식물을 바르게 섭취해야 한다. 유아는 성장에 필요한 영양에 결핍이 생기면 성장이 저하되거나 특정 기능 발달에 저하가 발생할 수 있다. 음식물을 많이 섭취하기보다는 음식물의 적절한 양과 질을 고려하여 섭취하는 것이 중요하다. 성장에 필요한 필수영양소가 포함된 균형 있는 양양섭취를 해야 한다.

(2) 식습관

유아들이 2~3세가 되면 음식에 대한 선호가 생기는데 이런 선호가 강하여 특정 음식에 대한 거부감으로 편식하는 습관이 형성되지 않도록 주의해야 한다. 또한 많은 음식물을 한꺼번에 먹기에는 신체적 한계가 있으므로 하루에 2~3회의 간식으로 필요한 열량과 영양소를 보충하는 것이 좋다. 간식의 양과 질이 식사하는 것을 방해할 정도가 되지 않도록 유의한다.

3~4세가 되면 수저와 포크, 젓가락, 컵 등 식사에 사용되는 도구를 사용할 수 있게 된다. 식사량도 증가하고 식사예법도 알아간다. 4~5세가 되면 식사 속도도 빨라진다.

그림 4-11 유아를 위한 음식피라미드

출처: 보건복지부 · 한국영양학회(2015). 2015 한국인 영양소 섭취기준. http://www.kns.or.kr

2) 숙면

숙면(熟眠)은 푹 잘 잔다는 의미로 유아들에게 숙면은 성장 발달에 중요하다. 전문가들에 의하면 만 3~5세 유아는 11~13시간 숙면을 취해야 한다(National Sleep Foundation, 2013).

보통 3~5세 유아는 1~2시간 정도 낮잠을 자고 밤에 10~12시간 정도 잠을 잔다. 낮잠은 만 5세 정도가 되면 잠이 모자라지 않다면 강제로 낮잠을 재울 필요가 없다.

수면시간도 중요하지만 올바른 수면 습관의 형성도 중요하다. 유아의 숙면을 위해 잠자리를 쾌적하고 편안하고 어둡게 하는 것이 좋다. 어두운 것을 두려워하는 유아는 불을 켜주는 것이 잠드는데 도움이 된다. 잠자러 가는 시간과 일어나는 시간이 지켜져야 한다. 잠을 자려고 하지 않을 때 강제로 잠자리에 들게 하지 않는 것이 좋다. 조용한 음악을 들려주거나 책읽기 등의 활동을 한다.

어두운 것을 두려워하는 유아는 불을 켜주는 것이 잠드는데 도움이 된다. 또한 부드러운 헝겊으로 만든 인형을 안고 자는 것이 유아에게 위로가 되어 잠을 잘 잘 수 있게 도와줄 수 있다. 치아 건강을 위해 자기 전에 반드시 이를 닦고 소변을 보게 하며 잠옷 입는 것을 습관화하도록 한다. 서구 유아들은 잠자는 시간에 화장실 갖다 오기, 이야기 듣기, 물 마시기, 위로가 되는 인형 안고 침대로 가기, 불끄기 전에 껴안고 키스하기 등을 일상적으로 한다.

유아들이 수면을 취하는데 어려움을 겪는 경우가 많은데 충분한 수면을 취하지 못하면 성장발달에 문제를 일으킬 수 있다. 성인이 되었을 때에 집중력에 문제가 생기거나(O'Callaghan & Others, 2010) 알코올 문제가 생길 수 있다(Wong & Others, 2010)고 한다.

3) 운동능력 증진

유아기에 매일 정기적으로 신체활동을 해서 운동능력을 증진시키도록 해야 한다. 유아기에 운동능력을 연습할 충분한 기회가 없다든지, 부모의 과잉보호로 운동을 못하게 하거나, 유아가 운동하는 것에 대한 두려움이 있다면 운동발달이 지체될 수 있다.

National Association for Sport and Physical Education(2002)에서는 유아의 신체활동을 하루에 2시간씩 하도록 권장하고 있다. 2시간 중 1시간은 비구조적인 자유놀이를 하도록 권하고 있다. 유치원에서 이루어지고 있는 3~5세 유아들의 실외놀이를 관찰한 결과 대부분의 유아들이 주로 앉아서 하는 놀이를 하는 것으로 나타났다(Brown & Others, 2009). 이 연구에 의하면 유아들의 하루 동안의 활동을 분석한 결과 하루의 89%를 앉아서 하는 활동을 하였고, 8%를 가벼운 활동, 3%만 신체적으로 활발한 활동에 참여하였다.

이와 같은 연구 결과는 유아들의 신체 및 운동 발달을 위해 신체를 활발히 움직이는 활동시간이 반드시 필요하다는 것을 말해준다. 우리나라 만 3~5세 교육과정인 누리과정에서 하루 1시간은 바깥놀이 시간으로 정한 것은 유아기 신체 발달을 위해 매우 긍정적인 방침이라는 것을 알 수 있다. 3~5세 유아들의 생활에 달리기, 뛰기, 자전거 타기, 공차기와 같은 대근육 운동기술을 연습하고 시도해 볼 수 있도록 실내·외의 충분한 시설과 공간을 제공하여 놀이할 기회를 준다.

소근육 운동 발달을 돕기 위해 블록쌓기, 종이 접기, 종이 자르기, 퍼즐, 조작 놀잇감, 그림그리기 등 사물을 조작해 보는 활동을 격려한다.

실내놀이 시설

바깥놀이 시설

5장

인지 발달

1. 인지 발달 이론

1) 피아제 이론

만 3~5세인 유아기는 피아제의 인지 발달 단계에서 두 번째 단계인 전조작기에 해당한다. 전조작기는 감각·운동적 인지구조에서 조작적 인지구조로 옮겨가는 과도기이다. 피아제는 전조작기를 하위단계로 나누어 2세부터 4세까지를 전개념적 사고기(preconceptual period), 4세부터 7세까지를 직관적 사고기(intuitive period)라고 구분하였으며 직관적 사고는 7~8세경에 유아가 구체적 조작기에 접어들면서 동시에 극복된다고 한다.

(1) 전개념적 사고

전조작기 유아의 전개념적 사고에는 상징적 표상, 자기중심성, 물활론, 인공론적 사고의 특성이 있다.

① 상징적 표상

전조작기의 인지 발달로 가장 중요한 것은 상징적 표상 능력이다. 상징적 표상은 전조작기 초기인 만 2세경에 나타나기 시작한다. 감각운동이 더욱 정교하고 세련되게 발달하며 상상을 점점 내적으로 표상 할 수 있는 표상적 사고를 할 수 있게 된다. 유아는 자신이 내적으로 형성하고 있는 표상을 여러 형태의 상징으로 표현하게 된다. 표상능력은 지연모방, 가상놀이, 그림, 언어 등으로 나타나는데 피아제는 이것을 상징적 기능, 혹은 기호적 기능이라고 하였다. 여기서는 지연모방과 상징놀이에 관해 살펴보고자 한다.

가. 지연모방

지연모방은 관찰이나 경험에 의해 내적 표상된 것을 시간이 지난 후에 다시 모방하는 것이다. 지연모방은 감각운동기 후기에 보이기 시작하여 전조작기가 되면 더 오래 전에 관찰했던 활동을 모방할 수 있게 된다. 오래 전에 관찰했던 것을 모방한다는 것은 관찰한 것에 대해 지속적인 표상을 할 수 있다는 것을 의미 한다. 지속적 표상이 이루어지지 않는다면 나중에 모방을 할 수 없게 된다. 지연모방의 예로 유아가 부모와 자동차를 타고 외출하고 돌아온 뒤 다음날 자동차 타고 가는 흉내를 내는 것을 들 수 있다. 이와 같은 지연모방을 통하여 유아가 모방된 행동을 내적으로 표상하고 기억하는 능력을 발달시켰음을 알 수 있다.

가족과 자동차로 여행 후 자동차 놀이하기

나. 가상놀이

유아의 상징적 표상의 형태로 가상놀이를 들 수 있다. 가상놀이란 가상적인 사물이나 상황을 실제 사물이나 상황으로 상징화하는 놀이로써 유아의 인지 발달에 매우 중요한 의미를 지닌다. 유아기는 가상놀이의 황금시기라고 할 수 있다.

가상놀이의 예로 막대기를 공중에 흔들면서 비행기가 날아가는 흉내를 내거나, 나무토막을 자동차처럼 밀고 다니며 노는 놀이를 들 수 있다. 또 엄마 옷을 입고 동화책에 나오는 공주가 된 것 같이 놀이한다. 가상놀이는 유아의 정신적인 표상능력을 나타내는 것이다. 유아기에 가상놀이는 점점 더 복잡해지고 다양한 형태로 변화 발달하게 된다.

> **가상놀이 발달 과정**
>
> 18개월 영아 : 구체적 사물을 이용, 활동의 의미를 공유할 수 있게 됨
> 30개월 유아 : 놀이규정 이해, 놀이안내에 도움을 제공해 주는 물체를 사용하면서 초보적인 가장놀이를 함
> 4세 이후 유아 : 사회적 가장놀이가 점차 복잡해지면서 놀이 안에서 유아는 타협하고 상호작용하며 역할과 대본을 연기함, 놀이 줄거리를 만들어 내기 위해 자기의 생각에 대한 생각을 함
>
> (Farver, 1993).

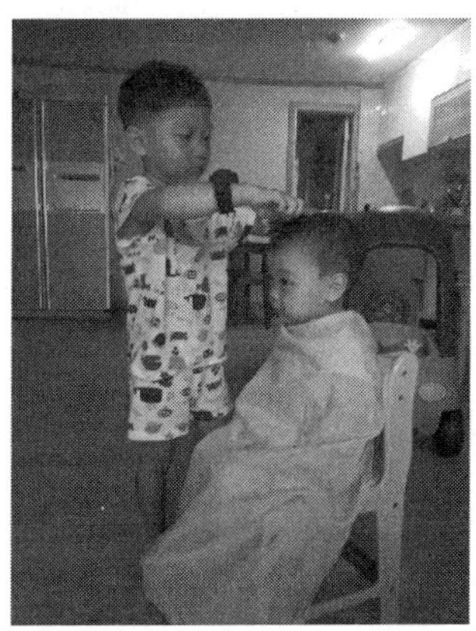

미용실 놀이하기

② 자기중심성

가. 자기중심적 사고

유아기에는 모든 사람들이 유아 자신이 보는 대로 세상을 보고 있다고 생각하며, 한 번에 하나의 상황에 대해서만 고려하고 다른 면들을 동시에 고려하지 않는 자기중심적 사고를 한다.

전조작기 유아들은 다른 사람들도 자신과 같은 방법으로 생각하고, 자신이 생각하는 것은 다른 사람도 동일하게 생각한다고 믿는다. 사고의 자아중심성(egocentrism)은 유아가 의도적으로 하는 것은 아니다. 유아가 자신과 다른 사람의 관점이 존재한다는 사실 자체를 알지 못하며 자신이 관계하는 한 자신의 사고만이 유일한 것이며 항상 옳다고 생각하기 때문에 다른 사람의 역할, 견해, 관점을 고려할 줄 모르는데서 오는 것이다. 전조작기에 있는 유아는 후기 전조작기 유아보다 전조작적 의미에서 훨씬 더 일관되게 자아중심적인 모습을 보인다. 그러나 발달이 진행되면서 자아중심성은 서서히 약화되고 새로운 인지구조들이 형성된다.

유아의 자아중심성은 그들의 언어사용에서도 나타난다. 유아들이 나누는 대화를 들어보면 서로 상대방의 이야기는 들으려 하지 않고 자신의 이야기만 하면서도 대화의 불편함을 느끼지 않는다. 이때의 언어와 사회적 행동은 대부분 비사회적이다. 그러나 연령이 높아지면 또래와의 상호작용에서 더 많은 갈등이 생기게 된다. 유아가 또래 집단에서의 사회적 상호작용을 통해 갈등을 해결하는 과정은 인지적 자아중심성을 무너뜨리는 주요 요인이 되기도 한다.

일상생활에서 전조작기 유아들의 자기중심적 사고가 바탕이 된 행동들을 흔히 볼 수 있다. 자기 자신이 눈을 가리고 남들을 볼 수 없으면 다른 사람들도 자신을 볼 수 없다고 생각하는 것이다. 예를 들어 숨바꼭질을 할 때 이 단계의 유아는 몸을 다 숨기지 않고 눈만 가리거나 이불 속에 머리만 숨긴 채 자신이 꼭꼭 숨었다고 생각한다. 반대로 자기가 하는 행동을 다른 사람에게 알리길 원하면 다른 사람도 알 수 있다고 자아중심적으로 생각한다.

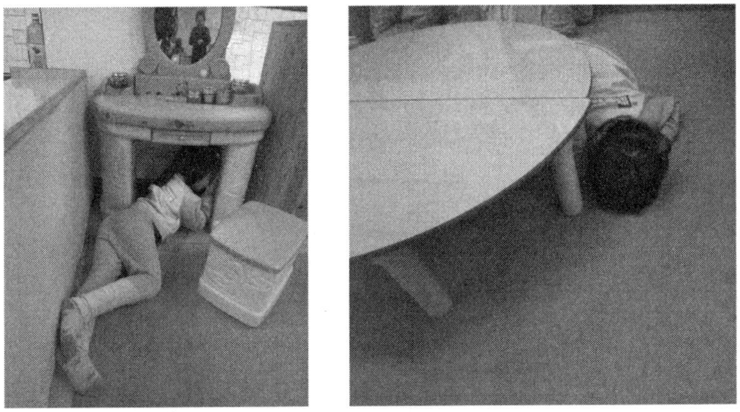

만 3세 숨바꼭질

전화통화의 경우에서도 전화를 건 상대방이 “엄마 있니?”하고 물으면 유아는 대답 대신 고개만 끄덕인다. “엄마 좀 바꿔줄래?” 하고 상대방이 물으면 유아는 대답 대신 고개만 끄덕이는 경우가 많다. 이러한 경우도 유아는 상대방이 자신을 보지 못하는 입장을 이해하지 못하고 자신의 입장에서만 생각하는 것이다.

연령에 따라 자아중심성의 차이가 있는 경우의 예를 들어보면 두 아이가 어머니의 생일선물을 사기 위해 백화점에 갔다. 7세 형은 어머니가 좋아할 만한 장식품을 골랐고 4세인 동생은 자신이 좋아하는 장난감을 골랐다. 타인의 관점을 이해하는 조망수용 능력이 형성된 7세 형은 어머니의 관점에서 어머니에게 필요하다고 생각되는 물건을 골랐으나 자아중심적 단계에 있는 4세인 동생은 어머니의 관심과 자신의 관심이 다를 수 있다는 사실을 생각하지 못한 것이다.

유아기 자아중심성에 관한 피아제와 인헬더의 연구 중 가장 널리 인용되는 것은 ‘세 산(three-mountain)'에 대한 실험이다. 이 실험은 책상 위에 크기와 색이 다른 세 개의 산을 놓고 유아를 새 산이 놓인 책상을 둘러보게 한 후 한 쪽(A)에 앉히고 세 산 건너편(C)에 인형을 유아와 마주 앉게 한 후 유아가 보는 산의 모양과 인형이 보는 산의 모양에 대해 유아에게 물어보는 것이다. 전조작기에 있는 유아는 자신이 본 산의 모양과 인형이 보는 산의 모양을 같은 것(사진 1)으로 대답하였다. 이와는 달리 구체적 조작기에 있는 7~8세의 아동은 위의 실험에서 앉는 위치에 따라 보여지는 세 산의 모양으로 답변하였다.

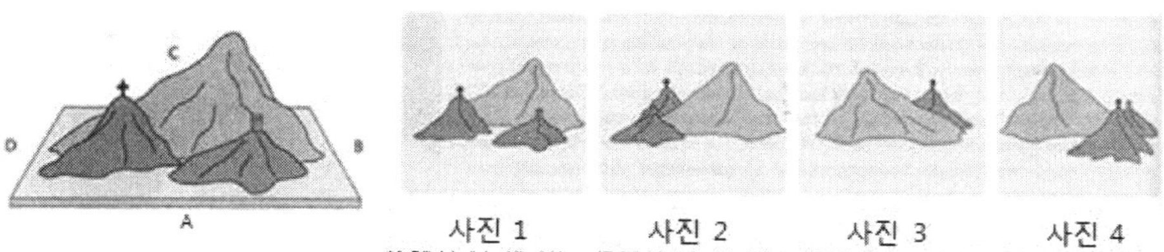

사진 1 (A에서 본 세 산) 사진 2 (B에서 본 세 산) 사진 3 (C에서 본 세 산) 사진 4 (D에서 본 세 산)

그림 5-1 세 산(three mountain) 실험

출처: Santrock(2014). 그림 6.6. p. 176 인용

근래 세 산 실험은 유아에게 친근감을 주지 못하는 실험 과제이기 때문에 유아가 대답하기 어렵다는 것이 비판받고 있다. 유아에게 친숙하고 덜 복잡한 과제를 주었을 때 유아가 자아중심성을 덜 나타냈다는 것이다(Gzesh & Surber, 1985; Newcombe & Huttenlocher, 1992). 좀 더 친숙하고 덜 복잡한 예로 '순경놀이'를 들 수 있다. 인형으로 만든 순경이 소년을 잡으러 가는 게임에서 유아에게 소년이 잡히지 않도록 순경이 볼 수 없는 곳에 소년을 숨기라고 하면 유아는 그림에서 보듯이 소년을 잘 숨긴다. 심지어 두 명의 순경이 소년을 잡으러 가는 복잡한 게임에서도 소년을 잘 숨겼다. 세 산 실험과 순경놀이 실험의 결과에서 알 수 있는 것은 유아들은 친숙하지 않은 상황이나 과제를 할 때 더욱 자기중심적 사고를 하는 것으로 보인다.

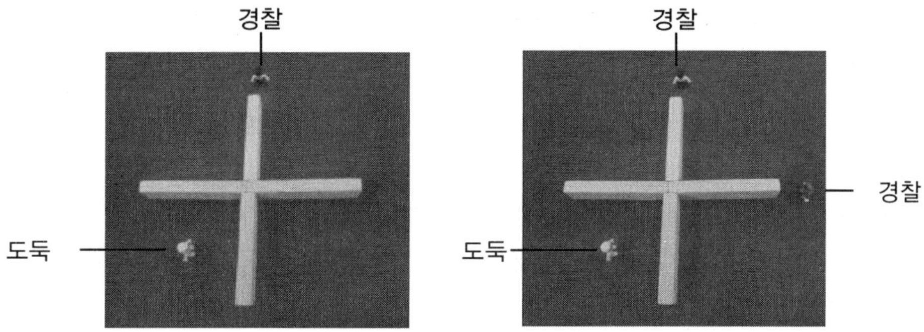

순경놀이

나. 자기중심적 언어

피아제(1959)에 의하면 유아는 자기중심성에 의해 언어 사용을 한다. 자기중심적 언어는 자신이 하는 말을 상대방이 이해하든 못하든 상관없이 자기 생각만을 전달하는 것이다. 이러한 대화 형태를 피아제는 집단적 독백이라고 하였다.

집단 독백의 예

유아 1: 이 꽃 참 예쁘다. 그치.
유아 2: 나 자전거 탔다.
유아 1: 이 꽃 이름 알아?
유아 2: 집에 가서 자전거 또 탈거야. 좋겠지?

③ 물활론

물활론이란 세상의 모든 사물이 살아있다고 생각하는 것이다. 실제로 생명이 없는 장난감이나 태양 등도 살아있다고 생각하고 대하는 것이다. 생명이 없는 대상에게 생명과 감정을 부여한다.

물활론적 사고는 유아기 초기의 가장 두드러진 특성인데 4~5세가 되면 감소하기 시작한다. 물활론적 사고는 다음과 같은 4단계를 거쳐 변화하는데 유아기에는 1, 2단계까지 발달한다.

- 1 단계 : 이 세상에 존재하는 모든 사물에는 생명이 있다고 생각하는 단계이다. 옷에 달린 단추도 살아 있다고 생각한다.
- 2 단계 : 이 세상에서 움직이는 모든 것은 살아있고 움직이지 않는 것은 죽었다고 생각한다. 자동차, 자전거, 구름 등은 움직이기 때문에 살아 있다고 생각한다.
- 3 단계 : 이 세상에서 움직이는 것 들 중 움직임의 원동력이 있어 스스로 움직이는 것에 한하여 살아있다고 생각한다. 따라서 자전거나 자동차와 같이 외부의 힘을 받아서 움직이는 물건에는 더 이상 생명을 부여하지 않는다.
- 4 단계 : 식물, 동물 등 살아있는 생물만 살아있는 것으로 생각하는 단계이다.

바닥에 떨어진 인형 이마에
일회용 반창고를 붙여준 모습

④ 인공론

인공론(artificialism)은 세상에 존재하는 모든 사물이나 현상이 사람의 필요에 의해 만들어졌다고 믿는 전조작기의 인과적 사고를 말한다. 유아는 해와 달도 사람이 필요에 의해서 만들어 하늘에 띄운 것으로 생각하고, 비가 오는 것도 어떤 사람이 물을 뿌렸기 때문이라고 믿는다.

피아제는 자신의 아들이 호수는 큰 거인이 바위를 던져서 만든 것이라고 말하는 것을 듣고 호수의 형성 과정에 대해 설명해 주었다. 그러나 나중에 같은 질문을 다시 했을 때 여전히 거인이 바위를 던져 호수가 되었다고 답한 예를 들며 인공론은 유아의 자기중심적 사고의 특성으로 자연현상이나 사물들이 자신을 위해 존재하는 것으로 믿는다고 설명하였다.

⑤ 변환적 추론

변환적 추론은 어떤 현상의 원인과 결과 간의 관계를 추론하는 능력에 있어서 전조작기의 유아에게 나타나는 사고양식이다. 어떤 사물이나 상태의 변화를 관찰하는 동안 유아는 원래 상태에서 최종 상태로의 변환과정에 초점을 맞추는 것이 아니라 변환이 일어나는 순간적인 상태에만 주의를 기울인다.

예를 들어 전조작기 유아는 연필이 넘어지는 것을 본 후에 연속적 단계를 그릴 수 없거나 혹은 다른 방식으로 재생할 수 없다. 단지 연필의 최초 상태와 마지막 상태만을 재생할 수 있다(성옥련 공역, 1995). 이와 같이 연속적인 상태에 초점을 두어 한 상태에서 다른 상태로의 변환의 의미를 이해하지 못하는 것과 같이, 유아가 지각한 특정한 사건에서 다른 사건으로 관심을 옮겨 두 개의 사건을 원인과 결과 관계로 연결시키지만 일련의 사실들을 논리적으로 통합시키지 못하고, 사고를 비약적으로 도출하게 된다.

피아제는 변환적 추론을 "나는 아직 낮잠을 자지 않았어. 그러니 지금은 오후가 아니야."라는 딸 루시엔느 말에서 예를 찾았다. 루시엔느는 오후에 항상 낮잠을 잤으므로 낮잠이 오후가 되는 원인이라고 생각한 것이다.

이와 같이 동시에 일어나는 서로 다른 두 사건을 한 사건이 다른 사건의 원인이 된다고 생각함으로써 하나의 특정 사건으로부터 다른 특정 사건을 추출하는 전조작기 인과 추론의 양상을 피아제는 변환적 추론이라고 하였다.

(2) 직관적 사고

직관적 사고란 어떤 사물의 두드러진 속성을 바탕으로 사고하는 유아의 사고 양식을 말한다. 피아제는 4세부터 7세까지를 직관적 사고기(intuitive period)라고 구분하였으며 직관적 사고는 7~8세경에 유아가 구체적 조작기에 들어가면서 극복된다고 한다.

직관적 사고의 특징을 잘 나타내 주는 인지 발달 개념으로 보존개념, 분류화, 서열화, 유목화, 비가역성 등을 들 수 있다.

① 보존개념

보존개념(conservation)이란 물질의 양, 수, 길이, 면적 등은 그 형태와 위치를 변화시키더라도 동일하다는 개념을 말한다. 즉, 어떤 대상이나 물체의 형태가 변하여도 그 양, 수, 길이, 면적 등은 변하지 않는다는 것을 말한다.

피아제에 의하면 전조작기 유아들은 모든 상황에서 지각적으로 가장 큰 자극에 초점을 맞추어 다른 면들을 무시해 버리는 중심화(centration) 경향 때문에 보존개념이 획득되지 않는다고 하였다. 보존개념을 측정하기 위해 수의 보존, 길이의 보존, 질량의 보존, 액체의 보존, 무게의 보존, 부피의 보존, 면적의 보존 등이 실험되고 있다.

액체의 보존개념을 위한 실험은 그림 5-3과 같이 모양이 같은 두 개의 컵에 같은 양의 물을 부은 다음 유아에게 물의 양이 같다는 것을 확인한다. 그리고 그 중에서 한 컵의 물을 밑면적이 넓고 높이가 낮은 컵에 옮겨 담는다. 유아에게 어느 컵의 물의 양이 더 많은지 물어보면 대부분의 유아들이 길고 폭이 좁은 컵의 물이 더 많다고 대답한다. 이러한 대답은 유아가 물의 높이에만 관심을 두기 때문이며 물의 양에 대한 보존개념이 형성되지 않았다는 것을 의미한다.

수의 보존개념은 그림 5-3과 같이 유아에게 두 줄의 동전 개수가 똑같다는 것을 확인시킨 후 한 줄의 동전의 간격을 좁혀 모으면 유아는 동전의 개수가 달라진다고 생각한다. 이 또한 유아에게 수에 대한 보존개념이 형성되지 않았다는 것을 의미한다. 이것은 유아가 늘어놓은 동전 수로 판단하기보다는 보이는 길이에 관심을 두고 판단하기 때문이다.

여러 가지 보존개념은 연령에 따라 다르게 획득된다. 일반적으로 수의 보존개념은 5~6세, 길이의 보존개념은 6~7세, 무게, 액체, 질량, 면적의 보존개념은 7~8세, 부피의 보존개념은 11~12세에 획득된다.

우리나라 유아들을 대상으로 한 보존개념연구(박종효, 1993)에서 5세 유아의 37.5%와 6세 유아의 78.6%가 수 보존개념을 획득하였고, 5세 유아의 12.5%와 6세 유아의 21.4%만이 양의 보존개념을 획득하였다. 이는 양보존개념이 수의 보존개념 이후에 획득된다는 피아제의 주장과 일치하는 것이다.

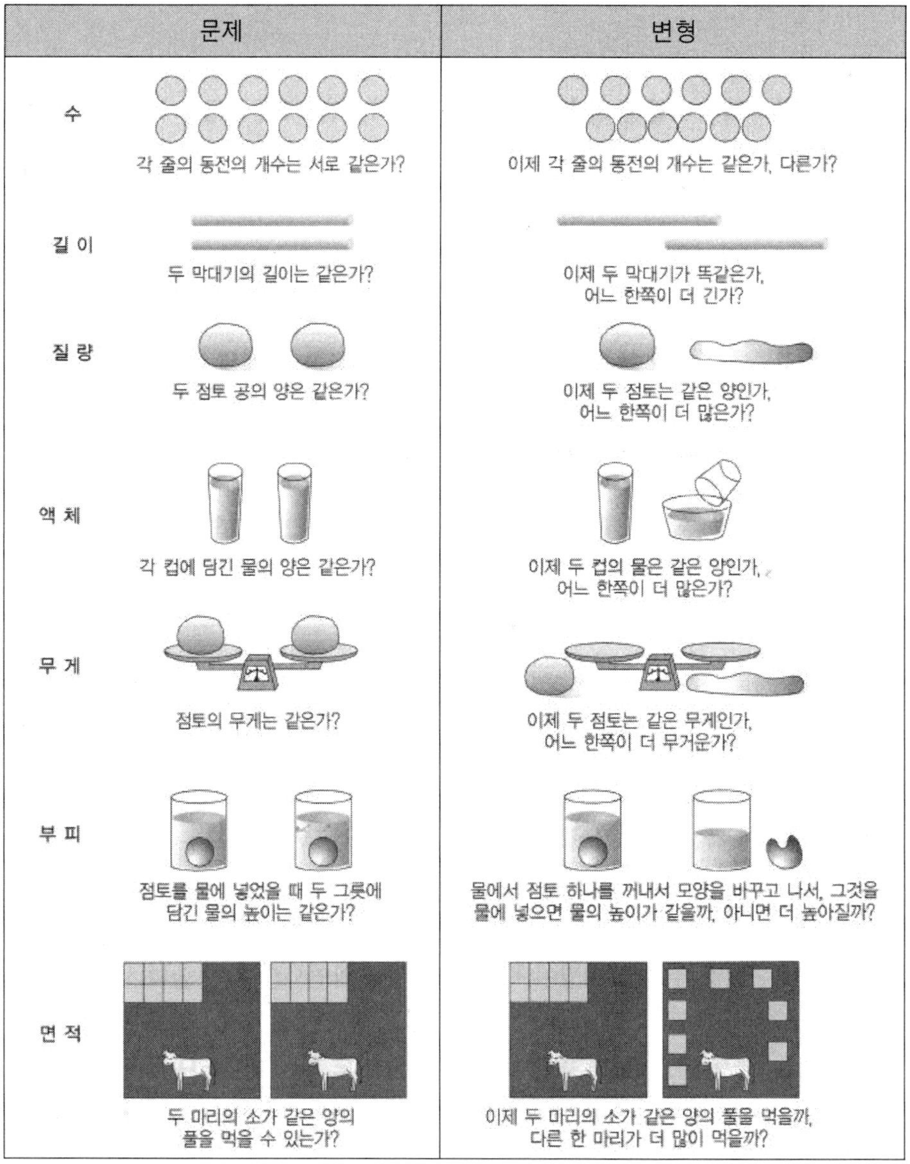

그림 5-3 피아제 보존개념 실험

출처 : Berk, L. E.(2005). Child Development(5th ed.). Boston, MA: Allyn and Bacon.

② 분류화

사물이나 사건을 어떠한 일정한 기준에 따라 분류하는 것은 유아에게 매우 중요한 지적능력이다. 기준에 따라 분류를 할 수 있다는 것은 논리적 사고를 할 수 있는 기초가 형성되었다는 것을 의미한다. 유아기는 이 기준에 혼돈을 일으키기 때문에 분류화가 쉽지 않다.

피아제는 2세~5세 유아들에게 동그라미, 세모, 네모 등 다양한 형태와 색깔의 도형들을 제시하고 서로 같은 것끼리 모아보라고 하였다. 유아들은 기준에 따라 분류하는 것이 아니고 도형 두 개를 가지고 간단한 형태를 만들거나 여러 개를 늘어놓아 탑 같은 형태를 만들었다(Inhelder & Piaget, 1964). 2~5세 유아는 사물의 유사성에 따른 공통적 속성을 이해하거나 공통된 속성의 대상들을 함께 모으는 기본적인 분류능력이 발달되지 않았으며, 7~8세가 되어야 분류기준에 따라 정확히 분류할 수 있었다.

분류의 기준 중에서 색깔의 분류를 가장 빨리할 수 있으며 5~6세가 되면 물체의 색깔, 모양, 크기의 순서에 따라 분류가 가능하다. 그러나 질감과 같이 고차원적인 속성에 속하는 분류는 전조작기 유아에게 가능하지 않다.

③ 서열화

사물을 특성과 속성 또는 기준에 따라 순서를 정하는 서열개념(concept of ordinal relations)이 유아기에 발달하기 시작한다. 길이가 다른 물건들을 놓고 제일 긴 것부터 제일 짧은 것의 순서대로 놓게 한다든지, 여러 가지 물건을 놓고 제일 많은 것부터 제일 적은 것의 순서대로 놓게 하는 것 등의 활동은 서열화 활동이다. 시간의 순서에 따라 일어난 사건들을 순서대로 열거할 수 있는 것도 서열화 활동이다.

서열화 개념의 발달 과정

•제1단계(만 4~5세) : 정확한 서열화 개념을 갖지 못함
길이가 다른 막대기를 가장 작은 것을 먼저 놓고, 그 다음에 조금 큰 것, 또 조금 더 큰 것을 순서대로 놓아서 사다리처럼 만들어 보라는 말에 유아는 그림과 같이 막대기를 배열

•제2단계(만 5~6세) : 불안정한 서열화 개념 가짐
막대기를 전체적으로 바르게 배열하지만 그 중에서 하나를 빠뜨리거나 가운데 두 개 막대기의 순서를 바꾸는 등 오류를 범하면서 배열함
막대기 질감이 다르거나 색깔을 달리하는 등의 변화를 조금만 주어도 막대기를 서열화 하는 데 실패함

•제3단계(만 7세 이후) : 안정된 서열화 개념
막대기를 순서적으로 잘 배열할 수 있음

(Inhelder & Piaget, 1964)

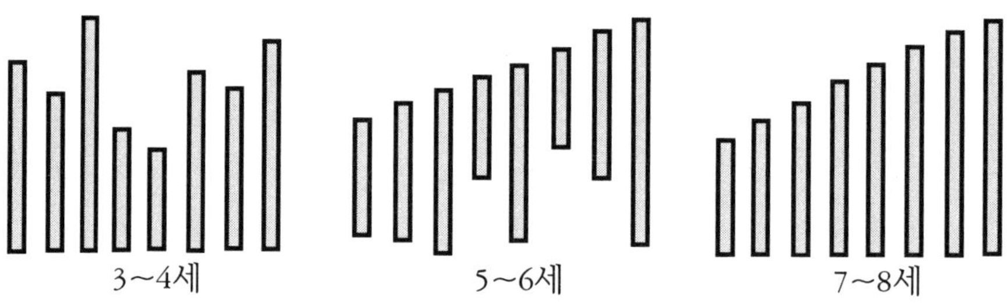

그림 5-4 유아의 서열화 단계

④ 유목포함

전조작기 유아는 전체와 부분에 대한 개념이 아직 형성되어 있지 않다. 전체와 부분의 관계를 이해하는 능력은 상위유목과 하위유목의 관계를 이해하고 유목포함(class inclusion)을 할 수 있다는 것이다. 예를 들어 "고양이가 5마리 강아지가 2마리가 있다면 동물이 많니? 고양이가 많니?" 하고 물으면 고양이가 많다고 대부분의 유아들이 대답한다.

전조작기 유아들이 분류능력이 어느 정도 발달하지만 고양이와 강아지 모두 동물이라는 상위유목에 포함된다는 유목포함 원리를 이해하지는 못한다. 피아제는 이러한 이해가 구체적 조작기인 7세가 되어야 가능하다고 보았다.

⑤ 비가역성

가역성(reversibility)은 피아제의 개념 중 가장 특징적인 것 중의 하나이다. 가역성이란 어떤 일에 대해 일련의 단계를 통해 생각하고 그 단계를 다시 되돌려서 생각하여 출발점으로 돌아가는 역조작 사고 능력을 말한다. 전조작기 유아들은 가역적 사고의 연속성을 이해할 수 없기 때문에 되돌려서 생각하는 역조작 사고를 할 수 없다.

예를 들면 동일한 양의 주스가 담긴 두 개의 컵 중 하나를 밑면적이 넓은 그릇에 쏟아 부었을 때, 두 개의 주스의 양을 같지 않다고 한다. 전조작기 유아의 경우 넓적한 그릇의 주스를 원래의 컵에 다시 쏟으면 주스의 양이 동일하다는 가역적 사고가 불가능하기 때문이다. 또한 전조작기 유아들에게 "동생이 있느냐?" 물었고 물음에 대해 "동생이 있다."고 대답한 유아들이 "그럼, 그 동생에게 언니가 있느냐?" 라고 물었을 때에는 "없다."고 대답한다.

2) 비고스키의 사회문화인지 이론

비고스키는 피아제 인지이론을 기초로 인지 발달에 대한 사회와 문화의 영향을 연구하여 사회문화적 인지이론을 형성하였다. 그는 유아의 인지 발달은 사회문화적 맥락에서 이루어진다고 보고 사회문화는 사고가 발달하기 위해서 없어서는 안 될 필수적 매체가 된다고 보았다. 또한 인간과 사회라는 매체를 연결하는 중요한 역할을 하는 도구가 언어라고 보았다. 그의 이론의 중요한 개념으로 근접발달지대, 비계, 언어와 사고를 들 수 있다.

(1) 근접발달지대(Zone of Proximal Development)

비고스키는 유아가 자기보다 좀 더 발달한 또래나 성인 등 주변 사람들의 도움을 받으면 혼자서는 해결할 수 없는 과제를 해결하여 더 학습될 수 있는 과제의 범위를 근접발달지대라고 하였다. 근접발달지대의 더 낮은 지대는 유아 혼자서 해결할 수 있는 하한(下限)지대이고 더 높은 지대는 유능한 주변 사람들의 도움을 받아 추가적으로 해결할 수 있는 상한(上限)지대라고 말할 수 있다. 비고스키는 근접발달지대 개념을 통해 인간의 발달 가능성은 무한하다고 보았다. 근접발달지대를 정리하면 한 개인의 실제적 발달단계와 어른이나 능력 있는 또래의 도움으로 문제해결을 할 때 도달할 수 있는 단계 사이의 범위라고 할 수 있다.

(2) 비계설정(scaffolding)

비계란 원래 건물을 지을 때 지지대로 사용하다가 건물이 완성되면 제거해 버리는 구조물을 말한다. 비고스키는 비계를 인지 발달에 도입하여 유아가 혼자 해결하기 어려운 과제를 수행할 대 옆에서 도움을 주는 주변 사람을 의미하였다. 비계를 어떻게 만들어 지지해 줄지에 따라 그 지지대를 이용하여 건물을 완성해 가는 사람의 능력이 달라질 수 있으며 또 반대로 어떤 건물을 짓는지에 따라 비계가 달라질 수 있다. 다시 말해서 유아가 인지 발달을 이루어갈 때 유아가 앞으로 발달할 수 있는 근접발달지대를 쉽게 도달할 수 있도록 주변 또래나 성인의 역할이 중요하며 이런 역할을 하는 사람들의 능력에 따라 유아의 인지 발달 수준도 달라질 수 있다는 것이다. 그러므로 비계를 잘 설정해주는 것이 중요하다.

(3) 언어와 사고

비고스키(1962)는 유아가 행동을 계획하고 수행하고 점검하기 위해 언어를 사용한다고 믿었다. 이러한 자기조절을 위한 언어사용을 비고스키는 사적 언어라 부른다. 피아제에게는 사적 언어가 자아중심적이고 미성숙하지만 비고스키에게는 유아기 사고의 중요한 도구가 된다.

비고스키는 언어와 사고가 처음에는 서로 독립적으로 발달하다가 통합된다고 본다. 모든 정신기능은 유아의 외적, 사회적인 것과 관련되므로, 유아의 언어 사용도 마음으로 생각할 수 있기 전에 다른 사람과 의사소통을 할 수 있는 언어를 사용해야만 한다. 유아는 외적 언어에서부터 사적 언어로 이행할 수 있기 전에 한동안 언어를 사용하여 의사전달을 해야만 한다. 이런 전이의 시기는 3~7세에 일어나며 이 시기에 유아는 혼잣말을 한다. 이러한 혼잣말은 얼마동안 나타나다가 점차 혼잣말을 하지 않고서도 행동할 수 있게 된다. 이렇게 되면 유아는 자아중심적 언어를 내적 언어의 형태로 내재화시키며 이후로 유아의 내적 언어는 사고가 된다.

(4) 비고스키 이론에 대한 평가

비고스키 이론은 아동발달에 사회문화적 맥락의 중요성을 강조하였으며 사고에서 언어의 도구적 역할을 너무 강조했다는 비판을 받고 있다.

3) 정보처리 이론

정보처리 이론은 컴퓨터의 출현으로 감동 받은 학자들이 인간의 마음의 작용을 컴퓨터의 기능과 연결하는 시도로부터 시작되었다. 유아를 컴퓨터와 같이 입력되는 정보의 처리자로 인식하고 접근하는 이론이다. 유아가 컴퓨터처럼 환경으로부터 오는 정보를 받아들이고, 기억 속에 저장되어 있는 정보와 비교하고 조정하며 판단한다고 본다.

표 5-1 인간과 컴퓨터의 유사점

		인간	컴퓨터
유사점	하드웨어	인간의 신체(뇌의 신경계, 신경망, 감각수용기, 팔, 다리 등)	컴퓨터 기계 자체(입력, 출력, 기억, 연산, 제어 장치)
	소프트웨어	사고의 규칙, 전략 들	컴퓨터의 하드웨어를 가동시키는 여러 가지 프로그램(MS-워드, 포토샵, 윈도우, 엑셀, 한글 등)
공통점		용량 제한이 있음	

정보처리 이론도 다양한 관점이 있지만 여기서는 기본적인 원칙과 과정을 살펴보고자 한다. 즉, 기억은 정보의 변형과정으로 보고 유아의 인지 발달을 정보의 유입, 주의, 저장, 인출의 과정으로 본다. 이 과정에 관해 구체적으로 살펴보기로 한다.

(1) 정보처리 이론의 가정

정보처리 이론은 관점에 따라 차이가 있지만 기본적인 관점에서의 가정은 다음과 같이 정리될 수 있다.

첫째, 정보는 단계(in step or stage)로 진행된다.

정보는 단계적으로 처리되는데 먼저 외부적 자극에 주의집중하고 인식함으로써 시작된다. 그 다음 자극을 일정한 표현 형태로 변환한다. 자극을 이미 기억 속에 저장되어 있는 정보와 비교하여 자극에 대해 반응하는 것이다.

둘째, 정보가 각 단계로 저장, 진행되는 데에는 한계가 있다.

절대적인 정보가 한없이 학습되는 것이 아니며 정보는 점진적으로 습득할 수 있으며 정보를 저장하는 용량에는 한계가 있다.

셋째, 인간정보 체제는 상호적이다.

기억 속에 이미 저장된 정보는 새로운 정보에 영향을 주고 그러한 정보는 지각과 주의집중에 의해 영향을 받는다.

(2) 정보처리 과정

정보가 입력이 되어 처리과정을 거쳐 반응으로 산출되는 과정을 살펴보면 다음과 같다(Schaffer, & Katherine, 2014).

① 감각 저장(sensory store) 또는 감각 등록기(sensory register)

인간의 정보처리 과정은 환경적 자극이 감각을 통해 정보로 등록되는 것에서부터 시작된다. 감각등록은 감각한 정보를 단순한 잔상의 형태로 저장한다. 시각, 청각 등 각각의 감각은 독립적인 감각등록기가 있으며 많은 양의 정보를 가질 수는 있으나 짧은 시간 동안만 유지할 수 있다(시각의 경우 천분의 몇 초 정도). 감각등록 정보는 후속되는 처리가 없으면 매우 쉽게 사라진다.

② 단기저장(Short-Term Store, STS)

감각등록에 있는 정보에 주의를 집중하게 되면 그 정보는 단기저장으로 이동한다. 단기저장은 제한된 양의 정보를 수초 동안 저장할 수 있다(전화번호를 외워서 전화를 걸 수 있을 정도). 단기저장 정보는 시연(rehearsal)이나 조작 등 후속작업이 없으면 사라진다.

단기저장을 작업기억으로 부르기도 하는데 그 이유는 모든 의식적인 지적 활동이 단기저장에서 이루어진다고 생각하기 때문이다. 단기저장 또는 작업기억의 두 가지 기능은 정보의 일시적 저장과 일시적 저장된 정보의 사용이다.

③ 장기저장(Long-Term Store, LTS)

장기저장은 세상에 대한 지식, 과거 경험과 사건에 대한 인상, 정보를 처리

할 때 그리고 문제를 해결할 때 사용하는 전략을 포함한 방대한 정보들이 비교적 영구적으로 저장되어 있는 곳이다.

④ 통계처리 또는 실행적 통계처리

실행적 통계처리는 계획하고 조절하며 장기기억으로부터 인출된 정보로 무엇을 할 것인가를 결정하는데 관여되는 처리이다. 인간이 컴퓨터와 다른 면은 자신의 인지 행위를 유지하고 인출하기 위해 어떤 전략을 사용할지를 자의적으로 결정한다. 실행적 통계처리가 상위인지(metacognition) 즉, 인지와 인지적 활동의 조절에 관한 지식이다.

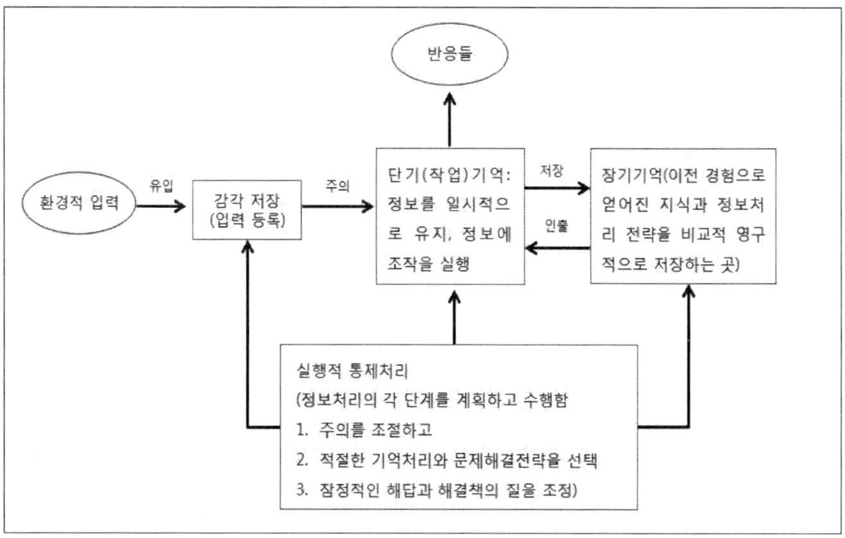

그림 5-5 인간의 사고에 대한 정보처리적 모델의 주요 요인들

출처 : Schaffer, D. R. & K. Katherine(2014). p. 279 인용

2. 인지 발달을 위한 지도

전조작기 유아들의 인지적 발달을 돕기 위해 유아들이 건강하게 자랄 수 있도록 하는 것이 우선적이다. 신체적 건강과 안정된 정서를 바탕으로 인지적 자극을 긍정적으로 줄 수 있는 환경을 마련해준다면 정상적인 인지적 발달과 촉진을 도울 수 있을 것이다. 인지적 능력은 단순한 암기가 아닌 유아의 사고가 생활 속에서 역동적으로 다른 발달 측면과 연합하여 이루어지는 것이므로 매우 복잡하고 다양한 지도 방법이 있을 수 있다. 그러나 기본적인 사항을 제시하면 다음과 같다.

첫째, 유아의 신체적 건강과 운동을 지원한다.

유아의 사고가 정상적으로 이루어지기 위해 우선적으로 신체적 영양공급이 잘 되어야 한다. 특히 뇌 발달을 위해 유아기에 필요한 영양소의 결핍이 일어나지 않도록 주의한다. 또한 시각, 청각, 촉각 등 다섯 가지 감각을 통한 체험활동을 할 수 있도록 한다. 손가락 운동은 뇌 발달을 자극해주므로 점토활동, 그림그리기 활동 등을 제공해준다.

둘째, 유아의 정서적 안정을 도모한다.

정서적 안정은 유아의 기억을 잘 할 수 있도록 돕는다. 유아들이 편안하고 안전한 느낌을 가질 수 있도록 유아들의 요구에 민감하게 반응해주고 칭찬해주고 안아주고 쓰다듬어 주는 등 적절한 스킨십을 한다.

셋째, 유아의 호기심을 충족시켜준다.

호기심은 사물이나 현상에 대한 관심으로 여러 가지 지식과 사고를 여는 통로가 된다. 호기심은 관심 있는 사항에 집중하게 하며 문제해결력을 기를 수 있게 한다. 유아들의 호기심에 함께 관심을 갖고 해결하도록 돕는 과정에서 유아들은 많은 사고를 할 수 있다.

넷째, 유아의 기억력을 증진시킨다.

단기기억과 장기기억의 증진은 유아의 인지가 발달한다는 것을 의미한다. 그러므로 기억력 증진을 위해 주의집중력을 길러주고 반복훈련을 하는 것이 좋다. 주의집중력과 반복훈련은 유아가 흥미를 갖고 자율적으로 할 때 효과가 크므로 강제적이지 않아야 한다.

다섯째, 유아가 다양한 경험을 해볼 수 있는 환경을 마련해준다.

유아가 다양한 사물이나 경험을 할 수 있도록 유아의 요구와 발달에 적합한 여러 가지 체험활동을 해볼 수 있도록 제공하고 격려한다.

여섯째, 유아가 다양하게 표현해 볼 수 있도록 기회를 준다.

유아는 자기의 기억이나 생각을 언어, 그림, 장난감 등을 통해 나타내고자 한다. 이러한 다양한 표현의 기회는 자신의 사고를 확인하고 그 과정에서 더 발전시킬 수 있게 한다.

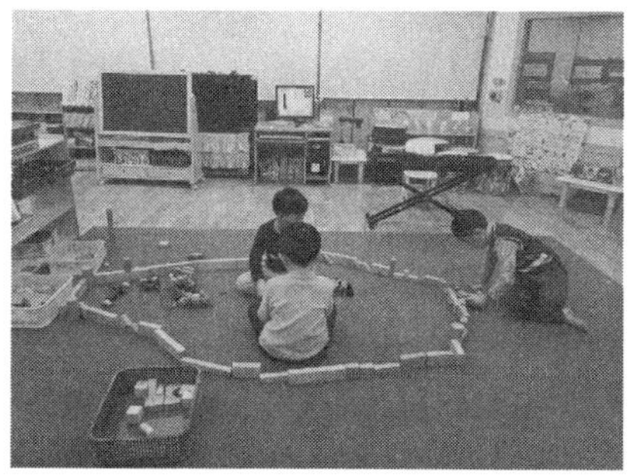

유아의 인지 발달을 도울 수 있는 활동

미술작업 블록놀이 미술관 작품 관람

6장 언어 발달

1. 인간과 언어

1) 언어의 중요성

언어는 인간과 동물을 구분할 수 있는 중요한 요소가 된다. 인간은 출생 후 언어가 꾸준히 발달하며 확장된다. 영아기에 언어 발달의 중요한 사항들 즉, 옹아리, 첫 번째 단어 출현, 단어 이해, 폭발적인 어휘 증가 등이 이루어진다. 동물도 소리를 내고 같은 종끼리 어느 정도 소리로 전달은 하지만 인간처럼 구체적이고 체계적이지 못하다.

언어에 대한 정의를 보면 언어는 인간이 의사소통의 목적으로 사용하는 음성이나 문자로 나타낸 기호체계라고 정의하며(유아교육사전, 1996), 자신을 표현하거나 의사소통을 위해 소리를 체계적이고 관습적으로 사용하는 것(Crystal, 1995)이라고 하였다. 또 언어는 생각과 정보를 전달하기 위한 상징의 조직적 체계(Bromley, 1988)라고 하였으며, 의사소통을 위한 도구로서 인간으로 하여금 사회생활을 유지하고 문화의 창조, 발전, 계승을 가능하게 하는 수단이라고 정의(고영근, 남기심, 1987)하였다. 이러한 정의를 종합해보면 언어는 인류에게 있는 가장 큰 특징적 상징체계로써 인간생활을 영위하고 발전시켜나가는데 필요한 특히 의사전달의 중요한 도구가 된다.

2) 언어의 형태

언어는 듣기, 말하기, 읽기, 쓰기의 네 가지 형태로 나누어진다. 네 가지 형태는 기준이 무엇이냐에 따라 음성언어/ 문자언어, 그리고 수용언어/표현언어로 나눌 수 있다.

	수용언어	표현언어
음성언어	듣기	말하기
문자언어	읽기	쓰기

그림 6-1 언어의 형태

(1) 음성언어와 문자언어

듣기와 말하기는 음성언어로 청각적 기호이다. 읽기와 쓰기는 문자언어로 시각적 기호이다. 음성언어와 문자언어는 소리와 문자라는 특성으로 인한 기능과 사용상의 차이가 있다.

음성언어와 문자언어는 각각의 장점과 단점이 있다. 음성언어는 소리를 사용하여 다른 사람에게 의사전달을 하며 표정, 몸짓, 억양 등으로 그 의미를 더 잘 표현하고 전할 수 있다. 문자언어는 글자로 의사전달을 하며 잘 보존된다면 시공간의 제약을 거의 받지 않을 수 있다.

음성언어인 듣기와 말하기는 말하는 사람과 듣는 사람의 주관이 작용하여 바르게 의미가 전달되지 못하는 경우가 있다. 직접 얼굴을 보지 못하고 음성으로 소통할 경우 말하는 사람의 의도나 감정 전달이 바르게 되지 않을 수 있다. 발음이 부정확한 경우 의사소통의 문제가 될 수 있다.

문자언어인 읽기와 쓰기는 의사전달은 바르게 될 수 있으나 내용의 숨은 맥락은 문장 이해력의 정도에 따라 달라질 수 있다. 글자를 모르거나 글자가 바르게 쓰여 있지 않을 경우 내용을 알 수 가 없다.

(2) 수용언어와 표현언어

수용언어는 듣기와 읽기로 외부에서 받아들인 청각적, 시각적 기호를 해석하고 그 의미를 이해하는 것을 말한다. 표현언어는 말하기와 쓰기로 자신의 생각이나 감정 등을 다른 사람이 이해할 수 있도록 외부로 나타내는 것을 말한다.

문자언어와 음성언어, 수용언어와 표현언어는 서로 연관성이 있으며 언어의 네 가지 형태는 상호보완적으로 발달한다.

3) 뇌 발달과 언어

앞서 신체 발달에서 살펴본 바와 같이 인간의 대뇌피질은 좌반구와 우반구로 나누어져 있는데 그림에서 보는 바와 같이 좌반구의 브로카 영역(Broca's area)과 베르니케 영역(Wernicke's area)이 언어사용 능력과 관계가 있다. 브로카 영역에 손상이 있으면 언어의 이해는 가능하지만 말을 유창하게 하지 못하는 표현적 실어증이 나타난다. 질문을 이해하고 답을 하려고 해도 문장을 만들지 못하고 단어를 열거하듯 말한다. 베르니케 영역에 손상이 오면 겉으로는 말을 유창하게 하는 것 같으나 의미를 알 수 없고 이해할 수 없는 말들을 사용하며 다른 사람의 말을 이해하지 못하는 수용적 실어증이 나타난다.

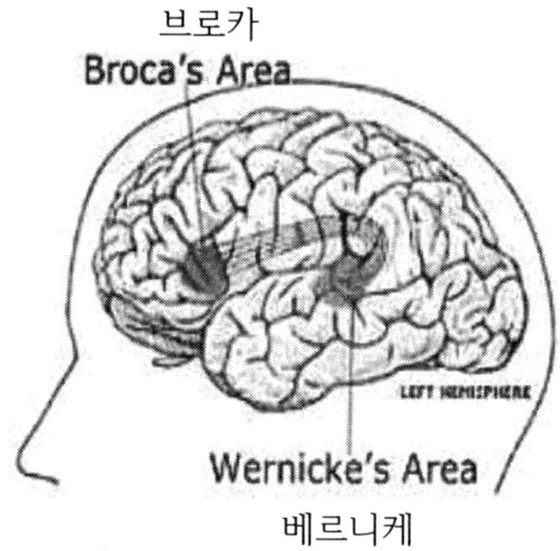

그림 6-2 브로카 영역과 베르니케 영역

출처: http://blog.daum.net/kidoctor/15964697

2. 언어 발달 이론

1) 행동주의 이론

행동주의 이론에서 보는 언어 발달은 학습 이론처럼 자극과 반응, 모방과 강화에 의한 후천적인 경험에 의해 발달한다고 본다. 또한 유아의 언어습득에서 내재적 과정이나 심리적 과정은 고려하지 않는다.

그러나 행동주의 이론은 현실적 상황에서 유아의 언어 발달에 대해 성인이 적절한 강화를 주지 못하는데도 유아가 문법적으로 맞는 말을 하는 것도 설명하지 못한다. 유아들이 자신의 환경에서 들어보지 못한 새로운 신조어를 만든다든지 '동생이가'와 같은 과규칙화 현상에 대해 충분한 근거를 제시하지 못한다. 이런 점에서 언어 발달에 대한 행동주의 이론은 지지를 받지 못하고 있다.

2) 생득주의

인간은 태어날 때부터 언어습득능력을 갖고 태어난다고 보는 입장이다. 생득주의의 대표적인 학자는 촘스키(Chomsky)로서 그에 의하면 인간은 태어날 때부터 두뇌에 언어를 습득할 수 있는 기제가 있다고 한다. 이 기제는 언어습득기제(LAD : Language Acquisition Device)이다. 언어습득기제는 언어의 보편적인 원리와 문법구조를 갖고 있어서 언어의 구조, 형태, 문법 등을 이해하고 어떤 언어도 쉽게 습득할 수 있게 한다.

촘스키가 주장하는 LAD는 다음과 같다(Chomsky, 1967).

(1) 모든 어린이가 가지고 있는 언어의 심층구조는 같으며 LAD가 이것을 표층구조로 변화시킨다.

(2) 어린이는 언어 입력의 양이나 질이 불충분함에도 불구하고 LAD 때문에 언어를 습득한다.

(3) 어린이는 지능과 상관없이 LAD에 의해 모국어를 습득한다.

(4) 조직적인 훈련 없이도 어떤 환경에 노출되는 성인보다 빠르게 언어를 습득하는 것도 이 LAD 때문이다.

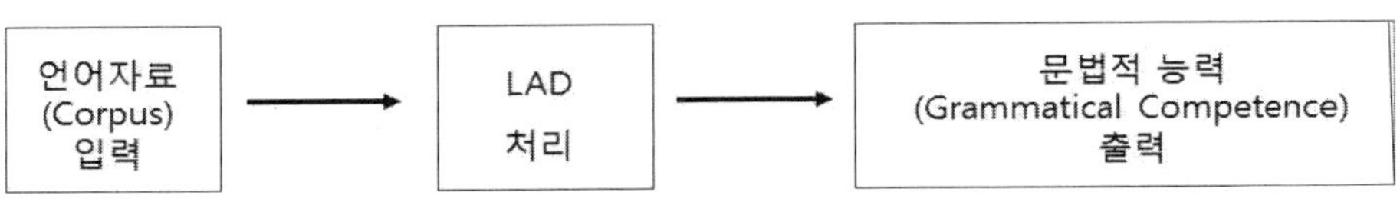

그림 6-3 언어습득기제

생득론자들의 이론은 언어의 내적 과정을 설명하고 언어의 구문적 구조를 설명하는 데 기여하였고 인간을 능동적 창조적 존재로 보았다. 그러나 언어습득기제가 생득적이고 습득과정에 대한 과학적 입증이 부족하여 언어 발달에 대해 충분한 근거를 설명하지는 못한다.

3) 인지 이론

인지 이론의 대표인 피아제에 의하면 언어 발달이 인지적 성숙의 결과에서 오는 여러 가지 능력중의 하나라는 것이다. 일반적 인지 발달과 같이 언어 발달도 인간이 환경과의 상호작용에 의해 이루어진다고 본다. 인지 발달에 의해 언어습득이 이루어지므로 언어는 인지 발달 수준에 국한한다고 본다.

만 3~5세 유아는 자기중심적 사고를 하는 인지적 단계이므로 언어도 자기중심적 언어를 사용한다. 이때 나타나는 혼잣말은 타인과의 의사소통을 하기 위한 것이 아니라 자기중심적 사고에 의해 나타나는 현상이다. 구체적 조작기에 이르면 인지적으로 자아중심성에서 벗어나 언어도 사회화된 언어로 변하게 된다.

4) 비고스키 이론

비고스키가 주장하는 사회문화적 인지 발달에서 언어는 주요한 도구가 된다. 언어는 사회문화적 세계와 개인의 사고를 연결시켜주는 매체가 되기 때문에 언어습득은 유아의 인지 발달에 중요하다. 비고스키(1962)는 사고의 도구인 언어에 따라 유아가 그 사회의 문화적 사고체계를 습득하게 된다고 한다. 사회적 언어를 통해 언어의 개념을 형성해 가고 언어가 세분화될수록 인지구조도 세분화되어 발달하게 된다.

언어와 사고는 초기에 분리되어 있다가 만 2세경부터 연합되는데, 언어가 발달하면 사고할 때 도구로 사용할 수 있기 때문에 사고 능력도 발달한다. 유아기에 다양한 경험을 하게 되면서 사회적 의사소통을 위한 외적인 말이 발달하기 시작한다.

비고스키 이론에서 인지적 발달이 발달근접지대, 비계 개념으로 설명되듯이 언어 발달에서도 유아의 언어 발달의 근접발달지대를 자극해 주는 것이 중요하며, 비계 역할을 할 수 있는 주변 또래나 성인의 역할이 중요하다.

성인과 유아의 대화 장면

3. 유아기 언어 발달

만 3세 전후로 유아들은 짧은 대화를 나눌 수 있으며, 대명사·조사·형용사·부사를 포함하는 복합문장을 사용할 수 있게 된다. 만 4, 5세가 되면 비교적 문법적으로 정확한 문장을 사용하며 대부분의 기본 언어규칙을 습득하여 여러 문장을 말할 수 있게 된다(이영자, 1994). 유아기에는 말하기, 듣기, 읽기, 쓰기가 복합적으로 발달한다.

1) 음성언어의 발달

(1) 문장 사용기

① 어휘의 발달

만 3세 유아의 어휘 수는 급격히 확장된다. 유아의 주변 환경과 상황에서 단어 의미를 아는 단서를 효율적으로 활용하는 인지능력과 연결이 되면서 발달하므로 언어의 확장이 가속된다. 우리나라를 비롯한 일본, 중국 등 아시아지역 유아들은 동사를 먼저 배우는 것으로 나타났다. 이것은 아시아지역 성인들이 보통명사인 명칭을 생략한 채 동사를 강조하는 표현을 자주 사용하는 특성 때문인 것으로 보인다. 어떤 낱말을 먼저 습득하는가는 개인차와 문화적인 차이의 영향으로 보인다(이민정 등, 2014).

유아들은 외설, 특히 배설물에 관련된 외설적인 말을 배우기 시작한다. 유아의 '나쁜 말'은 거의 신체 외부의 해부구조와 배설물에 관한 것이다. 성에 관한 어휘를 사용하기 시작하는 것은 아동기이다. 유아는 외설스런 표현들이 무엇을 의미하는지를 알지 못한다. 그러나 이것을 부모들에게 하면 부모가 놀란다는 것은 잘 알고 있다. 또 주위사람들이 흔히 하는 욕설을 하기도 하는데 부모들이 화를 내면 이것이 아동에게 그 말의 가치를 더해주게 되어 간헐적 강화의 역할을 하게 된다(이재연 편저, 1993).

표 6-2 유아의 연령별 단어 수

<table>
<tr><th rowspan="2">저자</th><th colspan="5">연령별 단어 수 발달</th></tr>
<tr><th>2세</th><th>3세</th><th>4세</th><th>5세</th><th>6세</th></tr>
<tr><td>곽노의, 김경철, 김유미, 박대근(2007)</td><td>200개</td><td>900개</td><td>1,400개</td><td>2,500개</td><td>10,000개</td></tr>
<tr><td>김나영, 이경열, 정욱호, 홍계옥(2005)</td><td colspan="2">200-300개</td><td></td><td>2,500개</td><td></td></tr>
<tr><td>박성연(2007)</td><td></td><td>900-1,000개</td><td>1,500-1,600개</td><td>2,100-2,200개</td><td>2,600개</td></tr>
<tr><td>이항재, 최민수(2004)</td><td></td><td>850-900개</td><td>1,200-2,000개</td><td>1,500개</td><td></td></tr>
<tr><td rowspan="3">최경숙, 박영아(2005)</td><td rowspan="3"></td><td colspan="2">900-1,200개</td><td></td><td></td></tr>
<tr><td></td><td colspan="2">1,500-2,000개</td><td></td></tr>
<tr><td></td><td></td><td colspan="2">2,000-2,500개</td></tr>
<tr><td>NAEYC(1997)</td><td></td><td>2,000-4,000개</td><td>4,000-6,000개</td><td>6,000-8,000개</td><td></td></tr>
</table>

출처: 윤진주(2007). 음성언어 중심의 유아 언어교육 프로그램 개발 및 적용 효과. 원광대학교 대학원 석사학위논문. p. 33 <표 Ⅱ-1> 인용

② 문법 배우기

3세경에는 세 단어 문장을 5세경에는 다섯 단어 문장을 사용하게 된다. 유아가 세 단어 이상의 문장을 사용하면서부터 유아의 말은 문법적 형태소(文法的 形態素) 발달로 인해 성인의 말과 흡사해진다. 문법적 형태소란 명사, 동사, 형용사의 내용어를 수식하는 형태소와 내용어의 관계를 외현적으로 분명하게 표현하는 형태소를 일컫는데 우리말의 형용사와 동사의 어미변화 그리고 명사에 뒤따르는 격조사 등이 그 예이다. 우리나라 어린이가 가장 일찍 습득하는 형태소는 호칭 어미(예 : 엄마야)와 문장어미(예 : 내꺼야, 이리 와라)로 이들 어미는 이어문 시기에 출현한다. 또한 공존격 조사(예 : 같이, 랑, 하고, 도)와 장소격 조사(예 : 한테, 앞에)도 비교적 일찍 획득되며 주격 조사 '가' '이'는 공존격 조사 출현 이후에 획득된다. 공간 개념을 나타내는 조사(에서, 서)도 많이 사용한다. 두 살에서 두 살 반경에 과거형, 미래형, 수동형 등이 나타나며, 이후 현재 진행형이 발달한다. 또한 자의부정('안' 해)이 먼저 나타나고, 이후 타의부정('못' 해)이 나타난다고 하였다(조명한, 1983).

어린이가 문법적 형태소를 획득하고 적용할 때 과잉일반화가 나타나는 경우가 많다. 즉, 유아들은 문법규칙을 따로 배우지 않아도 상황적 맥락 내에서 문법규칙을 내면화하여, 규칙을 설명하진 못하지만 규칙을 적용하는 말을 하게 되는데 성인과 비슷한 문법을 사용하게 되면서 문법 규칙을 확대 적용하는 오류를 범하게 되는 것이다.

과잉일반화의 예

동사의 오용 ; 나 먹어 했다(먹었다)
형용사 · 형용 동사의 오용 ; 무서워 없어(안 무서워)
부사의 오용 ; 더 몰라(아직 몰라)
조사의 오용 ; 학교는 가(학교에 가), 인형 가 · 인형이 가(인형이)
부정어의 오용 ; 안 안 친해('친해'의 부정은 '안 친해'로 이해하나 '안 친해'의 부정을 '안 안 친해'로 말하는 오류를 범함)
호칭어미의 오용 ; '엄마야', '이거야'(호칭이 필요 없는 어휘에도 이를 사용함)

③ 의문문과 부정문

유아들이 사용하는 의문문과 부정문은 일정한 패턴을 나타내기 시작한다. 예를 들면 유아들이 '왜'라는 단어를 사용하는데(누구야, 뭐야, 왜 등) 대체로 문장의 맨 앞에 넣어서 사용한다.

'왜'라는 의문사를 잘 사용하는 시기에는 두 단계가 있다. 제 1기는 만 2세 5개월경에서 3세까지인데, '왜 꺼(선풍기를 가리키며)?'와 같이 실제로 보거나 듣거나 할 수 있는 사실에 대한 원인이나 결과를 묻는 시기이다. 제 2기는 만 4세에서 6세까지 사이로서, 예컨대 '엄마는 왜 수염이 없어?', '아빠는 왜 아기를 못 낳아?'와 같은 직접 보거나 듣거나 하는 사실 이외에도, 다소 추상적인 생각의 원인이나 이유 등을 물어보는 시기이다(김재은, 1997).

④ 의사소통 능력의 발달

인간의 의사소통 능력은 언어를 사용할 수 있기 이전부터 발달한다. 언어 이전 단계의 영아의 중요한 의사소통 수단은 울음 · 미소 · 표정 · 몸짓 · 주시 등으로 이러한 의사소통 수단은 언어습득 후에 소멸되는 것이 아니라 신체언어로써 성인기까지 중요한 의사소통 수단으로 사용된다.

언어가 발달된다는 것은 언어구조에 관하여 잘 알게 되는 것뿐만 아니라 타인과의 관계 속에서 상호 소통하고, 다양한 상황에서 적절히 의사를 교환하며, 타인의 말을 이해하는 의사소통 능력도 발달되는 것을 의미한다. 피아제는 유아기 어린이들은 의사소통 능력이 발달되지 않아서 듣는 사람의 입장을 고려하지 않고 이야기하거나 혼자 이야기하는 자기중심적 언어(반복, 독백, 집단적 독백)를 주로 사용하며, 연령이 증가함에 따라 자기 중심언어가 사회적 언어로 발달함과 동시에 응답 · 독백의 소극적 언어가 질문·대화의 적극적 언어로 발달하게 된다.

의사소통을 위해서는 다음과 같은 능력이 필요하다(정정옥 등, 2003).

첫째, 상대방의 말을 경청하고 상대방의 말의 뜻을 이해하는 능력이다. 상대방의 말을 경청하고, 그 의미를 정확하게 이해하며, 내용의 모순을 찾아내는 능력은 의사소통의 기초가 된다.

둘째, 상대방의 나이, 성, 사회적 지위 또는 상황 조건에 맞추어 자신의 언어적 표현을 조정하는 능력이다. 2세 영아도 어머니에게 말할 때와 동생에게 말할 때 다른 표현을 사용하며, 또래 간에도 서로의 입장을 고려하면서 대화를 이끌어 나갈 수 있는 것으로 나타났다. 이러한 연구결과들은 유아가 자신의 관점에서만 이야기 할 뿐 상대방의 입장을 고려하는 능력이 결여되어 있다는 피아제의 자기중심적 언어에 대한 주장이 더 이상 지지되지 못함을 시사해주며, 대상과 상황에 맞게 의사소통을 해나가는 능력은 2세경부터 이미 발달됨을 보여주는 것이다.

셋째, 자신이 하는 말을 상대방이 이해하고 있는가의 여부를 상대방의 반응으로부터 감지하고 조정해나가는 능력, 즉 상위 의사소통(meta communication) 능력이 그것이다. 2세 유아도 대상과 상황에 맞추어 자신의 말을 조절하는 기본적인 기술을 갖고 있음에도 불구하고 학령 전 유아의 의사소통 능력은 결함이 많다.

언어적 상호작용의 발달을 시기별로 나누어 보면 다음과 같다(한은숙, 2002).

■ 18개월

성인과 상호작용하면서 성인과 동일한 응시패턴을 사용하기 시작한다.

예) 성인이 말할 때 쳐다보기

■ 2세

자신의 언어를 특정한 사람이나 상황에 수정하여 적용하여 쓸 수 있다.

■ 3세

사물을 나타내는 단어 사용이 증가한다.

■ 4세

다른 사람의 필요에 민감한 언어 패턴을 나타낸다. 4세를 기점으로 자기중심적 언어가 점차 감소하고 사회화된 언어가 보편적이 되면서 사회적 의도를 지닌 의사소통이 활발해지기 시작한다. 이러한 언어적 특성들이 나타나는 것은 유아들이 다른 사람은 나와 다른 필요와 관점을 가지고 있다는 사실을 이해함으로서 가능해지는 것이다. 그러므로 자기중심적 언어의 감소는 자기중심적 사고의 감소와 연관이 있고 다른 사람의 관점에 대한 조망능력의 향상과 연관된다. 유아의 자기중심적 언어의 감소는 또래와의 상호작용이 증가하는 것으로 나타나며 상대적으로 성인과의 직접적인 상호작용의 감소가 병행하여 나타난다.

■ 5~7세

유아와 성인 간의 대화의 양이 증가한다. 유아의 어휘 확대, 의사 소통기술의 향상, 자기중심성의 감소, 유아와 유아 간의 상호작용의 비율 증가, 학령 전기 후반에는 유아와 성인 간의 상호작용이 다소 감소하는 경향을 알 수 있다.

2) 문자언어의 발달

읽기, 쓰기는 문자를 읽고 이해할 수 있는 능력이 있어야 한다. 전통적으로 읽기, 쓰기에 관한 견해는 성숙으로서의 읽기 준비도와 경험의 산물로서의 읽기 준비도가 지배적이었다. 그러나 1980년대에 들어오면서 문자언어의 발달은 사회심리, 언어학적인 측면과 함께 나타나는 시점에 대한 관심이 대두되었다.

유아기 언어 발달은 듣기, 말하기 능력이 발달한 후 읽기, 쓰기 능력이 발달한다고 보는 것이 아니라 이 네 영역의 언어 능력이 동시에 발달하므로 유아가 준비될 때까지 기다리기보다는 아주 어릴 때부터 문자언어 환경에 접하도록 하여야 한다.

(1) 읽기 발달

읽기란 일정한 규칙에 따라 기록된 문자를 해독하는 활동으로 기록한 사람과 해독하는 사람 사이에 문자를 통한 의사소통이 이루어지는 것을 의미한다.

만 3~5세 유아의 읽기 발달은 유아의 주변 환경에 있는 언어적 기호를 인식함으로 시작될 수 있다. 과자 봉지에 있는 상표 이름, 거리에서 볼 수 있는 여러 가지 표시, 상점의 간판 등을 처음에는 상황을 통해 인식하게 되고 이러 경험이 쌓이면 글자 자체만을 보고도 읽을 수 있게 된다는 것이다.

Mason(1980)은 읽기에 관한 지식의 발달을 세 단계로 나누어 발달모델을 제안하였다.

- 1단계 : 인쇄 글자의 기능에 관한 지식(상황에 의존해서 글자를 인식하는 단계)
- 2단계 : 인쇄 글자의 형태에 관한 지식(글자와 각 글자의 이름을 짝 지울 수 있는 단계)
- 3단계 : 글자의 약정적 지식(여러 개의 단어를 읽고 해독할 수 있는 단계)

전반적으로 문자언어 습득은 유아가 인쇄글자 유형을 구별하고 인쇄 글자가 어떻게, 왜 사용되는가를 이해하기 시작하는 만 3세경에 시작한다. 만 4세가 되면 유아는 주변 환경의 인쇄글자를 읽기 시작하고 글자와 글자의 이름과 같은 인쇄글자의 그래픽 신호에 흥미를 갖게 된다. 5세 유아는 흔히 몇 가지를 읽을 수 있다(이영자, 1994).

(2) 쓰기 발달

유아의 쓰기 발달에 관한 대부분의 연구결과에 의하면, 쓰기 능력도 다른 능력과 마찬가지로 일정한 단계를 거쳐 점진적으로 발달된다.

슐쯔비(Sulzby, 1985)는 유아의 쓰기 발달을 다음의 6가지 범주로 나누어 설명하였다(이민정 등, 2004 재인용).

■ 범주 1 : 그림으로 쓰기(writing via drawing)

쓰기를 나타내기 위해 그림을 그리는 것으로 그림으로 쓰는 유아들은 자기가 그린 것을 읽을 때 실제 글자로 쓴 것처럼 그림을 읽는다.

■ 범주 2 : 긁적거리며 쓰기(writing via scribbling)

긁적거리기를 써놓고 무엇인가를 썼다고 얘기하는 경우이다. 긁적거리기이지만 왼쪽에서 오른쪽으로, 위에서 아래로 선을 옮겨가면서 적는 현상이 보인다. 원이나 가로 또는 세로의 선이 나타나기도 한다.

■ 범주 3 : 글자 비슷한 형태로 쓰기(writing via making letter like forms)

글자 모양과 비슷하기는 하나 표준 글자 형태는 아니다.

■ 범주 4 : 낱글자 연속해 늘어놓으며 쓰기(writing via letter strings)

글자의 순서를 바꾸기도 하고 길게 연결하여 낱글자를 쓰기도 한다. 이때는 자신의 이름 등에서 익힌 글자를 사용하기도 하나 뜻을 파악하기 힘들다.

■ 범주 5 : 창안적 쓰기(writing via invented spelling)

유아 나름대로 단어의 철자를 만들어 쓴다. 표준적인 글자 모양과는 조금 다르지만 비슷한 형태로 유아가 스스로 만든 창의적 글자이다.

■ 범주 6 : 표준철자법 쓰기(writing via conventional spelling)

어른들이 사용하는 형태로 쓰기를 한다.

우리나라 유아들을 대상으로 연구한 이영자 등(1985)의 쓰기 발달 단계는 다음과 같다.

■ 1단계 : 긁적거리기 단계

하위 1단계 : 글자의 형태는 나타나지 않았으나 세로선이 나타난 단계

하위 2단계 : 글자의 형태는 나타나지 않았으나 가로선이 나타난 단계

- 2단계 : 한두 개의 자형이 우연히 나타난 단계

- 3단계 : 자형이 의도적으로 한두 개 나타나는 단계

- 4단계 : 글자의 형태가 나타나는 단계

  하위 1단계 : 완전한 글자 형태가 나타났으나 획순이 틀린 단계

  하위 2단계 : 완전한 글자 형태가 나타나고 획순이 정확한 것

- 5단계 : 단어쓰기 단계

  하위 1단계 : 완전한 단어 형태가 나타났으나 획순이 틀린 단계

  하위 2단계 : 완전한 단어 형태가 나타나고 획순이 정확한 단계

- 6단계 : 문장쓰기 단계

  하위 1단계 : 문장의 형태가 나타났으나 부분적으로 틀리는 단계

  하위 2단계 : 틀린 글자 없이 완전한 문장 형태가 나타나는 단계

쓰기의 단계별 특성	
1단계 : 긁적거리기 단계 짧은 횡선 종선 찌그러진 동그라미 형태가 많이 나타남	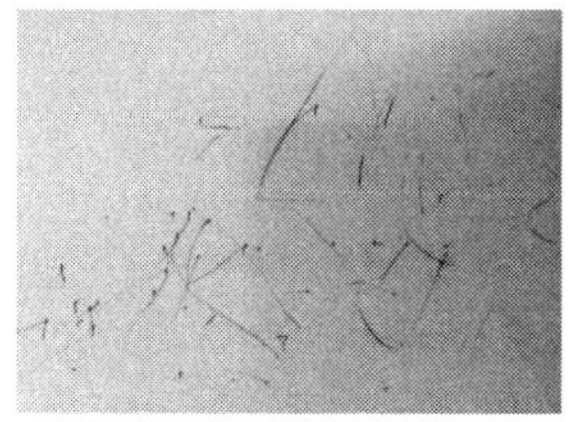
2단계 : 한 두 개의 자형이 우연히 나타나는 단계	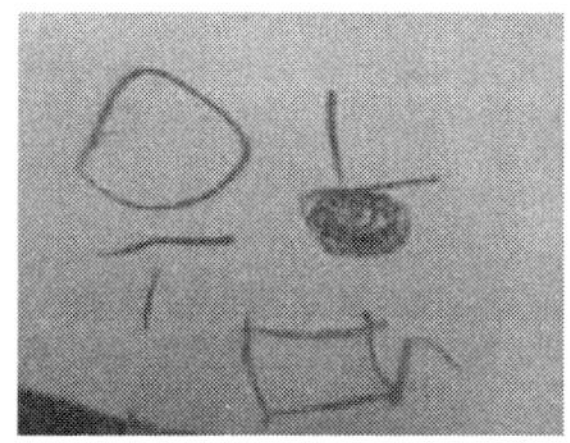
3단계 : 식별 가능한 글자가 나타나나 획이 생략 또는 첨가 되거나, 역전 현상을 보이는 단계	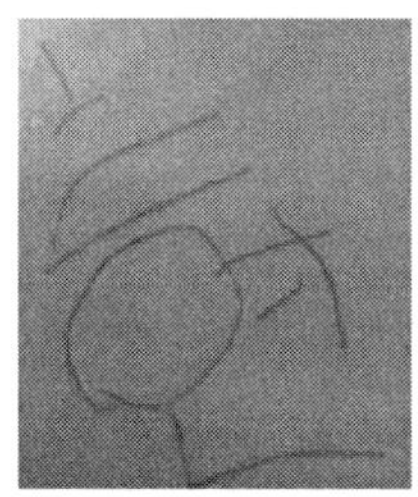
4단계 : 글자 형태는 갖추었으나 획순, 모양이 바르지 않은 단계	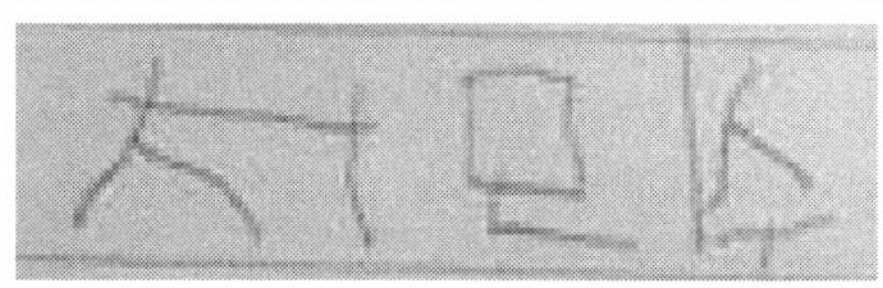
5단계 : 단어가 나타나는 단계획순 모양이 바른 글자가 나타나는 단계	
6단계 : 문장 쓰기 단계	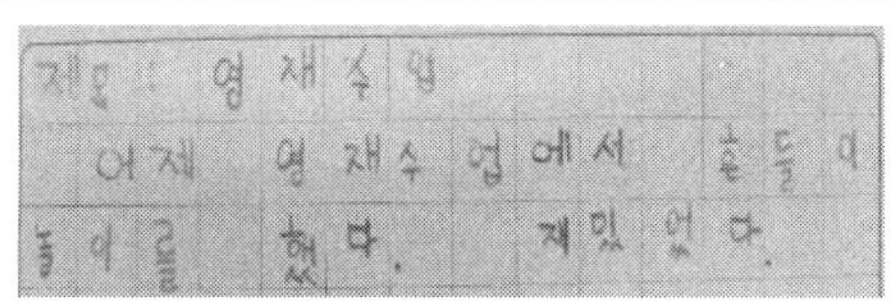

4. 언어 발달 지도

유아기 언어 발달 지도를 위해 듣기, 말하기, 읽기, 쓰기의 네 유형에 따라 살펴보기로 한다.

1) 듣기 발달을 위한 지도

(1) 유아의 발달 수준과 개인차를 고려한 듣기 지도를 한다.

① 유아의 인지나 언어 발달 수준에 적합하여 이해할 수 있는 내용과 말이어야 한다.

② 음성어와 의태어 등 재미있는 소리나 상상력을 일으킬 수 있는 내용으로 흥미를 준다.

③ 유아의 연령에 적합한 집중시간 동안 듣기를 한다.

④ 듣기에 집중할 수 있는 환경을 마련해 준다.

(2) 듣기 활동이 잘 이루어지고 있는지 확인하며 한다.

유아가 들을 때에 들은 내용에 대해 질문이나 느낌을 물어보고 어느 정도 이해하는지 살펴보며 중간에 흥미를 잃은 경우 너무 무리하게 진행하지 않도록 한다.

(3) 듣기의 효율성을 높이기 위해 매체를 활용한다.

듣기를 더 효과적으로 하기 위해 도움이 될 수 있는 그림책, 인형, 녹음기, 간단한 악기 등을 사용한다. 그러나 과도한 매체의 사용은 오히려 듣기를 방해할 수 있으므로 사용하기 전에 그 효과에 대해 충분히 생각한다.

(4) 부모나 교사의 경청하는 태도

① 부모나 교사가 먼저 유아의 말에 듣기를 잘하여 유아에게 모델이 되어야 한다.

② 눈을 마주보고 들으며, 내용에 대해 다시 말해주거나 들리지 않은 부분에 대해 다시 말해주도록 요청한다.

③ 말을 듣는 중에 끄덕거림, 몸짓 등으로 동조하거나 이해했다는 신호를 주면 더욱 효과적이다.

(5) 듣기에 편안하고 안정된 환경을 마련해준다.

심리적으로 물리적 환경적으로 듣기에 편안한 환경을 조성해준다. 유아가 말하는 성인에게 편안하게 기댈 수 있게 해주거나 쿠션이나 방석 같은 물건을 주어서 기댈 수 있게 하여 긴장을 풀고 들을 수 있게 해준다.

가정에서 저녁에 유아의 잠자리에서 부모가 들려주는 동화는 유아의 언어 발달뿐만 아니라 정서 발달에도 매우 좋은 영향을 준다.

2) 말하기 발달을 위한 지도

(1) 유아가 말하기에 부담을 갖지 않도록 허용적인 분위기를 제공한다.

(2) 말하기 발달을 도울 수 있는 매체를 마련해준다.

인형극 틀, 인형 등을 제공, 동극, 그림이나 사진 설명하기, 토론하기, 동시짓기 등으로 유아가 적극적으로 활동을 통해 말하기를 할 수 있도록 한다.

(3) 유아가 자신의 생각, 의견을 말로 정확하게 표현할 수 있도록 질문 등으로 적절한 자극을 준다.

(4) 부모나 교사 등 성인이 바른 발음, 어휘와 문장의 사용 등으로 본을 보인다.

3) 읽기 발달을 위한 지도

(1) 유아의 발달수준과 개인차를 고려한 읽기 지도를 한다.

유아의 발달수준에 맞는 흥미 있는 일기 자료를 마련해주어야 한다. 읽기 자료는 유아의 인지나 언어 발달 수준에 적합하여 이해할 수 있는 내용이어야 하며 특히 그림동화책의 경우 그림과 문장의 비율, 그림의 색깔과 형태 등이 유아의 흥미와 발달에 적합한 것이어야 한다.

(2) 유아 주변의 글자들을 이용한 읽기 경험을 한다.

생활 주변에 있는 과자에 인쇄된 글자, 간판의 글자, 상표 등은 유아의 흥미 있는 읽기 자료가 되므로 생활 속에서 자연스럽게 읽기 활동을 하도록 한다.

(3) 읽기와 관련된 게임, 음률, 손유희 등 통합적 활동을 한다.

다른 활동이나 영역과의 통합 활동을 통해 다른 언어 영역과 관련성을 이해하며 또한 읽기와 관련된 소리, 음운 등을 경험하여 읽기의 도움을 받게 한다.

(4) 유아의 읽기 활동에 부모나 교사가 격려하고 칭찬한다.

유치원의 읽기영역

4) 쓰기 발달을 위한 지도

(1) 유아들이 쓰기활동을 하도록 자연스럽게 유도한다.

쓰기활동에는 그리기, 모양 변별, 소근육 협응 능력 등 발달적으로 준비되어야 한다. 글자를 쓰기 이전에 그리기를 비롯한 사전 활동을 많이 하도록 격려한다.

유아가 글자를 쓰기 원할 때 써보도록 격려해준다. 그러나 쓰기는 언어의 네 가지 영역들 중에서 가장 늦게 발달되므로 강요해서는 안 된다.

(2) 유아들이 쓰기활동에 필요한 자료를 쉽게 사용할 수 있는 환경을 제공한다.

종이, 색연필, 연필, 크레파스, 물감 및 도구들 등 유아들이 생활하는 공간에 언제든지 쓰기와 관련된 활동을 할 수 있도록 마련해준다. 쓰기활동 결과물을 소중히 여기며 활동에 대한 격려와 칭찬을 해준다.

유치원의 쓰기영역

7장 정서 발달

1. 인간의 정서

인간에게 정서란 자신의 안정된 생활과 행복에 영향을 주는 것으로 생활 속의 다른 사람 또는 사물과의 상황 또는 관계에서 일어나는 느낌이나 감정을 말한다. 감정은 대부분 생활에서 관계하는 사람들과의 의사소통에서 나타낸다.

인간의 정서에 대한 정의는 수없이 많지만 가장 많이 인용되는 정의로 플루치크(Plutchik)와 쉬어러(Scherer)의 정의를 들 수 있다. 플루치크는 정서란 인지적 승인, 표현적 운동행동, 주관적 경험과 감정, 심리적 논리적 승인과 목표를 포함한 돌출 자극에 대한 반응이라고 하였다. 쉬어러는 정서란 몇 가지 구성요소 즉, 신경심리학적 활성, 운동 표현, 주관적 감정이 서로 상호작용하여 변화를 일으키는 작은 에피소드라고 하였다(신의진, 2006).

인간의 성장 발달 면에서 보면 영아기는 자신의 의사를 정서적 표현으로 나타낸다. 배고픈 영아는 부모를 비롯한 양육자에게 배고프니 젖을 달라는 의사표현으로 불쾌한 정서를 울음으로 나타낸다. 유아기가 되면 정서는 단순한 의사소통 그 이상의 많은 것을 포함한다.

결국 정서란 한마디로 정의하기는 어렵지만 개인이 그때그때 자신이 처한 상황에 대한 자신의 주관적 표현인데 이러한 표현을 나타내기까지 개인 내부의 여러 가지 요소 즉 인지적, 신체적, 심리적 요인들의 복합적인 결정에 의한 것이라고 할 수 있다.

2. 유아기 정서 발달

1) 기본 정서

기본 정서는 태어날 때부터 존재하거나 생애 첫 해에 등장하는 정서를 말한다. 왓슨(1927)은 인간의 기본 정서를 공포, 분노, 사랑의 세 가지로 분류하였고, 콜(Cole,1986)은 첫째, 욕구 좌절상태에서 일어나는 분노와 질투 같은 공격적 정서 둘째, 욕구가 위기상태에 직면했을 때 나타나는 공포, 수치, 슬픔 등과 같은 방어정서 셋째, 욕구가 실현상태에 이르렀을 때 나타나는 애정, 쾌락과 같은 환희 정서로 구분하였다. 헐록(Hurlock, 1981)은 유아들에게서 공포, 노여움, 질투, 애정, 기쁨, 호기심의 여섯 가지가 공통적으로 나타나는 정서라고 하였다. 브리지스(Bridges, 1930)는 출생 시의 흥분 상태에서 생후 3개월까지는 쾌·불쾌의 정서로 분화되고, 6개월 이전에는 불쾌의 정서는 분노, 혐오, 공포로 분화되고, 12개월이 지나면 쾌의 정서에서 애정과 득의(得意)로, 18개월이 되면 불쾌의 정서에서 질투가, 24개월이 되면서 쾌의 정서에서 기쁨이 분화된다. 5세가 되면 성인의 정서 내용과 거의 동일한 분화와 발달을 한다.

정서는 여러 가지로 나눌 수 있지만 크게 긍정적 정서와 부정적 정서로 분류할 수 있다. 긍정적 정서는 기쁨, 사랑, 열정 등이며, 부정적 정서는 불안, 분노, 죄책감, 슬픔 등이다.

(1) 긍정적 정서

① 기쁨

기쁨은 즐거움, 행복을 포함하는 정서로서 미소와 웃음으로 표출된다. 기쁨은 유아의 신체적 건강과 안락한 환경이 우선될 때 나타난다. 간지럼과 같은 자극적 행동, 신체적 활동, 부모를 비롯한 성인의 칭찬, 목적의 성취를 통해서 기쁨을 느끼게 된다. 건강한 유아일수록 기쁨의 표현이 명확하고 빈번하다. 기쁨의 정서는 인격의 형성과 사회적 인간관계에 중요한 영향요인이 된다.

② 애정

애정은 유아가 주변의 사람, 동물, 사물에 대한 친밀감, 관심, 동정 등을 느끼는 정서이다. 유아는 신체적 자극으로 인한 즐거움, 가족과의 따뜻한 관계, 만족을 주는 사람이나 사물에서 애정을 느낀다.

(2) 부정적 정서

① 불안

불안은 막연한 위기의식이 지속되면서 느끼게 되는 고통스런 불쾌한 정서이다. 불안은 초조, 우울, 긴장, 압박감을 동반한다. 불안과 공포의 차이점은 공포는 뚜렷한 대상이 없이 막연하며 주관적이다. 불안의 원인으로는 부모의 지나친 기대, 부적응, 신체허약, 바람직하지 못한 상상 등을 들 수 있다.

불안은 공포와 더불어 이상행동, 부적응을 초래한다. 건강하게 성장하기 위해서 불안의 원인을 제거시키고 지나친 정신적 스트레스를 받지 않도록 해야 한다. 충분한 휴식과 수면을 취하게 하고 무엇보다도 부모의 사랑을 받게 하여 자신감을 갖게 하는 것이 좋다.

② 분노

분노는 자기주장을 위한 반응의 양식으로 분노를 일으키는 요인으로는 욕구추구의 저지, 신체활동의 억제, 부모의 무관심이나 편애, 소유물의 상실 등을 들 수 있다.

분노는 치고 때리고 던지는 등의 공격적 행동을 나타내거나 아니면 반대로 심신의 위축이나 자해를 초래한다. 분노의 표출이 잦으면 습관화되기 쉽다. 따라서 분노를 유발시키는 요인을 제거시키고 분노를 해소할 수 있는 올바른 방법을 찾아낼 수 있도록 지도해야 한다. 부모를 비롯한 성인은 유아의 분노가 일어나지 않도록 환경조성을 잘 해주며 또 올바른 정서 표출의 모범을 보여주어야 한다.

③ 공포

공포는 어떤 위험한 사태를 처리하지 못하고 위기를 느낄 때 일어나는 정서이다. 공포를 일으키는 원인은 어두움, 큰 소리, 낯선 사람이나 사물, 신체적 충격이나 고통 등이다. 공포를 느끼면 유아들은 울거나 얼굴을 가리거나, 공포를 일으키는 대상으로부터 멀리 도망가는 행동을 한다. 이러한 공포는 주위 사람들의 암시에 의해 강화되기도 하며 약화되기도 한다. 공포를 지속적으로 느끼거나 빈번하게 느끼게 되면 유아의 정신생활에 지장을 주게 된다.

공포를 제거하기 위한 방법은 먼저 자신에 대한 자신감과 공포의 대상이나 장면을 회피하기보다는 공포를 느끼게 되는 이유나 정도를 살펴보고 원인에 대한 이해와 올바른 적응을 하도록 하는 것이 도움이 된다.

2) 복합 정서

생후 만 2세가 되면 당혹감, 수치심, 죄책감, 자부심과 같은 복합 정서가 나타난다. 이런 감정들은 어느 정도 자기 인식을 할 수 있을 때 나타난다. 자신에 대한 의식이 어떠한지 또는 자기가 한 말과 행동에 대한 평가가 어떤지에 따라 정서의 상태가 달라진다. 복합 정서에는 자기 인식에 대한 손상이나 증진이 포함되기 때문에 자기 의식적 정서라고 한다.

(1) 긍정적 정서

① 자부심

유아들은 생활 중의 많은 과제를 수행한다. 과제를 성공적으로 수행했다고 자신이 느낄 때 자신에 대해 자부심을 가지게 된다. 유아는 자부심을 가질 때 만족해하는 표정을 짓거나 미소하거나 스스로 박수를 치며 자신을 격려하고 칭찬하는 행동을 한다. 이러한 자부심의 정서는 자아에 대한 매우 긍정적인 평가를 스스로 내린 것에서 오는 긍정적 정서라고 할 수 있다.

블록 구성물에 성취감을 느끼며 자랑하는 모습

② 성취감

유아는 자신이 목표로 정한 바를 이루기 위해 또는 주어진 과업을 성공적으로 수행하기 위해 많은 노력을 한다. 이때 노력의 결과로 목표에 도달했거나 과업을 끝내었을 때 노력에 대한 성취감을 느낀다. 이러한 성취감은 자아에 대한 것에서 오지만 다른 사람의 평가에 의해 고무될 수 있다. 성취감의 계속적인 경험은 유아로 하여금 새로운 시도를 하는데 적극적이 되게 하며 설혹 실패한다고 하더라도 계속적인 노력을 하게 한다.

(2) 부정적 정서

① 수치심

유아들이 생활 속에서 소변 실수를 할 때 수치심을 보인다. 소변 실수를 했다는 것은 자신이 완전하게 수행해야 할 발달과제를 하지 못하였음을 스스로 알고 과제 수행을 못한 자신의 능력이나 행동에 대해 다른 유아나 사람들을 의식하고 느끼는 부정적 정서라고 할 수 있다. 또 자신의 행동이나 수행한 과제에 대해 요구받은 기준에 미치지 못하였다든지 또는 다른 유아들과 비교를 하여 낮은 평가를 받았을 때 즉, 자신이 원하는 만큼 칭찬 등 좋은 평가를 받지 못하였다고 느낄 때 수치심을 가질 수 있다. 유아교육기관에서 유아들이 교사의 질문을 답하겠다고 손을 들었으나 대답을 하지 못할 때 유아들은 자기 머리를 만진다든지, 몸을 꼬꼬 서 있는 다든지 하는 것은 수치심을 느껴 하는 행동이라고 볼 수 있다.

② 죄책감

죄책감은 유아들이 하는 행동 등이 외적인 규칙이나 규정을 지키지 못하여 그에 대한 평가를 받거나 제제를 받게 되었을 때 나타날 수 있는 부정적 감정이다. 수치심이 자기 스스로에 대한 감정적 평가라면 죄책감은 수치심과 달리 자신과 다른 사람과의 관계에서 발생하는 감정이라고 할 수 있다. 보통 가정에서 부모나 유아교육기관에서 교사가 유아에게 제시하거나 합의하여 약속한 약속을 지키지 못한 경우에 대해 유아에게 그 책임을 물을 때 유아들은 죄책감을 느낀다. 죄책감을 느낀 유아들은 보통 고개를 숙이고 눈을 마주치지 않으려하고 그 장면을 회피하려고 한다.

3) 정서지능

(1) 정서지능의 개념

정서지능이란 용어를 처음 사용한 사람은 샐로비(Salovey)와 메이어(Mayer, 1990)이다. 샐로비와 메이어는 정서지능을 사회지능의 하위 세트로 보고, 정서지능이란 자신과 타인의 정서를 평가하고 표현할 줄 아는 능력, 자신과 타인의 정서를 효과적으로 조절할 줄 아는 능력, 그리고 자신의 삶을 계획하고 성취하기 위해서 정서를 이용하여 활용할 줄 아는 능력이라고 정의하였다. 이들은 정서지능이란 자신과 타인의 정서를 점검하고, 그것들의 차이를 변별하며, 생각하고 행동하는데 이런 정보를 이용할 줄 아는 능력이라고 제시하고 있다.

샐로비와 메이어가 정서지능에 관해 이야기하기 이전에도 많은 학자들이 정서지능과 비슷한 개념을 이야기하였다. 가드너(Gardner, 1983)는 인생에서의 성공에 결정적 영향을 주는 단일 종류의 지능이 존재하는 것이 아니며 지능에는 보다 광범위한 능력들이 포함되어야 한다는 다중지능이론을 주장하였다. 즉 지능은 언어지능, 논리-수학적 지능, 신체운동지능, 공간지능, 음악지능, 개인지능으로 구분된다. 개인지능은 다시 남을 이끌어가는 지도성, 우정을 나누고 유지하는 인간관계 능력, 갈등이나 분쟁을 해결하는 능력을 포함하는 개인 간 지능과 자신의 정서 상태나 동기와 같은 마음의 내면을 살필 수 있는 능력을 포함하는 개인 내 지능으로 구분되는데 이 개인 간 지능이나 개인 내 지능이 정서지능과 유사한 개념이라고 할 수 있다.

스텐버그(Sternberg, 1986)도 성공지능이란 개념을 제안함으로써 정서지능의 중요성을 학문적으로 뒷받침하고 있다. 그는 지능을 분석적 지능, 창의적 지능, 실천적 지능으로 구분하였다. 분석적 지능이란 익숙한 문제를 풀 때 문제의 구성요인들을 분석, 비교, 평가하는 능력이다. 창의적 지능이란 새로운 문제를 풀기 위해 자신의 내적 역량을 발휘하고 다루면서 창조하고 발명하여 설계하는 능력이다. 실천적 지능이란 외부 세계를 다루면서 우리가 알고 있는 지식, 정보, 경험을 응용하며 수행하는 능력이다.

(2) 구성요소

메이어와 샐로비는 정서지능에서 사고와 지적능력의 중요성을 강조해서 '정서의 사고 촉진 영역'이나 '정서적 지식의 활용' 영역을 추가한 새로운 모형을 제시하였다(표 7-1참조). 이 모형에서 정서지능의 구성요소를 능력 수준이 다른 4영역으로 구분하고 각 영역을 발달 정도에 따라 다른 4수준, 총 16요소로 구분하였다. 가장 단순한 단계의 능력이 정서의 인식과 표현 영역이며, 가장 높은 단계의 능력은 정서의 의식적, 반영적 조절이다.

표 7-1 정서지능 모형

영 역	수 준
영역 I 정서의 인식과 표현	수준 1 : 자신의 정서를 정확하게 인식하기 수준 2 : 타인의 정서를 이해하기 수준 3 : 정서를 정확히 표현하고 그 정서와 관련된 욕구를 표현하기 수준 4 : 표현된 정서를 구별하기
영역 II 정서에 의한 사고 촉진	수준 1 : 정서를 사용하여 중요한 정보에 주의집중 함으로써 사고의 우선순위 결정하기 수준 2 : 생생한 정보를 불러일으킴으로써 관련된 판단이나 기억하기 수준 3 : 정서와 사고에 도움을 줄 수 있도록 정서를 보다 효율적으로 활용하기 수준 4 : 정서 상태에 따라 다른 문제해결 접근하기
영역 III 정서적 지식의 활용	수준 1 : 정서 간의 관계를 이해하고 명명하기 수준 2 : 정서가 전달하는 의미를 이해하기 수준 3 : 복잡하고 복합적인 정서를 이해하여 활용하기 수준 4 : 정서의 전환에 대한 변화 양상 추론하기

영역IV 정서의 반영적 조절	수준 1 : 정서에 대해 개방적으로 수용하기 수준 2 : 정서의 유익성과 실용성을 반영하여 그 정서를 지속시키거나 그 정서에서 벗어나기 수준 3 : 자신과 타인의 관계 속에서 정서를 반영적으로 조절하기 수준 4 : 정서가 전달하는 정보를 축소, 과장, 왜곡하지 않고 자신과 타인에 대한 정서를 관리, 조절하기

(3) 정서지능 향상 활동

유아들의 생활 속에서 이루어지는 모든 활동을 통해 정서지능 향상을 촉진할 수 있다. 가정과 유아교육기관에서 할 수 있는 몇 가지 활동을 제시하고자 한다.

① 동화책 읽어주기

유아들이 읽는 그림동화책에는 다양한 감정을 표현하는 주인공들이 나온다. 또한 동화책의 줄거리가 변하면서 주인공들의 감정도 변화되는 것이 나타난다. 동화책을 읽거나 들으면서 유아들은 기쁨, 슬픔, 두려움, 행복 등 여러 가지 감정에 대한 소개와 그에 따른 말과 행동을 인식하며, 상황에 따라 기쁨이 슬픔으로 변하기도 하고 두려움이 대담함의 감정으로 변화되는 것에 대해서도 인식하게 된다. 이러한 경험을 통해 유아는 자신과 다른 사람의 감정에 대해 생각하는 기회를 가지며 감정에 어떻게 대처하는지를 알게 해준다.

② 동시・동극・인형극

동시는 아름다운 언어의 표현이며 감정의 중심을 언어로 표현한 것이다. 동시를 짓거나 읽는 활동을 통해 사물이나 사람에 대한 자신의 감정을 표현할 수 있으며 또 언어적으로 표현된 감정을 느껴볼 수 있어 감정의 풍부함을 더해준다.

동극은 동화 속에 나오는 주인공과 동화내용을 알아보고 등장인물의 입장이 되어 생각해보고, 다른 친구들과 협력하여 동극이나 인형극에 사용할 대본이나 도구를 준비하고, 자신이 작품 속에서 느꼈던 정서를 다른 사람들과 공유하기 위해서 자신의 정서를 표현하도록 돕는다.

인형극은 특히 수줍음이 많은 유아에게 자기 감정적 표현을 잘 할 수 있게 해준다. 인형이 매개가 되어 주기 때문에 유아는 자신이 직접 나타나지 않는다고 생각하여 정서표현에 두려움을 느끼지 않게 된다. 인형극은 꼭 이야기 줄거리가 있지 않아도 되며 자신의 감정을 잠시 표출하는데 유리한 활동이다.

동극 활동

인형극 놀이

③ 미술활동

유아들이 자신의 감정을 여러 가지 재료를 사용하여 작품을 만드는 미술활동은 유아의 억압된 감정을 분출하거나 감정을 여러 가지 재료를 통해 표현하게 하는 좋은 정서 활동이다. 예를 들어 유아가 크레파스를 사용하여 종이에 그리기를 할 때 유아가 선택한 색깔이나 크레파스를 잡고 칠하는 선의 모양에 따라 그림을 그리는 유아의 감정을 알 수도 있다. 미술활동에는 유아의 정서적 분출을 돕는 여러 가지 활동들이 있다. 풀 그림, 점토활동 등은 유아의 감정을 분출하고 긴장을 풀어주며 즐거움을 더할 수 있다. 미술활동은 감정의 표현 이외에도 미술 작품에 몰입하면서 점차 자신의 정서가 안정되고 정화되는 정서의 전환과 변화도 경험하게 할 수 있으며 다른 사람의 작품 감상 활동을 통해 심미감 등 아름다운 정서를 기를 수도 있다.

④ 음률활동

악기 연주나 음악 감상 등은 음악이 갖고 있는 아름다움을 느낄 수 있도록 한다. 음악에 맞추어 자신의 신체를 표현하는 신체표현활동은 신체와 감정의 연합을 이루어 즐거움, 슬픔, 기쁨, 긴장 등의 다양한 감정을 느끼게 해주며 또 표출할 수 있게 해준다.

⑥ 체험활동

체험활동은 가정과 유아교육기관이라는 정해진 환경을 벗어나 좀 더 자유롭고 다양한 환경에서 다양한 경험을 할 수 있게 해준다. 일상생활과 다른 좀 더 색다른 환경에서 체험하는 것은 유아로 하여금 기대감, 모험심, 두려움, 기쁨 등 다양한 감정을 느끼게 한다. 유아기에 발달에 적합한 다양한 체험활동은 여러 가지 감정을 느껴 볼 수 있는 좋은 활동이다.

체험활동 장면

4) 정서적 유능성

정서적 유능성(emotional competence)은 유능한 정서적 표현성, 유능한 정서 지식, 유능한 정서 조절로 구성되어 있으며, 정서적 유능성은 유아들이 사회적 맥락에서 발달할 수 있는 수많은 기술들이 포함되어 있다. 정서적 유능성을 구성하고 있는 세 가지 요소에 대해 설명하면 다음과 같다(Shaffer & Kipp, 2014).

① 유능한 정서적 표현성 : 보다 긍정적인 정서를 빈번하게 표현하고 부정적 정서를 상대적으로 덜 빈번하게 표출하는 능력
② 유능한 정서 지식 : 타인의 감정과 그런 감정들을 일으키는 요인들을 정확하게 확인하는 능력
③ 유능한 정서 조절 : 성공적으로 자신의 목표를 이루기 위해 정서적 각성의 경험과 표현을 적절한 수준의 강도로 조절하는 능력

유아가 다양한 맥락에서 정서 유능성 기술을 습득하면 자신의 정서를 더 효과적으로 다룰 수 있게 된다. 스트레스를 많이 받는 상황에 접하더라도 탄력적으로 생각하고 회복력이 좋아 보다 긍정적인 관계로 발전시켜나갈 수 있게 된다.

정서적 유능성 기술	예
자신의 정서적 상태 인식	슬픔 또는 분노를 구분할 수 있다.
다른 사람의 정서를 잘 알아내기	다른 사람이 두려워하는 것처럼 보이는 듯해도 사실은 두려움이 아니라 슬픔이라는 것을 이해한다.
정서에 관련된 용어를 사회적으로 문화적으로 적절하게 사용하기	우울감을 느낄 때 그 문화에 따른 사회적 상황을 적절하게 표현한다.

다른 사람의 정서적 경험에 대해 민감하게 동조하거나 감정이입하기	다른 사람이 우울해 있는 것을 민감하게 안다.
내적 정서적 상태가 외부적 표현과 일치하지 않음을 인식하기	화가 나도 자신의 정서를 잘 조절할 수 있으면 화가 덜 난 것으로 나타날 수 있다는 것을 안다.
부정적 정서를 자기조절 전략에 의해 그 강도나 빈도를 적절하게 조정할 수 있기	부정적 정서를 일으키는 상황에서 벗어나거나 반대로 긍정적 감정을 일으킬 수 있는 활동에 참여한다.
감정 표현이 관계형성을 하는데 주된 역할을 하는 것 인식하기	친구에게 화를 내는 것은 우정에 금을 가게 한다는 것을 안다.
자신의 정서 양식에 따라 느끼는 정서를 통해 전체적인 자신을 조망하기	자기감정을 잘 아는 것은 생활에서 오는 스트레스를 효과적으로 처리해준다는 것 안다.

그림 7-1 정서 유능성 기술

출처; Santrock(2014). p. 284 인용

3. 정서 발달 지도

1) 유아에 대한 측면

(1) 유아의 신체적 지도

유아는 신체적으로 건강할 때 긍정적 정서를 느끼고 강화를 받는다. 그러나 신체가 허약할 경우 부정적 정서를 느끼고 부정적 강화를 받게 된다. 건강한 신체를 가질 수 있도록 영양 있는 음식 섭취, 충분한 수면, 활발한 운동 활동을 할 수 있도록 도와야 한다.

(2) 유아의 사회적 관계 지도

정서는 개인 내부에서 발생하여 외적인 사회관계 속에서 점점 다양해진다. 정서가 다양하게 발달될 때 적절한 정서적 인지, 표출, 조절이 이루어질 수 있도록 상황에 따른 지도를 사회적 맥락 속에서 해야 효과적이다. 특히 유아기는 또래와의 관계가 형성되는 중요한 시기이다. 또래와의 관계에서 정서 발달이 잘 이루어질 수 있도록 관심을 갖고 유아를 지도해야 한다.

2) 부모의 태도

(1) 유아 정서에 대한 부모역할 인식

유아의 정서 발달에 주는 부모의 영향은 매우 크다. 부모는 유아가 정서를 조절하도록 도와주는 중요한 역할을 할 수 있다. 부모가 유아와 이야기하는 방식에 따라 유아의 정서 지도가 긍정적 효과를 볼 수도 있고 유아의 정서가 무시되기도 한다.

① 유아의 정서를 가르치고 지도하는 부모

유아의 정서를 점검하고 유아의 부정적 정서를 부모가 지도할 수 있는 기회로 여기고 유아가 자신의 정서를 조절하고 다스리는 것을 도우며 효과적으로 표현하도록 그 방법을 가르치는 등 도움을 준다. 유아와 상호작용하고, 칭찬하고 양육적인 태도를 보인다.

② 유아의 정서를 무시하고 묵살하는 부모

유아의 부정적 정서를 변하도록 돕는 것이 부모의 역할이라고 생각하지 않는다.

(2) 유아 정서적 특징 이해

유아기 정서의 특징을 이해할 때 효과적인 도움을 줄 수 있다. 일반적으로 유아의 정서표현은 격렬하고 강하며, 일시적이고, 유동적이다. 그러므로 유아가 어떤 정서적 표현을 했을 때 그 상황을 잘 파악하여 지도할 필요가 있다.

예를 들어 유아가 공포심을 나타낼 때 그 공포의 원인에 따라 다르게 지도해야 한다. 귀신, 괴물, 어둠에 대해 공포감을 갖는 유아는 책이나 TV에서 공포이야기에 노출되는 것을 줄이고 유아의 방을 조사하여 유아에게 방에 괴물이나 귀신이 없음을 확인시키고 유아가 잠들 때까지 옆에서 지켜주며 밤에 전등을 켜두고 좋아하는 인형을 안겨준다. 격리로 인한 공포 일 때는 따뜻하고 친절하게 유아가 독립심을 갖도록 도와준다. 때로는 공포의 원인이 동물, 교사, 또래, 여러 명이 모여 있는 상태, 소음이 나는 환경일 수 있다. 공포의 원인이 무엇인지 알아내어 조치를 취한다. 동물에 대한 공포심을 가진 유아라면 억지로 개나 고양이 같은 동물에 가까이 하도록 강요해서는 안 된다. 유아가 스스로 마음 내킬 때 접근하게 한다. 그리고 동물을 잡고 쓰다듬어 주는 방법을 시범으로 보여주고 동물을 친절하게 다루는 것을 보여주고 동물이 친밀하게 반응하는 것을 보여준다.

3) 유아교사의 역할

유아들이 유아교육기관에서 또래들과 교사를 비롯한 성인들과 사회적 관계를 형성하며 정서를 발달시킨다. 유아들이 나타내는 정서에 적절한 반응으로 그들의 발달을 돕기 위해 교사를 비롯한 성인은 필요한 기술을 습득하고 활용할 수 있어야 한다. 다음은 아동의 정서 발달을 도와주는 기술을 정리한 것이다(Kostelnik, Whiren, Soderman & Gregory, 2009).

(1) 정서적 반영 사용하기

- 말하기 전에 유아를 주의 깊게 관찰한다.
- 유아가 보이는 여러 가지 정서에 민감하게 반응한다.
- 유아가 경험하는 정서를 무비판적으로 평가한다.
- 관찰한 정서를 유아에게 이야기할 때는 짧은 문장으로 말한다.
- 다양한 감정 단어를 사용한다.
- 유아의 정서를 받아들일 수 없더라도 이해한다.
- 부적절한 반영은 수정한다.

(2) 정서적 반영에 대한 일반적인 의문사항

- 정서를 반영하면 유아가 수정할까?
- 유아가 알고 있는지 확실하지 않은 감정과 관련된 어휘는 어떻게 소개해야 할까?
- 유아의 감정을 직접적으로 물어보지 않고 정서적 반영을 하는 이유는 무엇일까?
- 정서적 반영을 한 후에도 유아가 여전히 말하지 않는다면 어떻게 해야 하는가?
- 유아가 어떻게 느끼고 있는지 알 수 없다면 어떻게 해야 하는가?

(3) 정서이해 및 정서에 관한 의사소통기술 향상시키기

- 정서에 관한 토론을 진행하기 위해 이야기, 책, 노래를 이용한다.
- 교사 자신의 감정에 관해 말하면서 시범을 보여준다.
- 유아가 타인에게 언제 자신의 정서를 말해야 하는지 알 수 있도록 도와준다.
- 유아가 자신의 정서에 대하여 말할 수 있도록 다양한 각본을 제시해 준다.

- 행동 단서를 통해서 타인의 정서를 이해할 수 있도록 돕는다.
- 타인의 정서를 유발하는 상황 단서에 주의를 기울이도록 한다.
- 유아가 혼합된 정서를 구분하도록 도와준다.
- 정서에 관해서 남아, 여아 모두와 이야기를 나눈다.
- 유아와 가족이 표현하는 정서표현의 문화적 차이에 대해 알려고 노력한다.

(4) 강렬한 정서에 대처하도록 도와주기

- 유아의 강렬한 정서는 인정하지만 파괴적인 행동은 못하게 한다.
- 슬퍼하거나 두려워하는 유아는 위로해 준다.
- 유아가 강렬한 정서를 더 잘 조절할 수 있도록 사건을 다시 해석해 준다.
- 새로운 상황에서 유아는 불안하여 강렬한 반응을 할 수 있음을 예상한다.
- 유아가 두려워하는 상황에 서서히 점차적으로 접근하도록 한다.
- 유아가 사용할 수 있는 정서조절전략을 가르쳐준다.
- 유아에게 긍정적인 정서인 기쁨, 행복감, 유머를 표현할 기회를 많이 제공한다.

(5) 가족과 정서에 관해 의사소통하기

- 유아가 유아교육기관에서 보이는 정서에 대해 부모에게 알려준다.
- 부모에게서 유아의 가정 내 정서생활에 대한 정보를 얻는다.
- 부모가 유아의 전형적인 정서 발달을 잘 이해할 수 있도록 도와준다.
- 부모가 표현하는 정서에 주의를 기울인다.
- 부모의 정서가 교사를 불편하게 하더라도 부모의 정서를 수용한다.
- 부모가 교사나 유아교육기관에 대해 화를 낼 때 방어적인 반응을 자제한다.

8장

사회성 발달

1. 사회성 발달의 중요성

유아기 사회성 발달은 영아기 부터 양육자와의 관계 속에서 형성된 사회성을 기반으로 유아를 둘러싼 환경과의 상호작용을 통해 이루어진다. 유아기가 되면 신체적 발달을 비롯한 여러 면의 발달로 활동범위가 넓어지면서 유아들의 사회적 경험의 폭도 넓어지고 다양해진다. 유아기에 형성된 사회성은 성장한 후 보람 있고 행복한 사회생활을 할 수 있는 기초가 되기 때문에 정상적인 사회성 발달은 매우 중요하다.

2. 사회성 발달 특성

사회성 발달 특성으로 자아개념, 도덕성, 성역할, 또래관계, 친사회적 행동, 공격성에 관하여 살펴보고자 한다.

1) 자아개념

자아개념은 사회적 상호작용을 통해 일생동안 변화를 겪으면서 발달해 간다. 자아개념은 개인의 행동에 많은 영향을 미칠 뿐만 아니라 그 어느 영역보다도 성격과 정신 건강에 직접적인 영향을 주는 중요한 개념이라고 할 수 있다. 유아기 사회성 발달에 긍정적인 자아개념 형성은 매우 중요하다.

(1) 자아개념의 정의

자아개념(self-concept)은 자신감(self-confidence), 자기평가(self-evaluation), 자아지식(self-knowledge), 자기수용(self-acceptance), 자아상(self-image), 자기이해(self-understanding), 자아존중감(self-esteem) 등 여러 가지 용어와 혼용되고 있다. 자아개념의 정의도 학자에 따라 차이가 있다. 성격형성에 가장 핵심적인 요소로 작용하고 있는 특성의 하나로써 자기 자신과 외적 환경과의 상호작용을 통해 형성된 자기 자신에 대한 지각이라고 정의하기도 하고, 한 개인이 갖고 있는 자신에 대한 견해로서 개인이 처해 있는 생활의 장에서 자기 자신을 어떻게 느끼고 지각하느냐로 정의되기도 한다. 결국 자아개념은 자신이 개인적 차원에서 도달하려고 하는 신념체제와 개인이 지각하고 있는 자기 자신에 대한 사실적인 규정이라고 정의할 수 있다. 결국 자아개념이란 자기 자신을 총체적으로 지각하고 느낀 결과로서의 자기라고 할 수 있다(정정옥 등, 2003).

(2) 자아개념의 요소

① 자아인식

자아인식이란 자아개념의 가장 기본적인 개념으로 자신과 타인이 별개의 존재임을 아는 것을 말한다. 18개월경 영아기에 자신을 인지할 수 있게 되며, 이러한 능력은 자기 모습에 대한 정신적 표상화가 가능해짐으로써 일어난다.

그림 8-1 만 5세 유아들이 그린 자기모습

② 자아 정의

유아의 자아 정의는 처음에는 외모, 성, 연령, 사는 곳 등과 같은 외적 특성들을 바탕으로 한다. 그러다가 6~7세경에는 자신을 심리적 특성에 의해 규정한다. 나이가 들어감에 따라 집단의 소속감은 자기정의에서 보다 중요한 구성요소가 된다.

자아는 유아가 성장 발달해감에 따라 점진적으로 분화되어 집단이나 사회와의 관계 속에서 규정되는 사회적 자아가 나타나기 시작한다. 자신에 대한 다른 사람의 관점을 이해할 수 있는 사회조망능력의 발달은 자아개념을 명료화하는 데 매우 중요한 역할을 한다. 유아들은 다른 사람들이 자신의 행동에 대해 어떻게 반응할 것인지를 예측할 수 있게 되며, 대상에 따라 자신의 행동을 조절하기 시작한다. 이 시기에는 다른 사람에 대한 자아의 표현을 신중하게 하게 되며, 자아개념이 분화되어감에 따라 자신이 지닌 장점이나 기능들은 인식하게 된다.

만 4세 여아의 장래희망 그림 : 발레리나

만 4세 남아의 장래희망 그림 : 수영선수

③ 자아존중감

자아존중감은 자신에 대한 태도로써 자신에 대한 전반적인 가치 판단을 의미한다. 자신에 대해 갖고 있는 긍정적 또는 부정적 태도 표현과 자신의 능력, 중요성, 성공, 가치 등에 대해 스스로 어느 정도 믿고 있는지를 나타낸다. 자아존중감은 유아의 발달에 많은 영향을 미친다. 유아의 자아존중감 발달에 부모가 많은 영향을 준다. 부모가 애정과 신뢰와 존경으로 유아를 대해주면 유아는 자신이 존경받고 신뢰받을 만한 가치가 있는 존재로 인식하게 된다.

유아의 자아존중감 증진에 긍정적인 영향을 미치는 부모의 특성을 들어보면 다음과 같다.

첫째, 유아를 있는 그대로 수용하고, 유아에게 애정을 표현하면서 유아의 일에 관심을 갖고 개입하며 친밀한 관계를 유지한다.

둘째, 규칙을 일관성 있게 적용하며, 상당한 정도의 통제를 부과하는 엄격함이 있어야 한다. 유아가 해야 할 일과 하지 말아야 할 일에 대해 분명한 입장을 취한다.

셋째, 유아에게 신체적인 벌이나 애정의 박탈은 잘 사용하지 않고 좋은 행동과 나쁜 행동이 어떤 것인지 그 근거에 대해 토론한다.

넷째, 유아가 스스로 시간 계획을 세우게 하며, 의사표현을 하도록 유도하고, 가족의 일에 참여시키는 민주적인 태도를 취한다.

이러한 부모 밑에서 성장한 유아들은 높은 자아존중감을 갖게 되어 자신의 판단에 자신감을 갖고 사회적 상호작용에서 긍정적으로 자기주장을 하며, 교우관계도 원만하다.

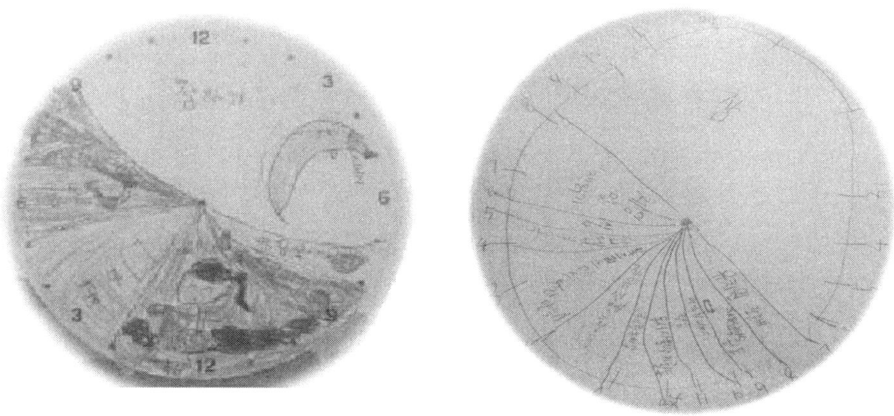

유아가 스스로 계획한 하루일과표

(3) 자아개념의 발달

① 범주적 자아

유아는 영아기에 자신이 다른 사람과 다르다는 것을 이해하게 되면서 범주적 자아(categorical self)를 발달시킨다. 범주적 자아는 유아가 자신을 정의할 때 범주 속에 넣는 형태를 의미한다. 주로 사용하는 범주는 연령, 성별, 크기이다. 예를 들면 여자 유아가 자신을 '나이가 어리고, 여자이고, 다른 유아보다 크다'라고 생각하는 것이다.

② 자아개념의 확장

자아개념은 소유개념으로 확장된다. 3~4세 유아들이 자기 주변의 사람이나 사물에 대해 소유를 표현할 때, '내 엄마', '내 장난감' 등의 주장이 강해지는 것은 이런 표현에 의한 것이다. 4~5세에 이르면 자신을 탐색하고 자신의 능력이나 한계를 확인하려고 한다. 유아의 이러한 의도는 자기 주변의 일을 유아 자신이 주도하려고 하는 시도를 하게 한다. 유아가 생활 중에서 긍정적인 경험을 많이 하는 것은 유아의 자신감과 연결되고 성취감으로 발전한다. 그리고 좀 더 성숙한 수준으로 발달하여 보다 다양한 차원에서 자신을 다른 사람과 비교할 수 있게 된다. 유아의 연령이 점차 증가하여 또래와의 관계가 형성되고 대인관계가 복잡해지면서 자아개념도 점점 복잡해진다.

(4) 자아개념 형성 지도

긍정적인 자아개념 형성을 돕기 위한 지도로 다음과 같은 점을 들 수 있다.

① 유아에게 성공적인 경험을 많이 할 수 있도록 한다.

유아들이 생활 속에서 활동을 성공적으로 이루거나 사람과의 관계를 성공적으로 맺어나갈 수 있는 기회나 여건을 마련해 주어야 한다. 성공적인 경험을 위해 유아의 능력과 이전 경험을 관심 있게 살펴보아야 한다. 유아에게 매우 생소한 경험이나 능력을 넘어선 과제는 실패하게 하여 오히려 역효과를 초래하기 쉽다. 때문에 어려운 과제를 주더라도 단계적으로 주거나 해결하기까지 안내하고 돕는 것이 바람직하다.

② 유아에게 자율적 선택을 할 수 있도록 한다.

유아들이 자신의 생활에서 일어나는 일에 스스로 선택하고 해결해나갈 수 있도록 자율성을 주어야 한다. 자율적으로 하는 일들을 통해 유아는 자신에 대해 만족함과 행복감을 누리며 또한 책임도 느끼게 된다.

유치원에서 자유선택활동 계획표 세우기

③ 유아를 존중해 주어야 한다.

유아를 돌보고 교육하는 부모와 교사는 그들의 감정을 알아주며 그들에게 따뜻한 관심을 보여주어야 한다.

④ 또래들과 어울릴 수 있는 기회를 제공해 준다.

원만한 친구관계의 경험은 유아로 하여금 대인관계에서의 자신감을 갖게 한다. 자아개념이 소유욕으로 확대되는 시기의 유아에게 교사나 부모는 소유를 나누어 가지라고 하기보다는 유아의 소유를 인정해 주고 다른 사람에게 잠시 동안 빌려주기를 권하는 것이 바람직하다.

2) 도덕성 발달

도덕성 발달은 유아가 사회적으로 인정받을 수 있는 방식으로 행동하는 것을 배우는 중요한 발달과업 중 하나이다.

(1) 도덕성 발달 이론

① 인지 발달 이론

인지 발달 이론가들은 유아의 도덕성 발달이 인지구조의 성숙에 의존한다고 보고, 특정 행동의 옳고, 그름에 대한 유아의 도덕적 판단이 변화해가는 과정을 중점적으로 연구하였다. 대표적인 학자로는 피아제(Piaget)와 콜버그(Kohlberg)를 들 수 있다.

가. 피아제의 도덕성 발달 이론

피아제(1965)는 유아의 도덕성 발달은 인지 발달과 밀접하게 관련되어 있다고 보고 다음과 같은 내용의 이야기를 유아에게 제시하여 어느 이야기의 주인공이 도덕적으로 보다 나쁜지를 판단하게 하였다.

▸ 이야기 1 : 민호는 어머니의 저녁 먹으라는 말을 듣고, 식당으로 들어가다가 문 뒤의 의자에 있던 쟁반을 떨어뜨려 쟁반 위에 있던 컵 15개를 모두 깨트렸다. 민호는 문 뒤에 쟁반이 있는지를 전혀 몰랐다.

▸ 이야기 2 : 영호는 어머니가 외출한 동안 찬장 위의 사탕을 꺼내 먹으려고 의자 위에 올라서서 팔을 뻗었다. 그러나 사탕이 너무 높이 있었기 때문에 손이 닿지 않자 꺼내려고 애쓰다가 잘못해서 컵 한 개를 깨트렸다.

위와 같은 내용의 이야기를 유아에게 들려준 후 "민호와 영호 중 누가 더 잘못했는지?", "잘못했다면 그 이유는 무엇일까?"를 물어보았다. 피아제는 유아의 반응을 토대로 유아의 도덕적 판단은 타율적 도덕성 단계에서 자율적 도덕성 단계로 발달해 간다고 주장하였다.

• 제1단계 : 타율적 도덕 단계(heteronomous morality, 7세 미만)

7세 미만 유아들은 인지구조의 미성숙으로 인해 도덕적 판단 기준이 부모나 성인과 같은 권위자의 기준에 의한다. 이 단계의 도덕적 판단의 특징은 첫째, 도덕적 절대성이다. 5, 6세 유아들은 규칙이란 절대적이고 불변의 것으로 반드시 지켜져야 한다고 본다. 둘째, 내재적 공정성에 대한 믿음으로 이 단계의 유아들은 규칙을 어겼을 경우 부모나 교사 또는 신과 같은 권위자로부터 반드시 처벌을 받는다고 생각한다. 셋째, 이 단계의 유아들은 행위의 옳고 그름을 행위자의 의도가 아니라 행위의 결과에 근거하여 판단한다. 그러므로 실수로 컵 15개를 깨트린 민호가 어머니 몰래 사탕을 먹으려다가 컵 1개를 깨트린 영호보다 도덕적으로 더 나쁘다고 판단한다.

• 제2단계 : 자율적 도덕성의 단계(autonomous morality, 7세 이후)

7세 정도가 되면 사회적 규칙이 사회 구성원들의 합의 하에 이루어진 것임을 알고 사회구성원의 합의하에 규칙이 변화될 수 있다는 것을 알게 된다. 또한 도덕적 판단에 있어서 행위의 결과 보다 의도를 더 중요하게 생각한다. 어머니 몰래 사탕을 먹으려다 컵 1개를 깨트린 영호가 모르고 실수로 컵 15개를 깨트린 민호보다 도덕적으로 나쁘다고 판단한다.

자율적 도덕성의 단계에 있는 유아들은 규칙을 위반하더라도 발각되지 않으면 벌을 받지 않을 수도 있다는 것을 경험하면 규칙을 어길 때 반드시 벌을 받는다는 믿음도 더 이상 갖지 않게 된다.

유아의 타율적 도덕성 단계가 자율적 도덕성 단계로 이행하는데 영향을 미치는 두 가지 중요한 요인은 인지적 성숙과 사회적 경험이다. 유아는 자기중심적이어서 타인의 입장을 고려하기 어렵고, 사실 지향적이어서 주관적 경험과 객관적 사실을 구분하지 못하는 경향이 있다. 그러다가 인지 발달과 더불어 자기중심적 사고에서 벗어나면서 자율적인 도덕성 단계로 이행해 간다. 자율적인 도덕성의 단계로의 이행을 촉진시키는 중요한 사회적 경험은 또래와의 상호 호혜적인 관계를 맺고 상호작용하는 것이다. 약 6세 이후 유아의 생활에서 또래와 함께하는 시간이 증가하여 또래가 차지하는 비중이 높아진다. 또래 집단 내에서 즐겁게 놀이를 하려면 놀이 목적을 서로 협상하여 조정하고, 놀이에서 종종 일어나는 갈등을 타협을 통해 해결하는 것을 배우게 된다. 이러한 과정을 통해 규칙이란 외부의 권위적인 인물에 의해 성립되는 사회적 계약이며, 다수의 합의에 의해 변경될 수도 있는 임의적인 결정이라는 것을 알게 된다.

따라서 유아는 규칙이 권위적인 방식으로 전달되는 부모와의 관계에서 배우기 어려운 융통성 있는 도덕성을 상호호혜적인 또래와의 관계를 통해서 발달시키게 된다.

나. 콜버그의 도덕성 발달이론

콜버그(1976)는 유아의 도덕성 발달을 알아보기 위해 도덕적 딜레마가 포함된 가상적 이야기를 유아에게 제시하였다. 도덕적 딜레마 이야기는 다음과 같다.

유럽 어느 마을에 한 부인이 희귀한 종류의 암에 걸려서 죽어가고 있었다. 의사들의 생각으로는 그 부인이 살 수 있는 약이 한 가지 있는데, 그것은 라듐의 일종으로 같은 마을에 사는 한 약제사가 최근에 개발한 것이다. 그 부인의 남편이 약제사를 찾아가서 약을 팔라고 하자 약제사는 원가의 10배나 되는 돈을 요구하였다. 그 남편은 주변의 모든 사람들에게 돈을 빌렸으나 약값의 반밖에 되지 않았다. 그래서 남편은 약제사를 찾아가서 아내가 죽어가고 있으니 약을 반값에 팔거나 외상으로 달라고 부탁하였다. 그러나 약제사는 '안 됩니다. 나는 이 약을 개발했고, 이것으로 돈을 벌려고 합니다.'하고 거절하였다. 남편은 절망한 나머지 밤에 몰래 약국에 들어가 아내를 위해 약을 훔쳤다.

콜버그는 유아들에게 이 이야기를 들려주고 갈등에 대한 질문을 하여 대답을 토대로 도덕성 발달단계를 3수준 6단계로 나누었다.

질문 내용

"그 부인의 남편은 약을 훔쳐야만 했는가?"
"남편이 약을 훔치는 행동이 과연 옳은 행동인가 옳지 않은 행동인가?",
"남편이 약을 훔치는 행동이 옳다면 또는 그것이 옳지 않다면 그렇게 생각하는 이유는 무엇인가?"
"약을 훔치는 것이 아내를 위한 남편의 의무인가?"
"다른 방법은 없었는가?"
"좋은 남편은 그렇게 하는 것인가?"
"약값으로 그렇게 많은 돈을 요구할 권리가 약제사에게 과연 있는가?"

■ 제1수준 : 전인습적 도덕성(preconventional morality)

이 수준의 유아는 도덕적 규칙이나 선악의 개념은 알고 있으나 이 개념을 행위의 쾌락적 결과나 도덕적 규칙을 강요하는 사람의 힘이나 권력과 연관지어 해석한다. 이 수준은 다음과 같은 두 단계로 나누어진다.

☆ 제1단계 : 처벌과 복종 지향의 단계

이 단계에서는 권위자에게 복종하고 정한 규율을 지키는 것이 맞는 것이라고 행각한다. 남편이 나쁘다고 한 유아의 답변을 보면 "법에 어긋나니까", "훔치는 것은 나쁘니까", "훔치면 벌을 받을 것이기 때문이다"라고 한다. 반면에 남편의 훔치는 것에 동의한 유아는 "남편이 처음에 부탁을 했으며, 훔친 물건이 큰 것이 아니기 때문에 괜찮다"는 답변을 하였다. 즉, 제1단계에서 권위자가 처벌을 하느냐 하지 않느냐가 도덕적 판단의 기준이 된다.

☆ 제2단계 : 상대적 쾌락주의의 단계

이 단계에서는 규율이나 규칙이 더 이상 고정적이거나 절대적인 것은 아니라고 생각하며, 모든 문제에는 한 가지 이상의 측면이 있다고 생각한다. 또 모든 것이 상대적이기 때문에 각자의 욕구와 쾌락에 따라 도덕적 판단과 행위를 할 수 있다고 생각한다. 즉, 남편이 아내를 사랑한다면 약을 훔칠 수 있다. 그러나 남편이 다른 여성과 결혼하길 원한다면 훔칠 필요가 없다고 답변한다. 약제사도 만든 약으로 돈을 많이 벌기 위해 약을 팔지 않을 수도 있다고 답변한다.

■ 제2수준 : 인습적 도덕성(conventional morality)

이 수준에서는 사회규칙에 복종하는 것을 자신이 해야 할 행동이라고 생각하고, 사회질서를 지지하고 정당화하는데 적극 참여한다.

☆ 제3단계 : 착한 소년/소녀 지향 단계

10세경이 되면 착한 사람의 행위에 초점을 두며 착하다는 것은 동기와 감정

면에서 정의된다. 즉, 남편이 약을 훔친 것은 부인의 생명을 구하려는 것이기 때문에 남편은 착하다. 그러나 약제사는 탐욕스럽게 자신의 이익만 보려고 하기 때문에 나쁜 사람으로 판단한다.

☆ 제4단계 : 사회질서 유지 지향 단계

이 단계에서는 사회 공동체의 인정이 중요한 기준이 된다. 사회 질서가 유지되도록 법에 복종해야 함에 역점을 두기 때문에 법을 지키는 의무를 개인적 이익 추구보다 우위에 둔다. 따라서 그 남편에 대해 동정은 할 수 있지만 약을 훔치는 것은 도둑질이기 때문에 용서되지 않는다고 본다. 모두가 그럴만한 이유가 있을 때마다 법을 어긴다면 사회가 어떻게 될 것인가라고 답변한다.

■ 제3수준 : 후인습적 도덕성(postconventional morality)

이 수준에서는 도덕적 가치나 원리가 그 가치를 표방하는 개인이나 집단의 권위와 관계없이, 그리고 자신과 집단의 유대와는 관계없이 그 자체로서 타당성을 지닌다고 생각한다. 이 수준에서의 도덕적 판단은 보편적으로 적용될 수 있는 정의의 개념에 토대를 두고 자율적인 도덕 원리에 의해 이루어진다.

☆ 제5단계 : 사회계약과 민주적인 법 지향 단계

이 단계는 10대 중반부터 시작되는데, 법이란 사람들이 화목하게 살기 위해 만들어 놓은 것으로, 만약 법이 사람들이 필요로 하는 바를 충족시킬 수 없다면 민주적 절차를 통해 상호 동의를 얻어 변경시킬 수 있다고 생각한다. 따라서 법에 의하면 남편이 약을 훔친 것은 나쁜 일이나 인간이 살아야 할 권리를 생각한다면 그 부인의 남편을 나쁘다고 할 수 없다고 답변한다.

☆ 제6단계 : 보편적인 윤리적 원리 지향 단계

이 단계에 도달하면 법을 초월하는 추상적이고 보편적인 원리에 대해 보다 명확한 개념을 갖게 되며, 여기에는 공정성, 인간권리의 상호성과 행동, 인간의 존엄성에 대한 존중 등이 포함된다. 따라서 그 남편이 부인을 위해 도둑질할 권리는 없으나 인간의 생명을 살린다는 상위의 도덕적 권리를 갖고 있기 때문에 사랑하는 사람뿐 아니라 어떠한 사람이라도 구제할 의무가 있다고 본다.

콜버그의 이론은 도덕성 발달을 설명하는 여러 이론들 중 가장 인정을 받고 있고, 도덕적 추론 능력 발달을 위해 제안한 토론 수업이 학교 현장에서 타당성 있게 받아들여지면서 세계 여러 나라에서 도덕교육의 목표와 내용 설정을 설정하는 데 이론적 토대가 되고 있다. 그러나 그의 이론이 미국 중, 하류층 백인 남성의 도덕적 가치를 반영한 문화적 편파성, 6단계의 도덕성은 이론적일 가능성이 많다는 점, 도덕적 판단력이 높은 사람이 반드시 도덕적인 행동을 하는 것은 아니라는 점, 콜버그 질문지가 표준화된 검사가 아닌 만큼 실시 과정이나 채점 과정에서 주관이 개입될 소지가 많아 객관성을 유지하기 어려운 점 등의 이유로 비판이 제기되고 있다.

② 정신분석 이론

정신분석 이론에서는 초자아(superego)를 도덕성 발달의 요인으로 본다. 만 3~5세 남아들은 남근기 동안 오이디푸스 콤플렉스(Oedipus complex)를 해결해 가는 과정에서 동성의 부모와 동일시를 형성한다. 동일시는 부모의 도덕적 규준을 포함한 여러 특성을 받아들여 내면화 하는 과정이다.

동일시 외에 유아가 초자아를 발달시키는 또 다른 요인은 죄의식이다. 유아는 동성의 부모에게 품었던 적대감을 자기 내부로 돌려 비도덕적인 행위를 했을 때 자기가 자신을 처벌하는 죄의식을 발달시킨다. 이러한 죄의식을 느끼지 않기 위해 유아는 사회의 규준에 따라 행동하도록 동기화된다. 프로이트는 도덕적 발달과정은 5~6세경에 대부분 완료된다고 보았다.

정신분석 이론에서 죄의식은 도덕적으로 수용되지 않는 행동을 의도적으로 할 때 경험하는 복합적인 정서로 간주하는데, 연구에 의하면 유아가 자신의 행위에 대한 선택을 하는 자율적인 존재로 자신을 지각하고, 의도적 행위와 비의도적인 행위를 구분하는 인지능력발달이 선행되어야만 한다는 것이다(Hoffman, 1988; Campos & others, 1983).

정신분석 이론에서는 오이디푸스 콤플렉스가 유아로 하여금 처벌에 대한 두려움을 갖게 하고, 부모의 사랑 철회에 대한 두려움 때문에 도덕적으로 행동하게 한다고 주장하였으나 실제 연구 결과들은 이를 뒷받침하지 않는다(Hoffman, 1977). 자녀를 양육할 때 사랑 철회하기, 무시하기, 말 안하고 들어주지 않기, 싫어하는 표정보이기 등 힘으로 누르는 방법에 의존하는 훈육방법은 유아의 양심 발달을 촉진하는데 효과적이지 못하다. 이러한 훈육방법은 유아에게 높은 수준의 두려움이나 불안을 유발하여 결과적으로 바람직하지 못한 행동을 일시적으로 못하게 할 수는 있으나 도덕적 규준을 효율적으로 처리하고, 도덕적 내면화를 촉진하는 데는 비효율적이다.

또한 정신분석 이론에서는 도덕성 발달이 5~6세경에 완료된다고 하였으나 도덕성 발달은 유아기 초기에 시작되어 성인기까지 지속되는 점진적인 과정이다. 여러 가지 비판에도 불구하고, 정신분석 이론에서 주장하듯이, 죄의식이 도덕적 행위의 중요한 촉진 요인이라는 점은 인정되고 있다.

③ 행동주의 이론

행동주의자들은 강화와 모델링 같은 학습 기제를 통해 획득된다고 주장한다. 고전적 조건화 이론에서는 유아가 사회 규준에 순응하는 행동을 하면, 성인이 승인, 애정 및 보상 같은 정적강화를 제공하는 반면, 사회 규준에 위배되는 행동을 하면 특권박탈, 비난과 같은 처벌을 하기 때문에 도덕적 행동을 하게 된다고 본다. 행동주의자들은 도덕적으로 바람직한 행동을 촉진하는 데는 긍정적 강화가 처벌보다 효과적인 방법이라고 주장한다.

반두라(1977)는 도덕적 행동들이 강화보다는 도덕적 행동을 하는 모델을 관찰하고 모방함으로써 도덕적으로 행동하는 것을 배운다고 하였다.

사회학습이론에 의한 유아의 도덕적 행동 발달은 유아 주변에 있는 모델이 중요한 역할을 한다. 그러므로 유아의 주된 모델이 되는 부모가 우선 말과 행동에서 일관성을 보여주고, 자녀를 양육할 때 주의해서 벌을 줄 때 비도덕적 행동을 하게 하는 유혹에 저항하는 능력을 길러 줄 수 있다.

도덕성 발달을 증진시키는 모델의 특성

1. 모델의 따뜻함과 애정

유아의 도덕적 행동을 증진시키는 모델의 특성으로 따뜻함과 애정을 들 수 있다. 한 실험 연구에서 한 양육자가 첫 번째 집단의 유아들과 따뜻하고 자연스럽게 여러 이타 행동을 보이면서 행동하였고, 두 번째 집단에서는 똑같은 이타적 행동을 하였으나 차갑고 애정 없이 하였다. 그 결과 첫 번째 집단의 유아들이 모델의 이타적 행동을 더욱 많이 모방하였다

2. 모델의 힘과 능력

유아의 모방 의지에 영향을 미치는 모델의 또 다른 특성은 힘과 능력이다. 어머니가 주된 양육자일 경우가 많기 때문에 아버지의 훈육이 유아의 도덕적 행동에 영향을 덜 미치기는 하지만(Brody & Schaffer, 1982), 힘 있어 보이는 아버지가 힘을 가진 사람처럼 되고자 하는 유아의 도덕성 발달에 영향을 미치는 효과적인 모델이 될 수 있다(Bandura, 1977).

3. 모델의 말과 행동의 일치

모델의 말과 행동의 일치는 유아의 모방 의지에 영향을 미치는 중요한 요인이다. 성인 모델의 말과 행동이 일치하지 않으면, 유아는 일반적으로 성인의 여러 행동기준들 중에서 느슨한 기준을 채택하는 경향이 있다.

(2) 도덕성 발달 지도

① 귀납적 훈육

귀납적 훈육은 유아에게 왜 그렇게 행동하도록 요구하는지 설명하거나 유아의 자긍심, 성숙하고자 하는 노력, 다른 사람에 대한 관심 등에 호소하는 방법이다. 교사를 비롯한 성인은 유아가 어떻게 다른 사람에게 해를 주었는지 그리고 그것을 무엇으로 보상해줄 수 있는지를 지적하여 유아가 다른 사람의 입장에서 생각해보도록 한다. 귀납적 훈육은 감정이 없이 냉정하게 베풀어져서는

안 되고 피해를 받은 상대편의 입장에서 느낄 수 있는 정서적 감정이입이 함께 이루어질 때 그 효과가 크다.

② 애정이 있는 권위 있는 양육

유아들의 생활지도를 할 때 부모를 비롯한 성인의 권위 있는 그러나 애정이 있는 양육이 필요하다. 유아들의 행동에 관심을 갖고 도덕적 행동 기준에 따라 유아들을 양육하고 교육할 때 기본적으로 사랑하는 마음이 있어야 한다. 유아들의 경우 상상력이 풍부하고 자기중심성으로 때로는 현실적 상황에서 벗어난 거짓말을 하는 경우도 있고 장난감이 탐나서 몰래 가져가는 경우도 있다. 유아의 이런 행동에 대해 행동 자체에 초점을 두어 거짓말쟁이나 도둑으로 규정하고 엄격한 훈육을 한다면 유아는 도덕성이 길러지기보다는 정서적 상처로 위축되고 자아이미지가 부정적이 되어 성장하는데 오히려 어려움을 겪게 된다. 다른 사람의 물건을 가져가는 것은 옳은 행동이 아니라는 것을 가르쳐주고 다시 돌려주도록 하되 지나친 죄책감을 주지 않도록 하는 것이 좋다.

가정에서 자녀와 함께하는 시간 갖기

③ 유아 주변 성인들의 모델링

유아들은 함께 생활하는 성인들을 모방하고 따라한다. 그러므로 가정과 유아교육기관에서 부모와 교사를 비롯한 성인들이 도덕적 규범을 보여주는 모델이 되어야 한다.

교사와 유아가 함께 교실 정리하기

④ 유아의 긍정적인 도덕적 행동에 대한 강화

유아들이 보여 주는 도덕적 행위는 계속 강화를 받도록 지지해주어야 한다. 유아들이 긍정적인 도덕적 행동을 했을 때 즉각적인 강화를 하는 것이 좋다. 부모나 교사의 칭찬, 미소, 격려는 유아들로 하여금 그 도덕적 행동에 대한 보상이 되어 강화가 된다.

칭찬하기

⑤ 집단생활의 경험 제공

유아들이 유아교육기관이나 놀이센터 등 다른 유아들과 함께하는 집단생활은 또래간의 상호작용을 많이 할 수 있게 한다. 또래관계에서 일어나는 도덕적 갈등상황을 해결해나가면서 유아들은 도덕적 판단과 행동을 통해 자신의 도덕성 발달을 이루어나간다.

유치원에서 대집단 활동을 하는 모습

3) 성역할

(1) 성역할 개념

성(性)은 한글로 하면 모두 '성'이라고 번역하지만 영어로는 sex와 gender로 사용된다. sex는 생물학적 측면에서 남자와 여자의 차이를 이야기할 때 사용하며, gender는 생물학적인 측면과 더불어 사회적인 측면에서의 남자와 여자를 이야기할 때 사용한다. 남자와 여자의 특성과 행동양식에 대해 이야기할 때 주로 사용한다.

성역할(gender-role)은 사회문화적 차원에서 인정되는 여성 또는 남성의 역할을 말한다. 일반적으로 모든 사회는 여성과 남성이 각기 다른 성역할이 있다고 인정한다. 성역할에 대한 고정관념(gender-role stereotypes)은 여성과 남성의 성역할에 대해 일관된 생각을 일반화시키는 것을 말한다. 성역할에 대한 사회적 기준이 각각의 성에 적합한 역할을 하도록 요구할 때 남성과 여성에 대해 고정관념을 가지게 된다. 요즘 사회가 급변함에 따라 성역할에 대한 고정관념도 과거보다는 많이 변화되고 있다.

(2) 성역할 발달 이론

① 정신분석 이론

프로이트(1923, 1940)에 의하면 성역할 발달은 성본능과 같은 생물학적 요인과 부모의 양육태도와 같은 사회적 요인의 영향을 받는다고 한다. 특히 남근기에 속하는 3~6세 남아는 오이디푸스 콤플렉스의 결과로 아버지와 동일시하게 된다. 만약 아버지가 부재하거나 아버지의 존재가 동일시를 하기에 충분히 위협적이거나 충분하지 않는 등 남성적인 모델로서 부적합하다면 이후 인생에서 빈약한 남성성을 보인다고 한다. 마찬가지 기제로 여아는 아버지에 대한 욕망과 엄마에 대한 경쟁으로 인한 엘렉트라 콤플렉스를 경험한다. 그러나 여아는 이미 자신이 거세되었다고 믿기 때문에 남아가 아버지를 동일시하는 것만큼 강하게 어머니를 동일시하려는 동기화가 적다.

정신분석 이론에 의한 성역할 발달은 유아가 아직 남녀의 해부학적 차이에 대해 잘 알지 못하므로 거세불안이나 남근선망 경험을 가진다고 확신할 수 없다는 면에서 비판을 받는다. 또 아버지가 온정적이고 양육적일 때 남아들이 아버지에게 보다 더 동일시하여 사내다워 진다고 주장하는 다른 이론에 의해서도 비판을 받고 있다.

② 사회학습 이론

반두라(1977, 1963) 등의 사회학습자들에 의하면 성역할 발달은 강화, 보상, 관찰학습을 통해 이루어진다고 한다. 유아는 강화를 통해 자신의 성 적합한 행동에 대해 격려와 보상을 받으며, 관찰학습을 통해 동성 모델의 행동과 태도를 받아들인다. 일반적으로 부모는 여아와 남아에게 다른 강화를 한다. 여아의 소꿉놀이 등 조용한 놀이는 강화하고 나무를 올라가는 등 거친 놀이는 제한을 한다. 반면에 남아가 로봇을 갖고 놀면 강화하고 소꿉놀이를 하면 제한을 한다. 관찰학습은 유아들이 성정형화에 영향을 준다. 유아들은 주변의 성인과 친구들을 통해 또는 텔레비전, 영화, 그림책 과 같은 대중전달매체 등을 통해 성역할을 배우고 성역할에 대한 고정관념을 형성한다.

③ 인지 발달 이론

인지 발달 이론에 의하면 유아의 성역할 발달은 자신의 성에 관한 이해가 있어야 하기 때문에 인지적 발달에 달려 있다고 한다. 유아가 자신의 성이 무엇인지 인지하고 나면 그때 비로소 동성 모델을 선택적으로 주목하고 동일시하게 된다.

콜버그에 의하면, 유아의 성역할 발달은 2, 3세에 시작되는데, 이 시기의 유아는 자신이 남성이거나 여성임을 인식하나 성이 변할 수도 있다고 생각한다. 유아의 인지적 사고가 구체적 조작기로 접어드는 5~7세에 이르면 보존성의 이해가 획득됨에 따라 유아는 자신의 성이 불변함을 알게 된다. 그리고 시간과 상황이 아무리 변해도 성이 변하지 않는 것임을 알게 되는 성항상성 개념을 갖게 된다. 성항존성 개념을 갖게 된 여아는 여성이 남성의 옷을 입거나 남성처럼 행동해도, 또 시간이 아무리 많이 지나도 여성이 남성으로 변할 수 없다는 것을 안다. 성항존성 개념을 획득한 유아는 자기가 살고 있는 사회의 여성과 남성의 적절한 행동과 역할을 관찰하고 스스로 강화해감으로써 성역할 고정관념을 배워간다.

인지 발달 이론은 유아의 적극적 역할을 강조하면서 동시에 환경적 요인을 성역할 습득의 기제로 수용하였다. 그러나 유아의 성항존성을 완전히 이해하기 전에도 성유형화된 행동을 나타내는 것에 대한 설명을 제시하지 못한다는 점이 비판을 받고 있다. 즉, 2~3세경 유아는 성정체감을 갖기 이전부터 이미 성전형화가 진행되고 있다. 즉, 이미 성역할 고정관념을 학습했으며 동성모델에게 주의를 기울이기 전부터 이미 동성의 놀이친구나 동성의 활동을 더 선호한다. 즉, 성에 대한 인지적 판단이 성전형화와 성역할 발달에 필수적이라는 콜버그 이론은 다소 과장된 것으로 보인다.

(3) 성역할의 발달

유아의 성역할 발달은 먼저 성정체감을 형성하는 것에서부터 시작하여 성적 고정관념 그리고 성유형 행동 발달로 이어진다.

① 성정체감 형성

인간의 생물학적 성은 난자와 정자가 수정되는 순간에 정자의 성염색체에 의해 결정된다. 태아의 성기의 남녀 차이는 임신 7주 이후 나타난다. 영아기에 분명하지는 않지만 자신이 남아인지 여아인지에 대한 지식을 갖게 된다. 2~3세 유아는 자신이 남자인지 여자인지 정확하게 구별할 수 있으며 3세경에는 다른 사람의 성이 여자인지 남자인지 성 명칭(gender label)을 정확히 사용할 수 있게 된다. 이와 같이 자신의 성과 다른 사람의 성 명칭을 붙일 수 있게 되면 성정체감이 형성되었다고 할 수 있으나 완전하지는 않다. 즉, 3~5세 유아는 어떤 사람이 머리모양이나 옷을 바꾸면 다른 성이 될 수 있다고 생각한다. 5~7세가 되어야 그 사람의 성은 바뀌지 않고 일정하게 유지된다는 것을 이해하기 시작한다. 유아가 한번 자신이 남성 또는 여성으로서의 분명한 인식을 하게 되면 일생동안 변하지 않게 된다.

② 성적 고정관념 형성

유아는 자신이 남성 또는 여성인지 인식하는 성정체감 형성과 함께 그 사회의 성에 대한 고정관념을 배우기 시작한다. 대부분의 사회가 남자와 여자의 성역할에 대한 고정관념을 갖고 있다. 일반적으로 남성은 용감하고, 힘이 세며, 직업을 갖고 가족을 부양하고 지키는 것이며, 여성은 연약하고 사랑스럽고 가사를 돌보고 자녀를 양육하는 것으로 여긴다.

오늘날 정보화 세계화 사회는 성적 고정관념을 변화시키고 있으며 남성이나 여성 모두에게 내재적으로 갖고 있는 남성적 특성과 여성적 특성 즉, 심리적 양성(androgyne) 특성을 갖도록 요구하고 있다.

③ 성유형 행동의 발달

유아가 5세경이 되면 자기 성에 적합한 행동을 빠르게 습득한다. 자신의 성에 적합한 대상을 선호하는 현상이 더욱 강하게 나타난다. 자기 성에 요구되는 관습적인 성역할을 위반하는 것은 잘못된 일이며 이로 인해 자신이 비난받거나 처벌을 받을 것이라고 생각한다.

역할놀이하는 모습

(4) 성역할 발달 지도

① 부모의 성 평등 양육태도

부모가 성 평등 의식을 갖고 유아에게 바른 성역할의 모델이 되어야 한다. 유아를 대할 때에 남녀의 차별을 주지 말고, 유아 개개개인의 개성과 자질에 따라 양육해야 한다. 유아의 성별에 관계없이 유아 개개인이 갖고 있는 잠재력을 충분히 살릴 수 있도록 해야 한다.

② 유아교육기관의 성 평등 교육

유아들이 다니는 유아교육기관은 중요한 성역할 사회화 기능을 수행한다. 유아교육기관에서 성의 차별이 없이 성 평등 교육을 해야 할 것이다.

가. 성 평등 환경조성

유아가 갖고 노는 놀잇감의 균형적인 배분과 경험의 기회, 그리고 교사를 비롯한 유아와 함께 상호작용하는 성인의 성에 대한 평등의식이 필요하다.

유아의 성역할에 영향을 주는 요인은 유아교육기관에서 사용하는 동화, 동시, 동요, 비디오테이프, TV프로그램, 그림카드 등 교수학습 자료이다. 3~6세 유아들이 보는 그림책을 비롯한 아동용 도서에서 표현되고 있는 남녀역할은 거의 대부분이 전통적 남녀역할 고정관념이다. 여자는 수동적이고 연약하며 의존적으로 나타나고 남자는 강하고 권위적이며 독립적으로 나타나고 있다.

나. 교사의 성 평등 의식

유아가 성역할 고정관념을 갖는 것을 예방하고 건강한 남녀평등 개념을 갖게 하기 위해 교사의 행동이 달라져야 한다. 교사들이 유아를 대하는 태도에서 성차별이 나타난다는 연구보고가 있다. 교사가 여아보다는 남아와 더 많은 상호작용을 한다는 보고이다(조경자, 1988; Irvine, 1986). 또 5세 유아를 관찰한 연구결과로 교사가 여아보다 남아의 공격적 행동에 따라 반응할 가능성이 더 많으며, 큰 소리로 질책할 가능성이 더 높고, 남아의 주의끌기에 대한 교사의 반응은 지시적이고 교수적인 반응, 여아의 주의끌기에 대해서는 지시적이나 교수적인 형태는 적고 칭찬, 신체적 접촉, 도와주기와 같은 양육적 형태의 주의가 주어진다. 남아는 교사와 떨어져 활동할 때 상대적으로 보다 많은 돌봄을 받으며 여아는 교사의 근처에 있을 때를 제외하고는 무시당할 가능성이 더욱 커지게 된다. 유아에게는 이러한 교사의 성차별적 교수행동이 성역할을 습득하는데 잠재적 교육과정으로 작용하게 된다.

4) 또래관계

(1) 또래관계의 중요성

또래는 서로에게 긍정적 영향을 주기도 하고 부정적 영향을 주기도 한다. 자아 발달과 좀 더 효과적인 의사소통 능력으로 다른 사람의 사고와 감정을 잘 이해하게 되어 또래와의 관계 형성이 잘 이루어진다. 유아의 유아는 또래와의 상호작용에서 여러 가지 사회적 기술을 배우고 지식을 습득하고 인간관계를 배우는 등 여러 가지 사회적 기술을 배운다. 유아의 연령이 높아질수록 또래가 점점 중요한 위치와 비중을 차지하기 때문에 또래의 격려와 인정은 유아들에게 긍정적인 자아상을 갖게 하며 집단과 구성원으로서의 기초를 마련해준다.

(2) 또래의 역할

① 강화자로써의 또래

유아의 사회성 발달에 또래는 큰 비중을 차지한다. 유아는 또래와의 관계를 통해 대인관계에 대한 기초를 형성한다. 유아의 사회적 행동에 또래가 중요한 강화 요인이 된다.

3~4세 유아의 또래관계는 첫째, 또래의 미소 짓기, 도와주기, 대화 등 또래에게 주의와 관심을 표현하는 것에서 강화된다. 둘째, 언어와 신체적 접촉 등 또래에 대한 호감을 표현함으로서 또래를 수용한다. 셋째, 또래의 행동이나 생각, 놀이를 모방하거나 함께 함으로서 강화된다. 5세 유아들은 3세 유아들보다 또래에게서 더 많은 강화를 받는다. 성별에 있어서 유아들은 동성의 또래에게 보다 더 강화를 받는다.

② 모델로써의 또래

유아는 또래의 사회적 행동, 정서적 반응, 도덕적 판단과 행동을 관찰하고 모방하고 이를 내면화하여 자신의 것으로 만든다. 유아는 자신과 비슷한 점이 있는 또래를 모방하는 것을 좋아한다. 그리고 이성보다는 동성의 또래 행동을 더 잘 모방하며, 자신과 연령이 비슷한 또래를 더 잘 모방한다. 또한 또래집단에서 인기가 있는 유아와 지도력이 있는 유아의 행동을 많이 모방한다.

③ 준거로써의 또래

유아에게 또래는 자기 행동, 능력, 외모 등을 평가하기 위해 비교할 수 있는 준거가 된다.

유아는 자기의 기술과 흥미, 힘 등을 또래와 비교해서 평가하고 규제도 할 수 있다. 또래는 유아에게 중요한 사회적 비교 준거인 것이다.

(3) 또래관계 발달

유아기는 영아기에 비해 유아의 또래와의 상호작용의 질과 횟수가 변화된다. 유아는 또래들과 이야기하고 놀잇감을 서로 교환하는 등 친숙한 관계를 형성하면서 상호작용하는 시간의 양도 늘어간다.

① 또래관계와 놀이

파튼(Parten, 1932)에 의하면, 유아의 또래와의 놀이 형태는 연령이 어릴수록 또래와의 상호작용이 없는 비사회적 활동인 단독놀이와 제한된 사회적 상호작용인 병행놀이로 발전한다. 연령이 높을수록 진정한 사회적 상호작용 형태인 연합놀이나 협동놀이가 증가한다. 그러나 최근 연구들에 의하면 모든 놀이유형이 유아기에 다 나타난다. 비사회적 행동도 연령에 따라 그 정도가 감소하지 않고 3~4세 유아의 1/3 정도가 자유놀이 시간에 비사회적 행동을 한다. 3~6세 유아들의 놀이는 연합놀이, 협동놀이와 더불어 단독놀이, 병행놀이가 상당히 고정적으로 나타난다. 이런 점에서 볼 때 사회적 놀이형태가 연령에 따라 양적으로 어느 정도 이루어지느냐에 초점을 두기보다 놀이유형 그 자체로 보아야 한다.

만 3세의 단독놀이

만 4세의 병행놀이

만 5세의 협동놀이

② 또래관계 영향 요인

가) 유아의 성

3세 정도가 되면 유아는 이성보다는 동성의 또래를 선호하는 경향이 나타나며 이런 동성 선호도는 유아기동안 증가한다. 놀이선택에서도 남아는 남아와 놀기를 좋아하고 여아는 여아와 놀기를 좋아한다. 또래 간의 놀이에서도 남아는 쫓고 쫓기는 놀이, 경쟁하는 놀이, 모험놀이 등을 하며 놀이집단의 크기도 크니 여아의 경우 소꿉놀이, 인형놀이 등 협동놀이를 하며 놀이집단의 크기도 소집단이다.

여아의 놀이 모습

남아의 놀이 모습

나) 개인적 성격

유아의 성격적 특성이 또래관계 형성에 영향을 준다. 유아가 부끄러움을 많이 타고 친숙해지는데 어려움이 있는 경우 긍정적인 또래관계 형성이 어렵다. 낯선 또래나 사람들을 친근하게 대하며 관대한 성격을 가진 유아는 긍정적인 또래관계를 형성하기 쉽다.

다) 신체적 특성

유아의 신체적 매력은 유아의 반응과 평가에 중요한 영향을 준다. 또래집단의 준거가 되는 유아의 외모는 또래관계에 큰 영향을 미친다.

라) 영아기의 사회적 관계 경험

영아기에 놀이센터, 어린이집, 스포츠센터 등에서 또래들과 함께 시간을 보낸 경험은 유아에게 긍정적인 또래관계 형성을 하는데 좋은 지식과 기술을 제공한다. 이러한 사회적 지식과 기술은 또래관계 형성에 유리하게 작용한다.

마) 부모-자녀 관계

부모와 유아의 관계는 부모의 양육태도에 큰 영향을 받는다. 부모의 애정적이고 민주적인 훈육을 받고 자란 유아는 또래나 다른 사람과 상호작용도 쉽게 한다. 부모의 양육태도가 애정이 없고 독재적인 훈육을 받은 유아는 부모와 친밀한 관계를 맺지 못하며 또래와도 잘 어울리지 못한다. 이런 유아는 혼자 놀거나 공격적인 행동을 많이 하여 또래들로부터 거부당하기 쉽다.

(4) 또래관계 형성기술

또래와 상호작용하고 관계형성을 하기 위해 세 가지 필요한 사회적 기술이 있다. 그것은 또래집단에 들어갈 수 있는 기술, 또래관계를 유지할 수 있는 기술, 또래와의 갈등을 해결하는 기술이다.

① 또래집단에 들어갈 수 있는 기술

또래집단에 들어가기 위해 또래의 놀이를 관찰하고 자신이 놀이에 참여할 기회를 찾을 수 있는 사회적 기술이 필요하다. 사회적 기술이 없는 유아는 또래집단의 의사와 상관없이 함께 놀고 싶다는 자기 욕구와 주장을 하여 놀이를 방해하게 되고 결국 거부를 당하게 된다.

② 또래관계를 유지하는 기술

또래관계를 유지하기 위해서 유아는 다른 유아의 감정과 욕구를 잘 이해할 수 있어야 하며, 다른 유아의 입장에서 생각할 줄 알아야 한다. 그리고 미소짓기, 협동, 칭찬 등 친사회적 행동을 많이 할 수 있어야 한다.

③ 또래 간의 갈등해결 기술

유아들의 또래사이 갈등은 주로 놀잇감의 소유로 인한 것이나 줄서기 등의 세력다툼이 많다. 갈등을 효과적으로 해결하기 위한 사회적 기술이 필요하다. 즉, 타협, 협동, 대안적 문제해결 방법 등 갈등해결 기술을 할 줄 아는 유아가 또래관계 형성을 잘 할 수 있다.

(5) 또래관계 발달지도

① 사회적 기술의 모델 되기

부모와 주변 성인들이 모델이 되어 유아들에게 또래관계 형성에 도움이 되는 사회적 기술을 일상생활을 통해 보여준다.

② 또래관계를 증진시킬 수 있는 활동 제시

또래관계 증진은 함께 협력적인 활동으로 만족감과 성취감을 공유할 수 있게 한다. 함께 놀이하면서 즐거운 시간을 가진다면 놀이 친구와 긍정적인 또래관계를 형성하게 될 것이다. 유아들에게 경쟁이나 공격성 등 부정적 정서나 행동을 하도록 자극하는 놀이나 놀잇감은 제한한다.

③ 다른 사람 입장 되어보기

다른 사람의 입장에서 생각하는 기회를 가진다면 또래와의 관계에서 갈등은 줄고 존중하는 태도가 형성되어 긍정적 관계를 맺는데 도움이 된다. 동화책 읽기, 동극, 토론하기, 역할놀이는 이런 능력을 기르는데 도움이 된다.

아픈 친구를 생각하며 쓴 편지

④ 또래 상호작용 활성화

또래들이 모일 수 있는 기회를 제공하고 모인 시간을 모두가 즐겁게 보낼 수 있도록 지도를 한다. 유아교육기관이나 이웃집 유아들과의 모임을 제공하여 또래와의 상호작용 기회를 갖게 하는 것이 좋다.

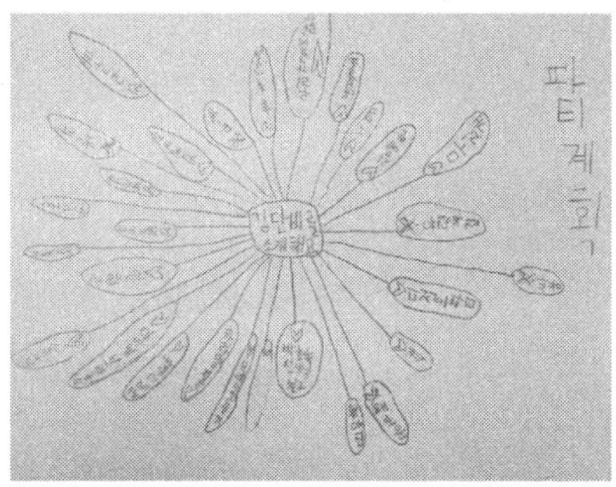

크리스마스 맞이 친구 초청 파티 계획하기

5) 친사회적 행동

(1) 친사회적 행동에 대한 이론

친사회적 행동에 대한 이론은 생물학적 이론, 정신분석 이론, 학습이론, 인지 발달 이론을 들 수 있다.

① 생물학적 이론

동물들의 행동 특성 중에서 자기 종족이나 가족의 생존을 보호하기 위해 본능적으로 목숨을 희생하는 이타적 행동을 인간세계에 적용 해석하려는 시도이다. 유아의 친사회적 행동도 생물학적으로 태어날 때부터 갖고 나오는 특성으로 한 집단이나 종족 전체의 생존을 위해 협동, 신뢰, 희생을 요구하는 친사회적 행동을 하게 된다는 것이다.

② 정신분석 이론

인간의 본성은 이기적이고 공격적인 것으로써, 특히 유아들은 타인의 감정과 요구에 상관없이 자신이 원하는 것을 즉각 주장하기 때문에 친사회적 행동은 초자아가 발달할 때까지는 불가능하다. 유아가 5~6세가 되면 죄악감을 피하기 위해 친사회적 행동을 성인의 도덕적 가치와 동일시하는 과정을 통해 친사회적 행동을 내면화해 간다.

③ 행동주의 이론

일반적인 행동 습득과 같이 자극에 대한 반응의 결과로써 일어나며 보상에 의해 반응한 행동을 강화함으로써 바람직한 친사회적 행동을 형성하게 된다.

④ 인지 발달 이론

구체적 조작기 이전의 유아들은 자신의 관점에 몰입되어 자기중심적이며, 타인의 욕구를 알아내는 인지구조가 미성숙하다가 연령의 증가와 함께 타인의 관점과 감정을 이해하는 능력이 발달하여 타인의 반응에 민감하게 반응하므로 친사회적 행동이 발달한다고 보았다.

(3) 유아기 친사회적 행동

친사회적 행동의 발달은 연령이 증가함에 따라 함께 증가한다. 유아의 친사회적 행동에 영향을 주는 요인으로 부모의 양육태도, 성인의 친사회적 행동 모델링, 분위기, 훈련을 들 수 있다. 대체로 권위 있는 양육태도(authoritative attitudes)를 보이는 부모의 자녀가 친사회적 행동 경향이 강하다. 권위 있는 양육태도를 가진 부모는 유아에게 친사회적 행동을 연습할 기회를 제공해 주고, 유아의 수행에 있어서 부모 자신의 힘을 행사하는 양을 최소화시킨다. 또한 부모의 따뜻함, 책임감, 관심이 도움이 된다.

유아가 또래에게 친절한 돕기 행동을 하는 모습(무거운 블록 함께 들기)

(4) 친사회적 행동 발달 지도

① 친사회적 행동의 모델

단순한 언어적 지시와 같은 방법은 유아의 친사회적 행동을 증가시키지 못한다. 성인이 친사회적 행동에 대한 모델이 되어 유아가 따라 할 수 있는 기회를 주어야 한다. 유아의 친사회적 행동에 대한 긍정적 보상을 주어 강화시킨다.

② 긍정적인 정서 생활환경

일반적으로 좋은 분위기는 좋은 의지를 불러일으키고 슬픈 분위기는 유아 자신의 입장을 더 강조하기 때문에 유아로 하여금 가능한 한 많은 것을 소유함으로써 자신을 격려하거나 위로하려는 경향이 있다. 따라서 즐겁고 행복한 정서로 생활할 수 있도록 환경을 마련해 주어야 한다.

③ 친사회적 행동의 경험

유아에게 생활 속에서 다른 사람을 돕는 행동 등 친사회적 행동을 경험할 수 있게 한다. 지속적인 친사회적 행동의 경험은 친사회적 행동 증가에 효과적이다. 부모들이 유아에게 자선냄비에 자선금을 넣도록 하는 것이 이런 경우이다.

6) 공격성

(1) 공격성 유형

① 호전적 공격성과 수단적 공격성

호전적 공격성은 무조건 다른 사람에게 피해를 주기 위한 목적으로 행동하며, 수단적 공격성은 목표를 성취하기 위한 수단으로 한다. 유아들의 공격성은 대부분 놀잇감의 소유권을 둘러싼 수단적 공격성이다.

② 우연적 공격성과 표현적 공격성

우연적 공격성은 비의도적으로 우연히 발생하는 공격성이다. 예를 들면 놀이를 하다가 뻗은 손 등으로 옆에 있는 친구의 얼굴을 치는 경우이다. 표현적 공격성은 공격적 행동을 통해 즐거운 감각적 경험을 하는 경우이다. 유아가 무심코 다른 친구를 해치거나 친구의 권리를 방해하는 행동에서 즐거움을 느낄 때 발생한다. 예를 들면 옆에서 블록놀이를 하며 쌓은 블록을 발로 차서 무너뜨리는 공격적 행동은 태권도 차기를 할 때와 같은 만족감을 느낄 수 있게 때문이다. 표현적 공격은 분노, 좌절, 호전적 감정이 없이 이루어진다. 표현적 공격성은 다른 사람에게 비의도적인 불행을 일으키지만 공격자에게는 즐겁고 실험적인 행동이다.

(2) 공격성의 원인

① 생물학적 요인

인간은 본능적으로 자신의 욕구의 충족이 위협을 받을 때 공격적이 된다. 인간의 호르몬 중 남성호르몬인 테스토스테론(testosterone)과 안드로겐(androgen)의 수치가 높아질 때 공격적 충동을 일으키는데 영향을 준다. 반면 여성 호르몬인 에스트로겐(estrogen)은 공격성을 낮추는 것으로 나타났다.

유아의 기질도 공격성과 관계가 있다. 기질적으로 까다롭고 과민한 영아는 융통성 있고 느린 영아보다 유아기에 공격적인 행동을 할 가능성이 높다. 생물학적 요인이 유아의 공격성에 영향을 준다는 것은 분명하지만 여러 요인이 복합적으로 작용하여 공격성이 형성되기 때문에 생물학적 요인을 전부라고는 말할 수 없다.

② 욕구좌절

욕구좌절(frustration)이 공격성을 유발시킨다고 보는 입장이다. 유아가 목표를 정하고 그것을 달성하려고 할 때 방해를 받거나 불가능해지면 좌절하게 되고 좌절감이 공격적 충동을 유도하고 공격적 충동이 감소되기까지 밖으로 표출될 수밖에 없다고 한다.

유아들을 대상으로 한 실험에서 유아들을 두 집단으로 나누어 한 집단은 놀잇감이 가득 들어있는 방을 유리창 너머로 보여 주고 갖고 놀 수는 없게 함으로써 좌절감을 갖게 하였다. 다른 집단의 유아들은 놀잇감을 갖고 놀게 하여 좌절을 경험하지 않도록 하였다. 어느 정도의 시간이 경과한 후에 두 집단의 유아들에게 놀잇감을 갖고 놀게 하였다. 좌절을 경험했던 유아들은 그렇지 않은 집단의 유아들에 비해 놀잇감을 던지거나 파괴하는 등의 공격적 행동이 많이 나타났다(홍대식 역, 1983).

③ 모델링

유아의 공격적 행동이 다른 사람의 공격적 행동을 지켜봄으로서 학습한다는 입장이다. 공격적 행동의 모델은 유아의 주변 사람들이거나 현실적 존재가 아닌 영화나 만화 속에 나오는 주인공일 수도 있다.

반두라(1973)는 3~6세 남녀 유아들을 대상으로 공격성 모방학습에 관한 실험연구를 하였다. 유아들을 A, B, C 세 집단으로 나누었다. 학습의 모델이 되는 성인이 놀잇감이 많이 놓여 있는 방에서 특별히 광대인형을 차고 때리고 욕하였다. A집단은 모델의 공격행동을 직접 보았으며, B집단은 모델의 행동을 보지 못하였고, C집단은 모델의 행동을 TV모니터를 통해 보았다. 그 결과 A집단은 모델의 행동을 따라 매우 공격적이었고 C집단도 A집단과 거의 비슷한 정도의 공격적 행동을 보였다. 이러한 결과는 유아들이 성인들이 하는 공격행동을 관찰함으로서 공격행동을 학습한다는 것을 증거하고 있다.

④ 강화

유아들은 그들의 공격적 행동을 통해 그들이 얻고자 하는 것을 얻었을 때 공격성이 강화 받는다. 특히 소외감을 느끼거나 보복을 잘하는 유아, 애정결핍이 있는 유아들은 주위를 끌기 위해 공격적 행동을 하는 경향이 강하다. 이러한 유아의 문제는 공격적 행동을 할 때 주변의 성인이 관심을 보여줌으로써 더 악화된다.

또한, 유아의 공격적 행동이 상대방으로 하여금 공격 행동을 하도록 만들 때 유아의 공격성이 강화된다. 공격하는 유아는 상대방이 공격적 행동으로 인한 예상되는 반응을 할 때 그 상대방에 대한 반복적 경험으로 강화되어 공격적 패턴이 형성된다.

(4) 유아기 공격적 행동

① 유아는 갈등해결을 위한 행동으로 공격적 행동을 한다.

유아들은 자기중심적이며 정서가 충동적이다. 언어와 인지적 발달에 있어서 의사소통 기술이 제한되어 있고 자신이 원하는 것을 얻고자 할 때 강제적인 행동을 하는 경우가 많다. 이런 발달 특성으로 다른 사람과 갈등을 일으키기 쉽고 갈등해결을 위해 공격적 행동을 하게 된다.

② 유아의 공격성 유형은 변한다.

유아기 동안 도구적 공격성이 절정에 이르다가 학령기에 이르러 언어적 기술과 인지가 발달하게 되면서 호전적 공격성이 증가한다. 즉, 학령기 아동은 상대방의 행동에 대한 동기가 인식되며 상대방과의 좋지 않았던 경험은 기억력이 발달함에 따라 오래 지속적으로 기억할 수 있게 되기 때문이다.

공격행동도 유아기에는 신체적 공격이 일반적이나 좀 더 연령이 증가하여 언어와 인지가 발달되면서 신체적 공격은 감소하고 언어적 공격이 증가한다.

③ 유아의 공격성은 성차가 있다.

일반적으로 남아가 여아보다 더 공격적이다. 유아원 자유놀이 시간에 54명의 유아들을 관찰한 결과 1,500건의 싸움이 일어났다. 기록에 의하면 남아는 여아보다 더 공개적이고 직접적인 공격행동을 한 반면에 여아는 간접적인 언어적 공격을 하는 경우가 많았다. 또 유아의 공격행동 유형이 남아가 여아보다 신체적으로 공격적이며 이런 차이는 2세부터 나타나기 시작한다고 보고하였다. 노르웨이에 있는 보육시설의 6~36개월 115명 유아들을 관찰한 연구에 의하면 남아가 여아보다 공격행동의 개시(開始)가 많았으며 물건을 소유하려는 경쟁이 더 심한 것으로 나타났다. 그리고 이 연구에서도 공격성에서 남아와 여아의 성차는 만 2세경부터 나타났다고 한다(Feshbach, 1970; Maccoby & Jacklin, 1980; Bjerke, 1980).

(5) 공격적 행동에 대한 지도

공격적인 유아는 청소년과 성인이 되어서도 공격적인 성향을 나타내기 때문에 이에 대한 지도가 필요하다.

① 부모의 양육태도

부모의 제한적 양육태도와 벌은 유아의 공격성과 높은 상관이 있음을 알 수 있다. 특히 아버지의 제한적인 태도와 남아의 공격성에는 높은 상관관계가 있었다(Kagan & Moss, 1962). 따라서 부모는 유아들의 목표지향 행동이 방해받지 않도록 주의하며 체벌, 협박, 모욕과 같은 부정적인 자극을 주지 않도록 하는 반면에 칭찬이나 격려를 아끼지 말아야 할 것이다.

② 또래에 의한 강화

또래가 함께 생활하면서 공격성에 의한 강화를 받지 않도록 유아의 주변 성인은 공격적 행동의 모델이 되는 또래에 대한 중재를 하거나, 또래와 갈등이 일어날 때 빠른 개입으로 갈등을 해결해주어야 한다.

③ 대중전달매체의 영향

유아의 사회성 발달에 TV 프로그램이나 컴퓨터 게임 등이 긍정적인 프로그램도 많지만 때로는 공격성을 모방하고 학습하게 하는 프로그램도 있다. 유아들을 폭력적인 프로그램으로부터 보호하기 위한 노력이 필요하다.

첫째, 유아의 TV 시청과 컴퓨터 게임에 대한 바른 지도를 해야 한다. 폭력적 프로그램의 시청을 중지시키고 폭력적 프로그램에 노출되었다면 유아에게 폭력의 심각성을 설명하고 그들이 시청한 것을 평가하도록 지도해야 한다.

둘째, 부모는 TV나 컴퓨터가 가정생활의 주된 부분이 되지 않도록 해야 한다. TV나 컴퓨터를 생활 속에 바르게 사용하는 법을 가르쳐준다.

셋째, 학교기관은 TV 프로그램에서 표현되는 폭력을 심각하게 받아들이고 가정, 지역사회와 함께 공격적 행동의 발생을 예방하기 위한 공동체로서의 역할을 한다.

9장

유아기 이상 발달

1. 유아기 이상 발달

발달은 인간의 생명이 시작되는 순간부터 죽음에 이르기까지 전 생애에 걸쳐 이루어지는 과정이다. 유아기 이상 발달은 발달의 주 영역인 신체, 언어, 인지, 사회성, 정서 발달에 문제가 생기면서 나타난다. 이상 발달은 정상적인 발달이 이루어지지 않는 경우를 의미하나, 어떤 것이 이상 발달인지에 관해서는 의견이 분분하여 정확한 기준을 제시하기가 쉽지 않다. 유아기에 나타날 수 있는 대표적인 이상 발달을 살펴보면 다음과 같다.

1) **주의력결핍 과잉행동 장애**(ADHD: Attention-Deficit Hyperactivity Disorder)

과거에 비해 최근 자주 볼 수 있으며 발달 초기에 흔하게 진단되는 장애이다. 이 장애는 주로 7세 이전에 발생하고 6개월 이상 지속되어 나타나 학습과 정서 조절 등에 어려움을 보인다. 아이들은 흔히 계속 움직이고 활달한 경우가 많아 초기에 나타날 경우 아이들의 일반적인 특성으로 대수롭지 않게 여길 수 있다. 그러나 단체 생활을 하게 되면서 ADHD와 관련된 특성들이 문제로 드러나 어려움을 겪게 되며 다른 학습 장애나 행동 장애와 겸하여 나타나기도 한다. 주의력결핍 과잉행동 장애는 남아가 여아보다 많이 나타난다. 대부분의 ADHD 사례들은 6~12세 사이에 나타나는데 그 이유는 학교가 아이들에게 주의집중, 규칙 준수, 다른 사람들과 어울리는 능력, 자신의 행동에 대한 조절 등을 요구하기 때문이라고 추측할 수 있다(Campbell, 2000; Hechtman, 2005).

ADHD와 관련하여 유의해야 할 특성은 다음과 같다(Barkley, 1998; Pliszka et al., 2007).

첫째, ADHD는 생물심리사회적 장애이므로, 평가 또한 광범위하게 이루어져야 한다.

둘째, ADHD는 발달장애이므로 각 유아의 발달사가 중요하고, 발달수준에 따라 평가도 달라진다.

셋째, ADHD의 증상이 광범위하고 상황에 따라 다르게 나타날 수 있기 때문에 상황별 정보가 있어야 한다.

넷째, 다른 심리장애를 동반하는 비율이 매우 높으므로, 공존장애와 구분하기 위한 주의 깊은 평가가 필요하다.

(1) 대표 증상

① 부주의(inattention)

부주의는 주의 집중에 어려움을 겪어 무심함, 일을 완수하는 것의 어려움, 지시를 따르는 것의 어려움 등의 특성을 보인다. 유아가 흥미를 느끼거나 어떤 식으로든 동기유발이 되었을 때는 정상적으로 주의를 기울이는 것 같지만 어떤 일이 지루하게 반복적일 때, 또는 노력을 많이 해야 할 때에는 문제가 생긴다(Goldstein, 2013).

과잉행동이나 충동성에 비해 외현적으로 드러나는 문제 행동이 잘 보이지 않을 수 있어 부주의에 의한 ADHD를 판별하기가 어려울 수 있다. 특히, 여아의 경우 부주의한 특성을 보이는 경우가 많고, 자칫 진단이 늦어질 경우 우울 증상으로 발전할 수 있으므로 세심하게 살펴보아야 한다.

② 충동성(impulsive)

충동성은 행동 억제와 조절의 어려움, 생각 후 행동하는 것의 어려움, 보상 연기의 어려움 등의 특성을 보인다. 충동성이 있는 유아는 다른 사람을 방해할 수 있고, 참을성을 필요로 하거나 제약이 있는 활동은 제대로 수행하지 못한다. 그래서, 사람들은 때로 부주의하고 무책임하며, 미성숙하고 게으르고 불손하다고 생각하게 된다(Barkley, 1998).

③ 과잉행동(hyperactivity)

과잉행동은 활동의 양이 지나치게 과도하게 나타나 과도하게 움직이기, 계속적으로 움직이기, 지나치게 말이 많은 등의 특성을 보인다.

주의력결핍 과잉행동 장애 유아들은 부주의, 충동성, 과잉행동의 특성들이 연관되어 나타나며 다른 학습 장애나 정신지체 등의 장애아들에게도 이러한 특성은 흔히 발견되기도 한다. 미국 정신의학회에서 발간한 정신장애진단편람 'DSM−5'에서는 주의력결핍 과잉행동 장애를 부주의 우세형, 과잉행동−충동 우세형, 복합형의 3가지 유형으로 분류하고 있다. 부주의, 충동성, 과잉행동 3가지 특성 중 좀 더 우세하게 나타나는 경우도 있고 3가지 특성이 복합적으로 나타나는 경우도 있으므로 초기에 전문가에 의한 진단이 정확하게 이루어져야 한다.

(2) 진단

주의력결핍 과잉행동 장애의 진단 준거는 다음과 같다.

DSM-5 주의력결핍 과잉행동 장애의 진단 준거

A. (1) 또는 (2)항 중 한 가지 이상이 해당되어야 한다.

(1) 부주의에 관한 다음 증상 중 6가지 이상이 6개월 이상 지속적으로 나타나며, 발달 수준에 맞지 않고 사회적, 학업적/직업적 활동에 부정적인 영향을 미친다.

부주의

- 세부적인 면에 대해 면밀한 주의를 기울이지 못하거나, 학업, 작업, 또는 다른 활동에서 부주의한 실수를 저지른다.
- 일을 하거나 놀이를 할 때 지속적으로 주의를 집중할 수 없다.
- 다른 사람이 직접 말을 할 때 경청하지 않는 것으로 보인다.
- 지시를 완수하지 못하고, 학업, 잡일, 작업장에서의 임무를 수행하지 못한다.(반항적 행동이나 지시를 이해하지 못해서가 아님)
- 과업과 활동을 체계화하지 못한다.
- 지속적인 정신적 노력을 요구하는 과업(학업 또는 숙제 등)에 참여하기를 피하고, 싫어하고, 저항한다.
- 활동하거나 숙제하는 데 필요한 물건들(예: 장난감, 학습 과제, 연필, 책 또는 도구)을 잃어버린다.
- 외부의 자극에 의해 쉽게 산만해진다.
- 일상적인 활동을 잊어버린다.

(2) '과잉행동–충동'에 관한 다음 증상 가운데 6가지 이상의 증상이 6개월 동안 부적응적이고 발달 수준에 맞지 않을 정도로 지속된다.

과잉행동

- 손발을 가만히 두지 못하거나 의자에 앉아서도 몸을 꼼지락거린다.
- 앉아 있도록 요구되는 교실이나 다른 상황에서 자리를 떠난다.
- 부적응한 상황에서 지나치게 뛰어다니거나 기어오른다(청소년 또는 성인 경우에는 침착하지 못한 것으로 나타날 수 있다.).

- 조용히 여가 활동에 참여하거나 놀지 못한다.
- '끊임없이 활동하거나' 마치 '자동차(무엇인가)에 쫓기는 것'처럼 행동한다.
- 지나치게 수다스럽게 말을 한다.

충동성

- 질문이 채 끝나기 전에 성급하게 대답한다.
- 차례를 기다리지 못한다.
- 다른 사람의 활동을 방해하고 간섭한다(예: 대화나 게임에 참견한다.).

B. 심각한 부주의나 과잉행동-충동 증상이 12세 이전부터 나타난다.

C. 심각한 부주의나 과잉행동-충동 증상이 2가지 이상의 상황에서 나타난다(예: 학교, 작업장, 가정).

D. 사회적, 학업적, 직업적 기능에서 임상적으로 심각한 장애를 초래한다.

E. 이러한 증상은 정신분열증이나 다른 정신증적 장애가 진행하는 중에 나타나는 것이 아니며 다른 정신 장애로 더 잘 설명되지 않는다.

출처: 권석만(2013). 현대이상심리학. 서울: 학지사. p. 575 인용

(3) 치료 및 지도

주의력결핍 과잉행동 장애는 뇌의 기능 장애로 인해 발생하는 경우가 많아 약물치료를 많이 사용한다. 이 외에도 행동주의와 인지행동을 활용한 치료, 사회적 기술 습득 훈련, 다중접근 치료, 개인적 상담 등 방법이 다양하다(Campbell, 2000).

행동주의 기법에서는 문제가 되는 행동을 세부적으로 구분하고 강화 등의 방법을 사용하여 부정적인 행동이 줄어들고 긍정적인 행동이 증가할 수 있도

록 한다. 이 기법에서는 ADHD의 일차적 증상을 목표로 하거나 사회적 관계와 같은 기능적 영역의 발달을 돕기 위해 일반적인 행동 전략을 사용한다. 대부분 집이나 교육기관에서 이루어지고, 부모나 교사가 직접적으로 지도한다.

인지행동 기법에서는 자신의 행동을 수정하기 위해 단계적으로 자신을 스스로 모니터링 하는 기술을 사용한다. 4단계로 생각하기 방법을 예로 들면 다음과 같다(권석만, 2013). 1단계는 "문제가 뭐지?", 2단계는 "어떻게 해야 하지?", 3단계는 "계획한 대로 잘 되고 있나?", 4단계는 "계획한 대로 일이 잘 끝났나?"라는 질문을 유아가 스스로 던질 수 있도록 학습시킨다.

다중접근 치료방법에서는 약물치료와 함께 행동을 수정하는 방법을 함께 사용한다. 다중접근 치료는 약물치료에 대한 비판과 한계에 대한 지적으로 인해 두 접근법을 통합하여 실시하는 방법이다.

부모나 교사는 초기에 정확한 진단이 나올 수 있도록 평소 자녀들을 세심하게 관찰하고, 다음과 같은 점에 유의하여 지도한다(Cooley, 2012).

첫째, 인내를 가지고 일관성 있게 지도한다. 부주의, 충동성, 과잉행동의 특성이 자녀에게 보이게 되면 지도하기가 쉽지 않다. 또한, 아이들의 이런 특성이 본인이 나쁜 목적을 가지고 하는 것이 아닌 장애이기 때문에 지나치게 아이들을 제지하려고 하기보다는 인내를 가지고 일관성 있게 지도하는 것이 필요하다.

둘째, 자녀의 행동에 대해 강화와 보상을 적절하게 활용한다. 자녀가 바람직한 행동을 보였을 때 즉각적으로 강화와 보상을 하여 문제 행동이 줄어들 수 있도록 지도한다.

셋째, 일상생활에서 편안한 휴식시간을 제공한다. 평소 과도한 행동으로 피곤할 경우, 일상생활에서도 어려움을 보일 수 있으므로 편안한 상태에서 행동을 조절하며 휴식할 수 있도록 돕는다.

2) 자폐 스펙트럼 장애

(1) 주요 임상 특성

자폐 스펙트럼 장애의 특징은 일반적으로 두 영역으로 나뉘어 나타나는데 여러 상황에서 사회적 의사소통과 상호작용의 지속적인 부재와 제한적이고 반복적인 행동이다(Wicks-Nelson & Israel, 2015).

자폐 스펙트럼 장애로 진단받으려면 사회적 상호작용이 어렵거나, 제한된 행동 특성 및 언어지체와 같은 특성이 3세 이전에 나타나야만 한다. 그러나 발달지체나 지적 장애와 같은 다른 장애와 자폐 스펙트럼 장애를 구분하는 것이 어렵기 때문에 유아는 3세나 그 이후까지 자폐를 가진 것으로 진단하지 않는다(Goin & Myers, 2004).

자폐 스펙트럼 장애를 가진 유아의 가장 큰 특성은 대인관계의 형성과 의사소통이 이루어지지 않는다는 점이다. 이러한 유아들은 친구관계 형성에 어려움을 보이고, 상대방을 보며 대화를 할 때 다른 곳을 쳐다보는 특성이 있어 의사소통에도 문제를 보인다.

DSM-5 자폐 스펙트럼 장애(Autism Spectrum Disorder)의 진단 준거

A. 다양한 맥락에 걸쳐 사회적 의사소통과 사회적 상호작용의 결함이 지속적으로 나타나며 현재 또는 과거에 다음과 같은 양상으로 표현됨(예시된 내용은 증례 중 하나일 뿐 절대적인 것은 아님).

1. 사회적-정서적 상호작용 및 범위에서의 결함. 예를 들어 비정상적인 사회적 접근; 상호 주고 받는 대화를 정상적으로 나누지 못함; 관심이나 감정, 정서를 공유하지 못함; 사회적 상호작용을 개시 또는 반응하지 못함.

2. 사회적 상호작용을 위해 사용되는 비언어적 의사소통 행동에서의 결함. 예를 들어, 언어적 비언어적 의사소통을 잘 통합하지 못함; 눈맞춤과 신체

적 언어 사용이 비정상임 또는 제스처 이해와 사용에서의 결함; 얼굴 표정과 비언어적 의사소통이 전반적으로 결여.

3. 관계를 발달시키고 유지하고 이해함에 있어서 결함. 예를 들어, 다양한 사회적 맥락에 맞게 행동을 조정하는 데에 어려움을 보임; 상상 놀이를 공유하거나 친구 사귀기에 어려움을 보임; 또래들에 대한 흥미 결여.

현재의 심각도에 대한 세분화:
심각도(severity)는 사회적 의사소통의 손상 및 제한적이고 반복적인 행동 패턴에 근거함

B. 제한적이고 반복적인 행동 패턴이나 관심, 활동이 현재 또는 과거에 다음과 같은 항목들 중 적어도 두 가지 이상으로 표현됨(예시된 내용은 증례 중 하나일 뿐, 절대적인 것은 아님).

1. 상동증적, 반복적인 동작 운동, 사물의 사용 또는 언어 사용(예를 들어, 단순 상동증적 운동; 장난감을 줄 세워 놓음; 사물을 툭툭 던짐; 반향어증; 개인 특유의 문구 사용 등).

2. 같은 방식을 요구함, 일상적 활동을 융통성 없이 고수함, 의례적인 언어적 또는 비언어적 행동 패턴(예를 들어, 사소한 변화에도 극도로 고통스러워함; 변화를 어려워함; 사고방식이 경직되어 있음; 의례적인 행동; 매일 같은 길로만 다니려고 하거나 같은 음식만 먹으려고 함).

3. 흥미가 매우 제한적이며 고정되어 있는데, 흥미의 강도나 초점 면에서도 비정상임(예를 들어, 특이한 사물에 대해 강한 애착 또는 집착을 보임; 흥미가 지나치게 한정되어 있고 반복적임).

4. 감각 입력이 과도하게 활성화되거나 과소 활성화됨. 또는 환경 내에서 특정 감각 양상에 특이한 관심을 보임(예를 들어, 고통/온도에 명백하게 무관심함; 특정 소리, 재질에 혐오 반응을 보임; 사물을 지나치게 냄새 맡거나

만짐; 빛이나 움직임을 주시하고 시각적으로 즐김).

현재의 심각도에 대한 세분화:
심각도(severity)는 사회적 의사소통의 손상 및 제한적이고 반복적인 행동 패턴에 근거함

C. 초기 발달 기간 동안 증상이 나타나야 함(다만, 제한된 능력을 넘어서는 사회적 요구가 있어야 비로소 명백하게 나타날 수 있음 또는 이후에 학습한 전략을 사용해 가장할 수 있음).

D. 증상이 사회적, 직업적 또는 현재 기능 중 여타의 중요한 영역에서 임상적으로 유의한 손상을 초래함.

E. 이러한 장해가 지적 장애(지적 발달 장애) 또는 전반적 발달 지연으로 더 잘 설명되지 않음. 지적 장애와 자폐 스펙트럼 장애는 흔히 동반되어 나타남; 자폐 스펙트럼 장애와 지적 장애, 사회적 의사소통 장애를 함께 진단 내리려면, 예상되는 일반적인 발달 수준 이하여야 함.

주의: DSM-IV의 자폐성 장애, 아스퍼거 장애, 또는 달리 분류되지 않는 광범위성 발달 장애로 확실하게 진단받은 사람이라면 자폐 스펙트럼 장애로 진단내릴 수 있다. 사회적 의사소통에 현저한 결함을 보이지만 자폐 스펙트럼 장애의 준거의 다른 증상에 해당되지 않는다면, 사회적 의사소통 장애에 대해 평가가 이루어져야만 한다.

출처: 권석만(2013). 현대이상심리학. p. 569 인용

(2) 원인과 치료

자폐 스펙트럼 장애는 주로 생물학적 원인에 의해 초래되는 것으로 알려져 있으나, 생물학적 요인이 환경적 요인과 복합적으로 작용하여 장애를 유발하는 것으로 보는 견해가 일반적이다.

자폐 스펙트럼 장애 치료의 중심은 행동적 접근과 교육적 접근이다. 약물을

사용하는 개입은 보조적 역할을 한다. 자폐 스펙트럼 장애 아동의 상당수가 약물치료를 받고 있지만 장기 효과를 비롯하여 약효에 대해서는 아직도 많은 것이 밝혀지지 않은 상태이다(Wicks-Nelson & Israel, 2015).

행동치료는 두 가지 범주로 나누어 볼 수 있는데 한 가지는 구체적인 행동에 집중하는 것으로 언어 또는 사회적 기술의 장애가 포함될 수 있고, 상동행동이나 자해 같은 특정한 부적응행동이 포함될 수도 있다. 두 번째는 자폐증의 다양한 주요 증상과 이차적인 문제들을 향상시키고자 비교적 장기간에 걸쳐 집중적이고 포괄적인 치료를 하는 것이다. 자폐아의 치료에는 부모와 가족의 역할이 매우 중요한데, 자폐아의 교육과 치료 기술을 훈련받은 부모가 일상생활 속에서 자폐아를 교육하는 것이 효과적이다.

3) 지적 장애

(1) 주요증상과 임상적 특징

지적 장애는 지능이 비정상적으로 낮아서 학습 및 사회적 적응에 어려움을 나타내는 경우를 말한다. 표준화된 지능검사에서 70 미만의 지능지수(IQ)를 나타내는 경우로 대부분의 표준화된 지능검사에서 산출되는 지능지수는 평균이 100이고 표준편차가 15점이기 때문에 70점이라는 지능지수는 평균점수로부터 2배의 표준편차만큼 낮은 점수에 해당하는 지능수준을 의미한다(권석만, 2013).

지적 장애는 이전에는 정신지체 혹은 지적발달 장애로 불렸지만, DSM-5에서는 지적 장애로 명칭이 바뀌었다. DSM-5에서는 지적 장애를 지적 기능과 적응 기능에서의 결손이라고 정의하고 있다. 지적 기능은 추리, 문제해결, 계획, 추상적 사고, 판단, 학교에서의 학습 및 경험을 통한 학습을 의미한다. 적응 기능은 가정, 학교, 직장, 지역사회와 같은 다양한 환경에서 의사소통, 사회적 참여, 독립적인 생활과 같은 일상생활을 영위할 수 있는 능력을 뜻한다. 지적 장애는 표준화된 지능검사와 임상적 평가에 의해 지적 기능의 손상이 나타날 뿐 아니라 의사소통, 사회적 참여, 독립적인 생활의 일상적 기능 중 한 가지 이상을 제약하는 손상이 있을 경우에 진단된다. 지적 장애의 심각도에 따라 경도, 중등도, 중증도, 고중증도로 구분되며, 국내 장애 등급 판정에서는 지적 장애 3급, 2급, 1급으로 분류한다.

우리나라의 지적 장애 등급 판정 기준을 살펴보면 다음과 같다(보건복지부, 2013). 여기에는 발달 과정상 지속적으로 나타나는 지적 장애 외에도 뇌 손상, 뇌 질환 등 여러 원인에 의해 성인이 된 후 지능 저하가 나타난 경우에 다음과 같은 기준에 근거해 지적 장애에 준한 판정이 가능하지만, 노인성 치매(알츠하이머형 치매)는 제외한다.

- 1급: IQ 35 미만인 사람으로 일상생활과 사회생활의 적응이 현저하게 곤란하여 일생 동안 타인의 보호가 필요한 사람
- 2급: IQ 35 이상-50 미만인 사람으로 일상생활의 단순한 행동을 훈련시킬 수 있고 어느 정도의 감독과 도움을 받으면 복잡하지 아니하고 특수 기술을 요하지 아니하는 직업을 가질 수 있는 사람
- 3급: IQ 50 이상-70 이하인 사람으로 교육을 통한 사회적, 직업적 재활이 가능한 사람

지적 장애를 지닌 유아는 일상생활에 필요한 세 가지 영역인 개념적 영역, 사회적 영역, 실제적 영역과 관련된 정신적 능력에서 부족함을 보인다(곽금주, 2016). 지적 장애는 우울증, 주의력결핍 과잉행동 장애, 자폐 스펙트럼장애 등과 같이 다른 정신적 장애와 함께 발병하는 경우가 많다. 연구에 의하면 유전적 요소가 지적 장애에 미치는 영향은 약 15~20%이며, 증상의 심각도에 따라 경도 지적 장애는 20%, 중도 지적 장애는 50~65%가 유전에 의한 것으로 나타났다(van Bokhoven, 2011). 지적 장애와 관련된 초기 연구는 피아제의 인지발달의 4단계를 따르는지에 초점을 두고 이루어졌는데 연구 결과 지적 장애 아동도 비장애아동과 마찬가지로 피아제의 단계들을 거쳐서 발달하지만, 속도가 느릴 뿐 아니라 궁극적으로 그만큼 높은 수준에 이르지 못한다는 것을 확인하였다(Hodapp & Dykens, 2003; Hodapp & Zigler, 1997).

(2) 원인과 치료

지적 장애를 유발하는 원인은 다양한데, 주요 원인으로는 유전자 이상, 임신 중 태내환경의 이상, 임신 및 출산과정의 이상, 후천성 아동기 질환, 열악한 환경적 요인 등으로 알려져 있다. 태아기 때 유전적 증후군, 선천적 신진대사 문제, 태내 환경 요인 등이 원인이 될 수 있고, 출생 후 뇌 손상, 간질 발작, 심각한 사회적 박탈 등이 원인이 되기도 한다.

지적 장애는 발달의 전 과정에 걸쳐 지속되는 것이 일반적이다. 하지만 장애의 심각도 수준은 제공되는 교육적, 문화적 환경, 사회의 지지의 정도, 또는 개인의 의학적 상태나 유전적 상태, 공병하는 다른 장애(예: 청각 장애, 시각 장애, 간질, 자폐 스펙트럼 장애 등) 여부 등에 따라 기능이 점차 향상되거나 저하되기도 한다. 따라서 영유아 또는 학령기 이전의 초기 아동기 시기라면, 적절한 교육적, 치료적 개입이 이루어지기까지 지적 장애 진단을 유보하고 정기적으로 경과를 관찰하는 것이 중요하다. 또한 대상자의 인종, 문화 및 언어적 배경 등을 고려하는 것도 매우 중요하다.

표 9-1 지적 장애 발생 시기별 위험 요인

시기	생물 의학적 요인	사회적 요인	행동적 요인	교육적 요인
출생 전	• 염색체 장애 • 단일 유전자 장애 • 증후군 • 대사장애 • 대뇌장애 • 산모 질병 • 부모의 연령	• 빈곤 • 산모 영양 결핍 • 가정폭력 • 부모 산전관리 부족	• 부모의 약물 남용 • 부모의 알코올 남용 • 부모의 흡연 • 부모의 미성숙	• 부모의 인지장애 • 부모가 될 준비의 결여

출생 시	• 조산 • 출생 시 손상 • 신생아 이상	• 출생 시 관리 부족	• 부모의 양육 거부 • 부모의 자녀 유기	• 중재서비스를 위한 의료적 의뢰체계의 부족
출생 후	• 외상성 뇌손상 • 영양실조 • 뇌수막염 • 발작장애 • 퇴행성 장애	• 부적절한 양육 • 적절한 자극의 결여 • 가정의 빈곤 • 가족의 만성 질병 • 시설수용	• 아동학대와 유기 • 가정폭력 • 부적절한 안전조치 • 사회적 박탈 • 부적절한 자녀의 행동	• 잘못된 육아 • 진단 지연 • 부적절한 조기 중재 서비스 • 부적절한 특수 교육 • 부적절한 가족 지원

출처: American Association on Mental Retardation(AAMR, 2002). Mental Retardation: Definition, Classification, and Systems of Supports (10th ed.). Washington, DC. p. 127 인용

지적 장애의 치료는 목표와 방법이 지적 장애의 수준에 따라 다르나 일반적으로 일상생활에 필요한 다양한 적응기술을 학습시키고 이러한 적응기술이 유지되도록 하는 것을 목표로 한다. 지적 장애는 여러 가지 신체적 이상이 나타날 수 있으므로 신경학적 평가와 더불어 지능을 비롯한 심리평가를 받은 후 적절한 교육 및 재활 프로그램을 적용하는 것이 바람직하며 가능한 지적 장애를 빨리 확인하여 조기에 집중적인 교육을 시키는 것이 효과적이다. 지적 장애아를 둔 부모는 여러 가지 심리적 고통을 겪게 되므로, 심리적 문제를 잘 극복하고 인내심을 가지고 자녀의 교육에 임할 수 있도록 돕는 것이 필요하다.

4) 말더듬증

말더듬증은 말을 시작할 때 첫 음이나 음절을 반복하여 사용하거나, 특정한 발음을 길게 하거나, 말을 하는 도중에 부적절하게 머뭇거리거나 갑자기 큰 소

리로 발음하는 등 다양한 형태로 나타난다. 말더듬기를 지닌 유아는 발음하기 어려운 단어를 피하기 위해 다른 단어로 대치하여 말하거나 돌려서 말하기도 한다.

말더듬증은 선천적인 요인과 후천적인 요인의 상호작용에 이해 발생하는데 환경적 요인이라 함은 유아 밖의 요소들로서 가정 안에 있는 사람들의 태도, 행동, 그리고 가정에서 일어나는 사건들을 포함한다(이승환, 2009).

말더듬증의 원인은 명확하게 밝혀진 것은 없으나 다양한 요인이 관여하는 것으로 알려져 있다. 말더듬증은 흔히 말을 더듬는 사람을 흉내 내거나 정서적 흥분이나 불안상태에서 우연히 말을 더듬게 되면서 시작되고, 반복되면서 점차 증상이 악화된다.

말더듬증은 주로 학령기 이전인 2~5세 사이에 시작되고, 대개 3세 반이 지나고 나면 발전될 가능성이 높아진다(Yairi & Ambrose, 2004). 따라서 유아교육기관에서 교사는 말더듬을 조기에 발견할 수 있는 사람이기 때문에 유아를 면밀하게 관찰하여 조기에 말더듬 유아를 발견하여 치료로 연계시키는 역할을 해야 한다.

말더듬증의 진단기준

A. 정상적인 말의 유창성과 말하는 시간 양상에 있어서의 장애(연령에 맞지 않는)가 다음 중 한 가지 또는 그 이상의 항목으로 빈번하게 특징적으로 나타난다.

(1) 소리와 음절 반복
(2) 소리의 연장
(3) 갑자기 지르는 소리
(4) 깨진 단어(예: 한 단어 내에서 머뭇거림)
(5) 들을 수 있거나 들을 수 없는 폐쇄(말하는 중에 머뭇거림이 있거나 없음)
(6) 에둘러 말하기(문제가 될 만한 단어를 피하기 위한 단어 대치)
(7) 과도한 신체 긴장으로 생성된 말
(8) 단음절의 전체 단어 반복(예: “그-그-그 사람이 보여요.”)

B. 언어표현의 유창성에 있어서의 장애는 학업성취, 직업성취, 또는 사회적 의사소통의 지장을 초래한다.

C. 언어운동 결함이나 감각결함이 있다면, 언어곤란은 보통 이러한 문제에 동반되는 정도를 초과해서 나타난다.

출처: 김영한 외(2016). 신특수교육개론. 서울: 태영 출판사. p. 259 인용

말더듬증의 치료는 각 개인이 어려움을 겪는 말더듬기 행동의 증상과 정밀한 편가와 분석이 이루어져야 하며 말더듬기가 악화되는 상황과 그에 관련된 심리적 요인에 대한 분석이 이루어진 후 적절한 치료가 시행되어야 한다.

먼저, 인지행동적 치료가 도움이 될 수 있는데 자신의 말더듬기를 수용하고 타인에게 자신의 어려움을 인식시키게 되면, 대화상황에서 불안과 긴장이 감소하게 되고 말더듬증이 개선될 수 있다. 또한, 언어치료적 훈련도 병행하는 것이 바람직하다. 더듬게 되는 음절이나 단어에 대한 유창한 발성 연습, 정확한 발음을 위한 호흡조절능력의 향상, 리듬을 타면서 말을 하는 연습 등의 언어치료적 훈련이 필요하다.

말더듬증 아이들을 지도하는 방법을 정리하면 다음과 같다(권석만, 2013; 김영태, 2008; 김종현 외, 2007).

첫째, 천천히 말하며 인내심을 보여준다. 말을 더듬는 유아는 할 말을 빨리 끝내야 한다는 압박을 느끼게 되므로 교사가 천천히 말하는 모델이 되어 유창성을 향상시키고, 말을 끝낼 때까지 인내심을 가지고 기다려주는 것이 좋다.

둘째, 말을 더듬을 때 시선을 회피하더라도 교사는 계속 눈을 맞추려고 노력한다. 말더듬는 유아는 시선 회피를 불쾌함으로 해석할 수 있으므로, 교사는 눈을 맞추어 주어 유아가 하는 이야기에 관심이 있음을 나타내 준다.

셋째, 간단히 대답할 수 있는 질문을 한다. 한 단어의 짧은 답 등 유아가 간단히 대답할 수 있는 질문을 하여 말을 할 수 있는 기회를 제공해준다.

5) 틱 장애

틱(tic)은 갑작스럽고 재빨리 일어나는 비목적적인 행동이 동일하게 반복되는 현상을 말하며 운동 틱과 음성 틱으로 구분된다.

운동 틱(motor tic)은 눈, 머리, 어깨, 입, 손 부위를 갑자기 움직이는 특이한 동작이 반복되는 경우로 단순 운동 틱과 복합 운동 틱으로 구분된다. 단순 운동 틱은 하나의 근육집단이 수축되어 나타나는 것으로 눈 깜빡거리기, 얼굴 찡그리기, 머리 휘젓기, 입 벌리기, 어깨 움츠리기, 목을 경련하듯이 갑자기 움직이기 등으로 나타난다. 반면, 복합 운동 틱은 여러 근육집단의 수축과 관련된 것으로 특이한 표정 짓기, 손짓하는 행동, 뛰어오르기, 발 구르기를 비롯하여 상당히 복잡한 행동들로 구성되는 경우도 있다. 음성 틱은 갑자기 소리를 내는 행동으로서 헛기침하기, 킁킁거리기, 엉뚱한 단어나 구절을 반복하기, 외설스러운 단어를 반복하기 등이 있다.

DSM-5에서는 틱 장애를 뚜렛 장애, 지속성 운동 또는 음성 틱 장애, 일시성 틱 장애의 3가지로 구분하고 있다.

뚜렛 장애는 다양한 운동 틱과 한 개 이상의 음성 틱이 1년 이상 지속적으로 나타나는 경우로 틱 장애 중에서 가장 심각한 유형이다. 흔히 초기에는 틱이 얼굴과 목에 나타나고 점차로 몸통이나 신체 하부로 이동하면서 다양하게 나타난다. 뚜렛 장애는 인구 1만 명당 약 4~5명에게 발생하는 매우 드문 장애로, 여성보다 남성에게 1.5~3배 정도 더 흔하게 나타난다(권석만, 2013).

지속성 운동 또는 음성 틱 장애는 운동 틱 또는 음성 틱 중 한 가지의 틱이 1년 이상 지속적으로 나타나는 경우를 말한다. 이 경우, 틱은 1년 이상의 기간 동안 거의 매일 또는 간헐적으로 하루에도 몇 차례씩 일어나야 한다. 이러한 지속성 틱 장애의 경우는 운동 틱과 음성 틱이 함께 나타나지는 않으며, 이 두 가지 틱이 함께 나타날 경우에는 뚜렛 장애로 진단된다.

일시성 틱 장애는 운동 틱이나 음성 틱 중 한 가지 이상의 틱이 나타나지만 1년 이상 지속적으로 나타나지는 않은 경우를 말한다. 가벼운 틱증세는 자연히 사라지는 경우가 많으므로 가족이 무시하는 것이 좋다. 그러나 틱이 심해져서 유아에게 정서적 문제를 야기하면 전문가의 평가와 치료를 받아야 한다. 주변 환경에서 주어지는 긴장이나 불안감을 제거해 주는 지지적 심리치료나 가족치료가 흔히 적용되는데 일반적으로 행동치료가 효과적이며, 증상이 심하지 않으면 약물치료는 하지 않는다.

6) 섭식 장애

유아들은 섭식과 관련된 광범위한 문제들이 나타나는데, 이러한 문제들로 인해 많은 부모들이 어려움을 보고하고 있다. 한 연구에 의하면 부모의 50% 이상이 하나의 섭식 관련 문제행동을 보고하였고, 20%는 하나 이상의 여러 개의 문제를 보고하였다(Crist & Napier-Phillips, 2001). 적절한 영양 섭취와 성장 자체도 분명 부모의 관심거리지만 잘 먹지 않는 것은 때로는 떼쓰기, 음식 내뱉기, 구역질하기와 같은 다른 행동상의 문제를 수반한다. 음식 거부의 정도가 심해지면 더욱 어려운 사회적, 심리적 문제로 연결될 가능성이 있고 의학적인 문제와 영양실조로 이어질 수 있다(Wicks-Nelson & Israel, 2015). 유아기에 주로 나타나는 섭식 장애는 이식증과 반추 장애가 있다.

(1) 이식증

이식증(pica)이란 섭취하면 안 되는 물질을 1개월 이상 지속적으로 먹는 행동을 보이는 것이다. 라틴어 어원은 '까치'라는 뜻으로 까치는 온갖 것을 가리지 않고 먹는 것으로 유명하다. 이 장애의 특징은 보통 사람은 먹을 수 없는 페인트, 머리카락, 종이, 헝겊, 나뭇잎, 모래, 곤충 등을 습관적으로 먹는 것이다.

2세경이 되면 먹을 수 있는 것과 먹지 못하는 것을 구분할 수 있는 능력이 생기는데 이식증은 이러한 능력이 없고 후에 정신지체와도 연관된다.

이식증의 원인으로 부모의 관심 부족, 감독 부족, 적절한 자극의 결여 등 여러 가지가 제기되었다. 이식증은 유아기에 발병되어 몇 개월 동안 지속되고 대부분 후에 완화될 수 있다. 유아가 섭취하면 안 되는 물질을 유아의 손이 닿지 않는 곳으로 치우고, 충분한 영양섭취를 제공하며 부모교육 프로그램을 통해 부모가 이식행동을 막도록 도와줄 수 있다. 특히, 납중독이나 장폐쇄 등과 같은 문제가 발생했을 때는 신속한 의학적 치료가 필요하다.

(2) 반추 장애

반추 장애의 특징은 아무런 기질적 문제가 없는데도 음식이나 액체를 고의로 계속 토하는 것이다. 반추 장애가 있는 유아는 많은 양의 음식을 섭취하지만 먹은 후에 즉시 토하기 때문에 영양실조를 일으킬 수 있다. 구토가 계속되면 의학적으로 심각한 문제가 발생할 수 있으며, 심한 경우 사망에까지 이를 수도 있다.

반추 장애는 자극의 결여, 무관심, 스트레스가 많은 생활환경과 같은 심리사회적 문제, 부모와 유아의 관계에서 일어나는 문제가 복합적으로 원인이 될 수 있다. 또한 음식을 토하는 잘못된 습관이 자기자극 행동으로 인식되어 의도적으로 나타나기도 한다.

반추 장애는 남아에게서 더 많이 발생하는데 적절한 행동을 했을 때 관심을 보여주는 치료가 효과적이며, 평소 잘 반응하고 돌보아주는 것이 효과가 있는 것으로 나타났다(Nicholls, 2004). 반추 장애를 포함한 섭식 장애의 치료에 행동치료의 사용이 효과적이라는 결과가 많으며, 때로는 음식 거부 행동을 소거할 때 일정 기간 동안 음식과 스푼을 제거하지 않고, 문제 행동만을 무시하는 것과 같이 간접적인 설득과 회피/소거 요소를 사용하는 것도 필요하다(Wicks-Nelson & Israel, 2015).

7) 배설 장애

어린 아동은 대소변을 가리는 자기조절능력을 배우는 것이 중요하다. 대부분의 유아는 4~5세가 되면 대소변을 스스로 가릴 수 있게 된다. 그러나 대소변을 가릴 충분한 나이가 되었음에도 이를 가리지 못하고 옷이나 적절치 못한 장소에서 배설하는 경우를 배설 장애라고 하며, 유뇨증과 유분증으로 구분된다.

(1) 유뇨증

유뇨증은 배변훈련이 끝나게 되는 5세 이상의 유아가 신체적 이상이 없음에도 옷이나 침구에 반복적으로 소변을 보는 경우를 말한다. 특히 연속적으로 3개월 이상 매주 2회 이상 부적절하게 소변을 볼 경우에 유뇨증으로 진단된다. 이러한 유뇨증에는 밤에만 나타나는 야간형 유뇨증(야뇨증), 낮에만 나타나는 주간형 유뇨증, 그리고 밤과 낮 구분 없이 나타나는 주야간형 유뇨증이 있다.

5세 유아의 경우 유뇨증의 유병률은 남자가 7%이며, 여자는 3%이다. 5세까지 소변을 가리지 못하면 일차적 유뇨증으로 분류되며, 이차성 유뇨증은 5~8세 사이에 가장 흔히 시작되지만 언제든 발병할 수 있다. 유뇨증을 지니는 대부분의 경우는 청소년기에 소변을 가릴 수 있게 되지만 약 1%는 성인기까지 장애가 지속된다.

유뇨증의 원인은 아직 명확하게 밝혀지지 않았으나 유전적 요인, 중추신경계의 미성숙, 방광의 부분적 기능장애, 스트레스나 심리적 갈등, 부적절한 대소변 훈련이 유뇨증의 유발과 관련이 있는 것으로 여겨지고 있다.

유뇨증의 진단기준

A. 침구나 옷에 반복적으로 소변을 본다(고의적이든 고의적이 아니든 관계 없음).

B. 이 행동이 적어도 연속 3개월 동안 주 2회의 빈도로 일어나고, 사회적, 학업적, 또는 다른 중요한 기능영역에서 임상적으로 심각한 고통이나 장애를 일으킨다.

C. 생활연령이 적어도 5세(또는 이에 해당하는 발달수준)이다.

D. 이런 행동이 전적으로 물질(예: 이뇨제 등)이나 일반적인 의학적 상태(예: 당뇨병, 척수 이분증, 경련성 질환)의 직접적인 생리적 효과로 인한 것이 아니어야 한다.

*유형: 야간형, 주간형, 주·야간형으로 분류된다.

출처: 전석균(2013). 정신건강론. 경기: 공동체. p. 198 인용

유뇨증은 복합적인 요인에 의해 나타나므로 적절한 평가를 통해 다양한 치료방법이 적용되어야 한다. 유뇨증이 심리적 갈등에 의한 것일 때는 놀이치료와 가족치료가 도움이 될 수 있다. 치료를 진행하기 전에 유아의 자발적인 참여를 유도하는 것이 매우 중요하다. 치료적 방법은 행동수정을 활용한 적절한 소변 가리기 훈련, 방광훈련(일정량의 물을 마시게 한 후에 가능한 장시간 소변을 참게 하는 훈련을 반복적으로 실시), 놀이치료와 심리치료, 부모상담이 있다.

(2) 유분증

유분증은 4세 이상의 유아가 대변을 적절치 않은 곳에 반복적으로 배설하는 경우를 말한다. 특히 이러한 행동이 3개월 이상 매주 1회 이상 나타날 경우에 유분증으로 진단된다.

유분증이 있는 유아는 수줍음이 많고 난처한 일이 일어날 수 있는 상황을 피하려고 한다. 유분증을 지닌 유아는 사회활동의 제약, 친구들로부터의 놀림과 배척, 부모에 대한 불안과 분노, 낮은 자존감 등의 문제를 나타낼 수 있다.

유분증의 유병률은 5세 아동의 약 1%이며, 남자 아이에게 더 흔하다. 유분증은 몇 년 동안 지속되는 경우도 있으나 대부분 나이가 들면서 사라진다. 적절한 시기에 대소변 훈련을 시키지 않았거나, 대소변 훈련과정에서 일관성이 없었거나, 지나치게 강압적이거나, 발달 단계에 맞지 않게 너무 일찍 대소변 훈련을 시키면 대소변 가리기에 문제가 발생하기 쉽다. 이러한 대소변 훈련과정에서 부모와 자녀는 통제와 자율의 갈등을 경험하게 되며 이러한 갈등이 유분증을 악화시키고 다른 행동적 문제를 초래할 수 있다.

유분증은 다양한 심리사회적 스트레스, 즉 입학이나 동생의 출산, 부모불화, 어머니와의 이별, 병에 걸리거나 입원하는 사건에 의해 촉발될 수 있다. 때때로 변기를 사용하는 것에 대한 남다른 공포를 지닌 경우도 있다. 유분증이 있는 유아는 대체로 주의가 산만하고 집중력이 낮으며 과잉행동을 나타낸다는 점에서 유분증이 뇌신경발달의 지연과 관련되어 있다는 주장도 제기되고 있다.

유분증의 진단기준

A. 적절치 않은 곳(예: 옷 또는 마루)에 불수의적이든 의도적이든 반복적으로 대변을 본다.
B. 이러한 사건이 적어도 3개월 동안 최소한 매달 1회 발생한다.
C. 생활연령이 적어도 4세이다(또는 그와 동일한 발달수준).
D. 행동이 전적으로 물질(예: 하제)이나 일반적인 의학적 상태(예: 변비를 일으키는 기제를 제외한)의 직접적인 생리적 효과로 인한 것이 아니어야 한다.

출처: 전석균(2013). 정신건강론. p. 200 인용

유분증의 치료에는 대소변 가리기 훈련, 행동치료, 심리치료가 적용된다. 규

칙적인 시간에 대변을 보게 하는 습관을 기르게 하거나 대변을 잘 가리는 행동에 대해 보상을 주는 행동치료 기법이 효과적이다. 아울러 가족 내 긴장을 줄이고 유아를 수용하는 분위기를 유도하는 동시에 유분증으로 인해 낮아진 유아의 자존심을 높여 주고 자신감을 길러 주는 것이 중요하다.

2. 장애 유아 통합교육

1) 통합교육의 개념

우리나라에서는 1980년대 중반 이후 통합교육에 대한 요구가 강하게 대두되었고 1994년 '특수교육진흥법'의 전면 개정으로 통합교육제도가 본격적으로 시행되게 되었다. 또한, 2007년 '장애인 등에 대한 특수교육법'이 제정되면서 통합교육에 대한 보다 상세한 정의, 실시기준, 내용 등이 규정되어 법적으로 통합교육을 강화, 지원하는 토대가 마련되었다. 국가차원의 법 제정으로 인해 장애 유아의 의무교육이 이루어졌고, 유아특수교육 대상자의 75% 이상이 통합 환경에서 교육을 받고 있으며, 전일제 통합교육을 받는 장애 유아가 전체의 50%를 넘어선 것으로 보고되었다(교육과학기술부, 2010). 이러한 장애 유아 통합교육의 양적 확산은 우리 사회가 점차 통합교육을 지향하는 문화가 형성되고 있음을 보여준다.

장애 유아 통합교육은 나라 또는 시대적 배경에 따라 달라질 수 있는 유동적인 개념으로 많은 학자들에 의해 다양하게 정의되어 왔다. Salend(1994)는 모든 학습자를 그들 지역사회의 연령에 맞는 양질의 일반학급 교실에서 함께 교육한다는 의미로 통합교육은 모든 학습자를 환영하고, 인정하고, 긍정한다고 하였다. 박은혜(2001)는 장애 유아와 일반 유아가 같은 장소에 있거나 같은 교육방법을 적용하거나 같은 교육과정을 사용하는 등의 공간적·시간적·방법적 측면뿐만 아니라, 소속감을 갖고 선택의 자유를 누릴 수 있는 것을 통합교육으로 보았다. 또한, 통합교육은 장애 학생의 일반학교로의 통합뿐만 아니라

'모든 학생'의 다양성과 차이를 수용하고, 이들의 교육적 요구에 적합하게 질 높은 교육을 제공하는 것으로 정의내리기도 한다(김영한 외, 2016). 우리나라의 '장애인 등에 대한 특수교육법'(2007)에서는 "통합교육이란 일반학교에서 특수교육대상자가 장애유형·장애 정도에 따라 차별을 받지 않고 또래와 함께 개개인의 교육적 요구에 적합한 교육을 받도록 하는 것"이라고 정의하고 있다. 주류화(mainstreaming)에서 시작되었던 통합교육이 이제는 포함(inclusion)의 의미를 내포하고 있는데 이는 통합교육을 장애 유아교육과 일반 유아교육의 두 개의 분리된 집단이 합쳐지는 과정으로 인식하기보다 처음부터 서로 포함되어 있는 하나의 집단으로 인식함으로써 통합교육에서 '함께 교육한다'는 의미를 강조하고 있는 것이다(국립특수교육원, 2006). 이처럼 장애 유아 통합교육은 많은 전문가들에 의해서 여러 가지 다른 내용으로 정의되어 왔으나 대부분의 정의들은 모두 일반교육 과정에 장애 유아를 포함시키는 것을 핵심 내용으로 포함하고 있다.

2) 통합교육의 형태

유치원에서 통합교육을 하는 형태에는 완전통합, 부분통합, 역통합이 있다(강미희, 김순영, 2009). 완전통합은 일반 유아와 장애 유아가 일반학급 교실에서 동일한 시간동안 같은 수업을 하는 형태이다. 부분통합은 장애 유아가 일반교실을 오가며 활동 혹은 시간별, 요일별로 수업에 참여하는 형태이다. 이는 장애 유아의 요구에 따라 최대한 적절한 교육을 제공하기 위한 것으로 개별화된 교육프로그램에 따라 진행된다(조종연, 2001). 역통합은 장애 유아와 일반 유아의 사회적 통합을 증진시키는 것을 목적으로 장애 유아를 위한 교육프로그램 속에 일반 유아를 포함시키는 교육 형태를 말한다(박재국, 강대옥, 2005). 이러한 통합교육의 형태는 장애 정도나 유형에 따라 다양하게 사용할 수 있는데, 최근 통합교육의 방향은 완전통합을 지향하는 추세이다.

3) 장애 유아 통합교육의 효과

통합교육은 장애 유아, 일반 유아, 교사, 가족에게 긍정적 영향을 미친다는 연구결과들이 대부분인데 이를 정리하면 다음과 같다.

첫째, 통합교육은 장애 유아에게 다양한 측면에서 긍정적 영향이 있다. 가장 기본적으로 장애 유아들을 특수학교에 배치함으로 나타나는 낙인 효과를 배제할 수 있으며, 장애 유아에게 전반적인 발달과 학습에 중요한 통로를 제공할 수 있다(Wood, 2006). 국립특수교육원(2006)의 연구에 따르면, 통합교육을 운영하는 세 학교를 대상으로 통합학급과 특수학급을 참여관찰, 면담한 결과 장애아동의 또래와의 어울림을 비롯한 사회성 측면에 긍정적인 효과가 있었다. 통합교육은 장애 유아에게 진보된 교육 환경을 통해 인지 및 언어 발달을 촉진시킨다(Guralnick, 2001). 또한, 장애 유아들은 통합경험을 통해서 자신감과 독립심이 증가되어 긍정적인 상호작용을 유발하게 된다(김진선, 2005).

둘째, 통합교육은 일반 유아에게 오히려 긍정적인 면이 더욱 많다는 연구결과가 있다. Cole 등(2004)은 통합교육을 통해 일반 유아들이 장애인에 대한 동정심을 가지고 어려움을 공감하며 이를 토대로 돕는 행동을 학습하게 된다고 하였다. 일반 유아들은 장애 유아와 함께 생활하면서 장애 유아와 장애에 대해 긍정적인 태도와 가치관을 형성하여 사회적 관계의 향상에 긍정적인 영향을 미치는 것으로 보고되고 있다(구본권, 2001; 정현화 · 정은희, 2007).

셋째, 통합교육은 교사에게도 긍정적인 영향을 미친다. 통합학급을 운영하면서 교사는 장애 유아에 대해 더 많은 정보를 얻을 수 있고, 장애 유아를 더욱 친숙하게 잘 수용할 수 있게 된다(이소현 · 박은혜, 2011). 통합환경에서는 학습자의 다양한 수준에 대한 고려가 더욱 요구되는데, 이러한 융통성 있고 탄력적인 교수의 실시 요구에 따라 교사의 능력과 역량이 강화되고 전문성이 향상되며, 책임감, 교사간의 협력, 교사의 사명감이 더 높아진다(구본권, 2001; 윤향숙, 2007).

넷째, 부모 측면에서의 효과를 살펴보면, 장애 유아의 부모는 통합교육을 경험함으로써 자녀를 독립적인 존재로 인정하고 자녀와 일반 유아와의 긍정적인 모습을 통해서 자신감을 갖게 되며, 일반 유아의 부모는 자녀의 성숙된 모습을 발견하고 만족감을 얻는다(구본권, 2001).

이와 같이, 통합교육은 장애 유아 뿐 아니라 일반 유아, 교사, 부모에게도 긍정적인 효과가 검증되고 있다. 특히, 어린 시기부터 통합교육이 이루어질수록 교육적 효과가 더욱 증진될 수 있으므로 다각적인 측면에서 통합교육에 대한 지속적인 평가와 연구가 진행되어야 할 것이다.

4) 장애 유아 통합교육을 위한 교사의 역할

장애 유아가 일반학급에 통합될 경우 통합학급의 교사들은 유아들이 성공적인 통합 경험을 얻도록 하는데 핵심적인 역할을 하며(조진희, 2007; 허계형, 2008), 통합학급에서 최상의 교수 실제를 이루기 위해서는 이를 수행하는 교사에 대한 훈련과 지원이 가장 중요하다(유은연, 박지연, 2007).

장애 유아의 교육이 특수교육기관에서 일반유치원으로 많이 전환되면서 장애 유아의 교육은 더 이상 특수교사의 고유 영역이 아니라는 인식이 대두되고 있다(오정숙, 2009). 통합학급의 교사는 유아들의 통합경험에 직접적인 영향을 미치기 때문에 교사가 장애 유아에 대한 긍정적이고 적절한 모델을 보여주는 것이 필요하다.

통합학급 교사의 역할은 다양하게 제시되고 있다. 국립특수교육원(2006)에서는 통합학급에서의 교사역할로 학급의 모든 전반적 운영을 담당하면서 통합된 장애 유아가 소속감을 느낄 수 있도록 하는 것, 수업 시간에 유아들끼리 협력하고 상호작용이 이루어질 수 있도록 교수방법을 모색하고 장애 유아의 사회성 신장을 위하여 적절하게 지도하는 것 등을 제시하고 있다.

Kostelnik 등(2007)은 장애 유아를 위한 일반교사의 역할로 유아와 가족이 도움을 받을 수 있는 자원 소개하기, 장애 유아가 지니고 있는 다양한 학습방법을 고려한 개별화된 방법 찾기, 장애 유아에게 학습을 위한 다양한 기회 만들어 주기, 다른 유아들과의 관계 형성 돕기, 유아들 간의 갈등 중재하기, 장애 유아에 대한 희망 갖기를 제시하고 있다.

이소현과 황복선(2000)은 통합학급 교사의 역할을 서비스 제공자와 협력자로 나누어 구분하고 있다. 서비스 제공자는 전반적인 교육 환경과 사회적 상호 교환 능력 증진을 위한 학습 환경 및 활동을 개발해야 하고 다면적인 교육방법을 제공하며, 프로그램의 효율성을 평가하는 역할을 담당해야 한다. 협력자로서의 교사는 장애 유아의 문제의 본질과 심각성에 대한 의견을 제공하고 목표행동을 설정하며, 교수전략이나 사회적 통합을 위한 문제 해결을 위해 협력하고 교과 과정과 집단 관리기술에 대한 자문역할을 담당해야 한다.

장애 유아 통합교육을 위한 교사의 역할을 정리하면 다음과 같다(국립특수교육원, 2006; 강경숙, 2007; 최경희, 2002; 홍미경, 2005).

첫째, 특수교사와 일반교사는 공동의 목표를 향해 교육과정, 방법, 평가 등을 계획하고 장애 유아에 대한 정보를 수집하여 협력적인 학습 분위기를 조성해야 한다. 이를 위해 장애 유아의 발달수준, 강점 및 약점, 문제행동의 종류와 정도, 선호하는 학습 방법 등의 자료를 수집하고 개별적인 교육계획에 따라 장단기 목표를 설정하여 교육을 실시하는 것이 필요하다.

둘째, 장애 유아가 수업에 참여하고 학급 구성원 및 사회 구성원으로서 역할을 담당할 수 있도록 지도한다. 학습과정이나 집단생활에서 발생할 수 있는 부적절한 행동 등에 대해 문제를 파악하고 행동수정을 하도록 교육해야 하며, 다양한 방법을 활용하여 장애 유아도 의미 있는 수업에 참여하여 구성원으로서의 소속감을 가지도록 해야 한다. 교사는 수업 시간에 유아들끼리 협력하고 상호작용이 이루어질 수 있도록 교수방법을 모색하고, 일반교육과정에 장애 유아에 대한 교육내용이 적절하게 포함될 수 있도록 교육과정을 계획 및 실행해야 한다.

셋째, 일반교사와 특수교사는 장애 유아, 일반 유아 모두를 위한 통합교육이 되도록 서로 협력해야 한다. 일반교사와 특수교사는 각자 자신이 가지고 있는 장애 유아와 일반 유아에 관한 정보를 교환하고, 교육과정의 전반적인 운영을 함께 논의하며 지속적으로 협력하는 것이 중요하다.

이상과 같이 통합학급을 담당한 교사는 일반 유아와 장애 유아들을 지도하기 위한 다양한 교수기술을 갖추고 통합교육에 대한 긍정적 가치관과 수용적 태도를 가지도록 특수교사와 협력하며 지속적으로 노력해야 한다.

10장

유아발달과 환경

1. 가족

가족은 인간이 인생을 살아가는 데 가장 기본적인 단위이자 기초가 되는 1차적인 집단이다. 가족 안에서 경험하는 관계를 통해 유아들은 친밀감과 소속감을 느끼며, 이후 다양한 발달에 지대한 영향을 미친다.

1) 부모

부모는 자녀와 서로 영향을 주고받으며 관계를 형성해간다. 부모는 부모 개인의 특성, 자녀의 특성 및 사회적 요인의 상호작용의 영향으로 부모로써 해야 할 도리와 의무를 알아가며 수행한다. 자녀양육에 대한 부모의 양육 효능감과 양육 스트레스도 부모 역할에 영향을 주는데 부모가 양육에 대한 효능감이 높을수록 자녀에게 따뜻하고 긍정적인 태도를 보였고(Mondell & Tyler, 1981), 양육에 대한 효능감이 낮을수록 강압적이고 거부적인 태도로 자녀를 대하는 경향이 나타났다(Teti & Gelfand, 1991).

(1) 부모의 양육태도

부모의 양육태도는 유아발달에 중요한 영향을 미치며, 각 시대나 문화, 나라 등의 특성에 따라 다양한 방식으로 나타난다. 바움린드(Baumrind, 1991)는 부모의 자녀 양육 태도를 애정과 통제라는 두 차원으로 구분하여 권위 있는 부모, 권위주의적 부모, 허용적 부모, 방임적 부모로 범주화하였다. 애정 차원은 부모가 자녀에게 애정적이고 지원적이며 민감한 반응을 보이고 관심을 갖는 것이고, 통제 차원은 자녀에게 성숙한 행동을 요구하고 통제하는 것이다(정옥분, 2013).

① 권위 있는 부모(권위적 부모)

권위 있는 부모는 자녀에게 애정이 있으면서 통제도 하는 경우이다. 기본적으로 자녀에 대한 애정이 있어 사랑으로 대하며, 필요한 경우 통제를 적절하게 사용한다. 자녀양육에 있어서 분명한 기준을 세워 놓고 그 기준에 따라 자녀가 행동하기를 기대한다. 필요한 경우에는 통제를 하지만, 자녀가 독립적으로 판단할 수 있도록 격려하며 자녀의 의견을 존중한다. 의견 차이가 생겼을 때에는 대화를 통해 부모 자신의 의견도 표현하고, 자녀의 의견도 들어주며 의사소통이 원활하게 이루어질 수 있도록 노력한다. 자녀가 바람직하지 못한 행동을 했을 경우에는 무조건 야단을 치거나 나무라기보다는, 왜 잘못한 것인지 알아들을 수 있도록 설명한다.

이러한 부모 밑에서 자란 자녀는 자신을 신뢰하여 자존감이 높으며, 독립적이다. 그들은 또래와 우호적 관계를 유지하며 성인과 협조적이고 스트레스를 잘 극복한다(Santrock, 2015).

② 권위주의적 부모

권위주의적 부모는 통제 차원은 높지만 애정 차원은 낮은 경우이다. 자녀에게 기준을 정해 놓고, 그 기준에 따라 행동할 것을 강요하여 엄격하고 훈육 시 체벌을 사용하기도 한다. 부모는 자녀에게 많은 요구를 하는 반면, 자녀가 원하는 것에는 무관심한 태도를 보인다. 자녀의 개별성, 자율성 등을 인정하지 않고 부모가 정해 놓은 규칙을 따르도록 강요한다. 또한, 자녀에게 체벌을 가하기도 하며 엄격하게 규칙을 강요하지만 왜 규칙을 지켜야 하는지에 대해서는 설명하지 않고, 규칙을 지키지 않은 것에 대해 화를 낸다(Santrock, 2015). 권위주의적 양육방식을 받은 자녀는 부모로부터 인정을 받지 못했기 때문에 스스로 부정적인 자아개념을 가지게 되며 자존감이 낮다. 또한, 대인관계에서도 불안해하고 위축되어 있거나, 공격적이고 반항적인 성격을 가질 수 있다. 부모로부터 받은 체벌로 인해 벌을 피하기 위해 거짓말을 하거나 잘못된 방법을 사용하기도 한다.

③ 허용적 부모

허용적 부모는 애정차원은 높으나 통제가 거의 이루어지지 않는 유형이다. 부모는 자녀에게 애정이 있으나, 통제를 거의 하지 않기 때문에 자녀가 원하는 것을 그대로 들어주는 경우가 많다. 때로는 자녀가 올바르지 않은 태도를 보여도 나무라지 않기 때문에 규율에 벗어난 행동을 할 수 있고, 충동적이거나 제멋대로인 행동을 보이기도 한다. 허용적 양육방식을 받은 자녀는 남에게 군림하려 들고 자아중심적이며, 순응적이지 않고 불만족스러운 또래 관계를 갖는다.

④ 방임적 부모

방임적 부모는 애정과 통제 차원이 모두 낮은 경우로, 자녀에게 애정도 없고 관심이 없기 때문에 어떠한 요구나 통제를 거의 하지 않는다. 방임적 부모의 자녀는 원칙과 규율을 따르는 생활을 힘들어하며, 안정감을 느끼지 못하고 자기통제력이 부족한 경우가 많다. 또한, 다른 사람에 대한 존경을 학습하지 못하며 자신의 행동을 통제하는 데 어려움을 가지며(Santrock, 2015), 가정 안에서 부모로부터 애정을 받지 못했기 때문에 문제행동을 보이며, 반항적이고 공격적인 행동을 나타낸다.

표 10-1 부모의 양육태도에 따른 발달특성

양육태도 및 특징		유아기 발달특성	청소년기 발달특성
권위 있는 부모 (authoritative)	• 적절한 애정과 통제를 하는 부모로 공정하고 합리적임 • 행동기준이 안정적이고 애정적임 • 발달수준에 준한 민감하고 반응적인 요구를 함	• 생기 있고 즐겁게 지냄 • 자존감이 높고 자기 통제를 잘함 • 성유형화가 덜 고정적임	• 자존감이 높음 • 사회적, 도덕적으로 성숙함 • 학업 성취가 높고, 교육 수준이 높음
권위주의적 부모 (authoritarian)	• 복종에 가치를 둠 • 상호 호혜적인 의사소통은 거의 이루어지지 않음	• 불안하고 철회적이며 불안정한 기분 상태 • 욕구 좌절 시 적대적인 태도를 나타냄	• 권위 있는 부모의 자녀에 비해 적응력이 떨어짐 • 허용적이거나 방임적인 부모의 자녀들에 비해 학업 성취는 높음
허용적 부모 (permissive)	• 비교적 온정적이고 비지배적이며 비요구적임 • 벌을 주는 경우가 거의 없음	• 충동적이고 반항적임 • 성인에게 여구가 많고 의존적임 • 과제완수력이 떨어짐	• 자기 통제가 부족하고 학업 성취가 저조 • 빈번한 약물 사용

방임적 부모 (uninvolved)	• 자녀양육에 관심이 적음 • 자녀의 요구를 거부하거나 무시함 • 일관성 있는 훈육을 하지 않음	• 애착, 인지, 놀이 및 사회·정서적 기술 부족 • 공격적이고 행동이 앞섬	• 정서적 자기조절과 학업 수행 부진 • 빈번한 약물 사용과 비행

출처: 조운주, 최일선(2016). 유아생활지도. 서울: 창지사. p. 52 인용

유아를 자녀로 둔 부모는 다양한 역할을 통해 유아의 발달에 도움을 주어야 한다. 유아기는 특히 신체적인 성장과 더불어 지적 능력과 사회·정서 능력이 활발히 이루어지는 시기이므로 자녀에게 관심을 가지고 일관성 있게 대하며 사회 속에서 지켜야 할 규범과 약속도 가르쳐야 한다.

유아기의 부모역할을 정리하면 다음과 같다(임지영 외, 2015).

첫째, 유아의 주도성을 격려해야 한다. 에릭슨(1950)에 의하면, 유아기는 주도성 대 죄책감 시기이다. 유아는 어떤 일에 계획을 세우고 달성하고자 노력하면서 주도성이 발달하게 되는데, 이러한 호기심에 지나친 제재를 받게 되면 죄의식을 느끼게 된다. 따라서, 부모는 적절한 통제 아래 유아가 자신이 관심 있는 활동을 주도적으로 계획하고 달성할 수 있도록 지도해야 한다.

둘째, 유아가 바람직한 기본생활습관을 형성할 수 있도록 지도해야 한다. 식사, 예절, 청결 등 생활 속에서 익히는 기본생활습관이 바르게 형성될 수 있도록 편안한 분위기를 조성하고 좋은 모델링이 되어야 한다.

셋째, 자녀에게 충분한 언어적 상호작용을 해주어 언어 발달에 도움을 주어야 한다. 유아기는 어휘 수가 급격히 증가하고 문법이 발달하는 시기이므로 자녀의 이야기를 잘 들어주고 풍부한 언어 표현의 기회를 제공해야 한다.

넷째, 자녀가 긍정적인 자아개념을 형성할 수 있도록 성공의 경험과 사회적 지지를 제공한다.

다섯째, 다양한 학습경험의 기회를 제공한다. 특히, 놀이를 통한 경험은 유

아의 통합적 발달 및 능력을 향상시키므로 놀이에 적합한 환경과 발달에 적절한 놀잇감을 제공하여 다양한 학습경험이 이루어지도록 한다.

(2) 아버지 역할의 중요성

과거에는 아버지의 역할이 주로 경제활동을 통해 가족을 부양하는 역할이었지만, 현대에는 여성의 사회참여로 맞벌이 부부가 증가함에 따라 가정에서의 아버지 역할이 다양한 측면에서 조명되고 있다. 아버지의 양육참여는 1980년대 중반 이후로 특히 사회적, 학문적으로 관심을 받고 있는데(Levant, Richmond, Cruickshank, Rankin, & Rummell, 2014), 현대 사회에서 아버지는 경제적 부양 역할 뿐 아니라 자녀 양육에 공동으로 참여하는 공동 양육자로서의 아버지 역할도 담당하며 중요성이 강조된다. 아버지가 적극적으로 양육에 참여할 때 자녀뿐 아니라 가족 구성원 모두에게 긍정적인 영향을 미치기 때문에 어머니 역할에 대한 연구에서 점차 아버지 역할에 대한 연구로 관심이 모아지고 있다(Pleck, 2010).

우리나라에서는 예로부터 아버지는 가부장 문화 안에서 가족을 대표하며, 권위를 가지고 가족 부양을 책임지는 역할을 담당하였다. 따라서 가족 내에서 자녀를 양육하는 역할은 어머니에 비해 소극적이었으며 참여하는 경우도 적었다. 최근에는 여성 취업의 증가로 맞벌이 부부가 늘어남에 따라 과거 어머니의 책임으로 여겨지던 자녀양육과 교육에 아버지도 함께 참여해야 한다는 인식이 증가하고 있다. 아버지와 자녀가 함께 다양한 활동을 체험하거나, 자녀 양육을 아버지가 도맡아 돌보는 등의 TV 프로그램이 많은 호응을 받으면서 아버지 역할에 대한 재조명이 이루어지고 있다.

아버지가 자녀의 발달에 긍정적인 영향을 준다는 많은 연구들이 있는데 아버지의 적극적인 양육참여는 자녀의 사회, 정서, 인지, 심리 발달 등에 긍정적인 영향을 미친다(서석원, 이대균, 2014; Wilson & Prior, 2011). 자녀의 사회 정서 발달과 관련된 연구들에서는 자녀교육에 있어서 아버지가 적극적으로 참여하고 자녀에게 애정적이고 반응적인 상호작용을 하면 자녀의 또래관계와 사회적 기술을 증진하며(김다정, 2010), 아버지가 자녀의 행동을 긍정적인 방향으로 조절할 수 있도록 도움을 주고 정서적 지지를 제공할 때 자녀의 문제행동이 감소된다고 보고한다(Rinaldi & Howe, 2012). 아버지는 자녀의 인지 발달과 학업 성취에 긍정적인 영향을 주고(Huntsinger & Jose, 2009) 아버지가 적극적으로 양육에 참여할 때 배우자의 삶을 질적으로 풍요롭게 할 뿐 아니라, 어머니와 자녀 관계에 긍정적인 영향을 미치기 때문에 자녀의 발달에도 긍정적인 도움을 준다(서석원, 이대균, 2014; 손영빈, 윤기영, 2011). 또한, 남아의 성역할 발달과 모델링 역할에 중대한 역할을 하는데 남아들은 자신과 같은 동성인 아버지 모습을 보면서 남성으로써 해야 할 성역할에 대해 배워가고 아버지의 역할을 자연스럽게 학습한다.

아버지는 어머니와 자녀를 양육하는 방법에 있어 차이를 보인다. 예를 들어, 찰흙놀이를 할 때 아버지는 색감과 형태를 구분하지 않고 자녀를 격려하며 놀이에 집중시키지만, 어머니는 한 가지 색으로 구체적인 모양을 만들면서 놀아준다. 또한 아버지가 넓은 공간을 사용하면서 동적인 태도를 보이는 반면, 어머니는 좁은 공간을 사용하면서 정적인 태도로 가르친다. 이러한 차이는 여성인 어머니는 공감의 뇌, 남성인 아버지는 체계의 뇌로 구성되어 아버지가 공간지각력을 발휘해서 자녀에게 즐거움을 주는 반면, 어머니는 공감 능력을 통해 자녀의 인지적 발달을 자극하기 때문이다.

현대사회의 아버지는 임신 때부터 함께 교육을 받고, 분만과정에 참여하기도 하고, 자녀와 놀아주고 주말에 가족을 위해 요리를 하는 등 다양한 역할을 담당한다. 최근에는 아버지가 육아휴직을 신청하여 가정에서 자녀들을 돌보며 지내는 경우도 늘어나고 있다. 아버지와 관련된 용어도 새롭게 등장을 하고 있는데 '친구 같은 아빠'라는 뜻의 '프렌디족'이 그 예이다. 영어단어인 프렌드(friend)와 대디(daddy)를 합친 신조어로 우리나라에서는 2011년 주 5일제 시행과 여성의 활발한 사회활동으로 프렌디가 늘어나기 시작해 자녀 양육에 활발하게 참여하며, 과거의 가부장적인 모습 대신 친구처럼 함께 놀아주며 친밀한 관계를 형성한다. 오늘날의 아버지는 과거 아버지 역할의 중심이었던 가정의 경제적 안정뿐만 아니라 가족 간의 정서적인 만족까지 충족시켜 주는 '성공적인 직장인, 자상한 남편, 그리고 친구 같은 아버지'의 복합적인 역할이 요구되고 있다(이사라 외, 2013).

2) 형제자매

형제자매 관계는 부모-자녀 관계 못지않게 유아 발달에 지속적인 영향을 미친다. 형제자매 관계는 출생에서 죽음에 이르기까지 평생 지속되는 관계로 오랜 시간을 함께하며, 가족 내에서 다른 관계에 영향을 미치고, 특히 심리사회적 기능에 강력한 영향을 미치기 때문에 중요성이 매우 크다(Milevsky, 2011). 특히, 유아의 사회성 발달에 있어서 형제의 역할을 중요한데 부모-자녀 관계가 수직적인 관계인데 반해 형제 관계는 수직적이면서 수평적 특성을 동시에 가지고 있다.

유아는 형제자매 관계를 통해 친밀감, 보살핌, 지지, 우정과 같은 온정(sibling warmth)뿐 아니라, 말다툼, 공격성, 적대감, 반항과 강압 등과 같은 갈등(sibling conflict)도 함께 경험하는 양가적인 특성을 동시에 가진다(Sanders, 2004).

형제자매 간에 성별 구성은 다양하게 나타나는데 각 위치에 따라 다른 특성을 갖는다. 남자 형제는 서로에게 긍정적인 신체 행동을 많이 하고, 손위 남아는 동생에게 신체적 힘에 근거한 방법을 많이 사용한다. 여자 형제는 언어적 긍정 행동을 많이 하며, 여아는 동생에게 보다 수용적이고 말로 설명하는 친사회적인 경향을 보인다.

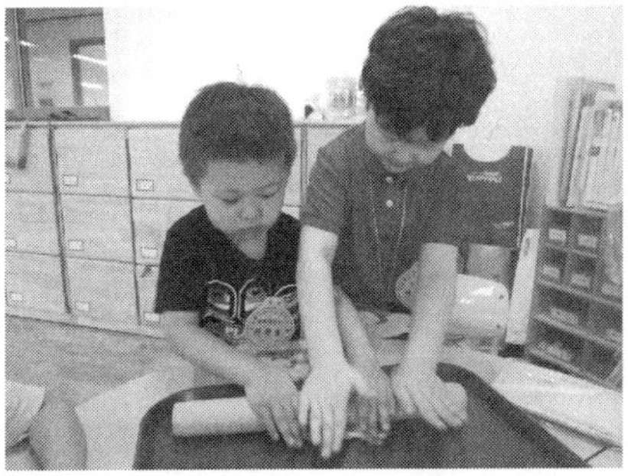

형제가 함께 활동하는 모습

형제는 또래와 다르게 연령의 차이와 서열이 있다. 유아는 형제의 출생순위, 성별 등과 같은 구조적 특성에 따라 다양한 사회적 관계를 미리 경험하며 사회적 기술을 익히게 된다(박화윤, 안라리, 2005). 자녀는 형제자매와 일종의 경쟁관계를 형성하게 되는데, 출생순위에 따른 특성을 정리해보면 다음과 같다(정옥분, 2013, p. 455).

일반적으로 맏이는 부모로부터 가장 많은 기대와 관심 속에 성장하여, 지적 자극이나 경제적인 투자도 가장 많다. 그 결과 맏이는 이후에 태어나는 아이에 비해 성취 지향적이고, 인지 발달이나 창의성이 뛰어나며, 친구들 간에 인기를 끄는 편이다. 부모는 맏이에게 많은 관심을 보이지만 애정적으로는 엄격하다. 부모는 양육경험 부족으로 불안하고 과보호적인 태도를 보이게 되어 맏이는 다소 의존적이고 불안한 특성이 있으며, 첫째라는 위치 때문에 책임감이 강하며 권위적인 태도를 보이기도 한다.

둘째는 출생 후 손위 형제의 존재로 인해 무력감과 좌절감을 느끼게 된다. 자신보다 우월한 손위 형제의 존재는 경쟁심을 유발시키고, 결과적으로 사교적이며 손위 형제와 다른 특성을 보여 자신의 위치를 확보하려 한다. 또한 동생이 출생할 경우, 맏이와 막내에게 자신의 권리를 빼앗기는 느낌을 받게 되어 불공평함을 경험하기도 한다.

막내는 불리한 위치에서 출생하여 애교를 부리거나, 귀엽고, 약하고, 겁이 많게 보임으로써 자신의 위치를 이용하여 모든 구성원이 자신을 시중들도록 요구할 수 있다. 어수룩하게 보이거나 드러내놓고 반항함으로써 자신의 위치를 확보하며, 독자적으로 무엇을 할 수 있는 기회가 상대적으로 적어 미성숙한 성격특성을 보이는 경향이 있다.

외동이는 성격특성상 종종 부정적인 측면에서 부각되고 있다. 자신이 특별하거나 무엇이든지 마음대로 할 수 있다고 생각하며, 과보호로 인해 이기적인 성향을 보이기도 한다. 수줍음을 타거나 무기력하게 될 수도 잇다. 그러나 외동이에 대한 연구는 다소 상반된 결과를 보여주는데, 기존의 통념과는 달리 외동이는 지적 능력이나 성취동기, 사교성 등에서 맏이와 유사한 성격특성을 갖는 것으로 나타나고 있다. 외동이의 경우 부모로부터 많은 관심을 받게 되고,

자기보다 유능한 사람들 속에서 성장하므로 지적인 경향이 있으며, 성인과 같은 행동특성을 보인다고 한다.

형제자매 관계의 중요한 특징을 정리하면 다음과 같다(Dunn, 2007).

첫째, 관계의 정서적 특성으로 형제자매는 서로에 대해 긍정적 또는 부정적인 강렬한 정서를 표현한다. 대부분의 경우, 형제자매에 대해 혼합된 감정을 가지고 있다.

둘째, 관계의 익숙함과 친밀함이다. 전형적으로 형제자매는 서로에 대해 매우 잘 알고 있으며, 이런 친밀함을 통해 상황에 따라 서로에게 지지를 제공하거나 때로는 갈등을 유발하여 서로 간의 관계를 악화시킬 수 있다는 것을 안다.

셋째, 각 형제자매 관계마다 차이를 보인다. 어떤 형제자매는 다른 형제자매들보다 서로에 대해 더욱 긍정적으로 기술하기도 하고, 어떤 경우는 자신을 괴롭히는 존재로 기술하기도 한다.

3) 조부모

최근 우리나라는 맞벌이 부부 증가와 이혼 및 재혼율의 증가 등으로 조손가족이 늘어나고 있으며, 부모 대신 손자녀를 돌봐주는 조부모도 증가하고 있다. 취업모의 경우, 자녀를 믿고 맡길 수 있는 조부모에게 도움을 요청하는 일이 많아지는데, 조부모는 부모보다 자녀양육에 대한 경험이 풍부하고 손자녀에 대한 순수한 애정을 바탕으로 정서적 안정감과 유대감을 형성할 수 있는 장점이 있다. 대부분의 조부모들은 손자녀가 출생한 자녀의 가정에 재정적 보탬이 되기 위해서 손자녀 양육을 기꺼이 지원한다(김윤희, 2011).

조부모와 관련된 연구들을 살펴보면, 조부모의 교육수준이 높을수록 손자녀와 더욱 친밀한 관계를 가지며(민하영, 2004), 조부모와 손자녀와의 공유 활동이 조부모의 교육수준에 따라 차이를 보인다(김재희, 도현심, 2011; 이영숙, 2004). 조부모들은 손자녀를 통하여 자녀 양육시절의 정서를 다시 경험함으로써, 정신적으로 건강함을 유지하게 되며(Judson, 1985), 조부모가 노년기에 갖게 될 사회적 상실에서 오는 부정적 영향을 감소시킬 수 있다(윤순덕, 한경혜, 2004). 또한, 손자녀의 입장에서도 긍정적인 측면이 있는데 유아기에 조부모와 형성된 친밀한 유대감은 성인기까지 지속 및 유지되며(Kemp, 2004), 애착형성이 다양하게 이루어지고 사회성도 발달한다.

최근 우리나라에서 조부모와 관련된 연구결과에 의하면(양진희, 2014), 조부모들은 손자녀에게 경제적, 지적, 사회적, 가정적으로 능력을 지닌 유능한 조부모, 신체적, 정서적, 사회적으로 건강한 조부모, 다정다감하고 재미있으며, 이해심 많고, 소통이 잘 되는 친구 같은 조부모, 그리고 소중한 가치를 전승하고, 도덕적이고 민주적이며, 본보기가 되는 덕망 높은 조부모로 지각되기를 바라고 있었다.

조부모는 실제 양육에 있어 다양한 역할을 담당하는데 양육자, 교육자, 보호자, 위안자 역할 등으로 구분하여 요약하면 다음과 같다(이영숙, 박화윤, 2000).

첫째, 양육자 역할로 일상생활에서 손자녀를 돌보아주는 역할이다. 예를 들어 손자녀를 씻겨주기, 놀아주기, 업어주기 등을 하는 것이다.

둘째, 교육자 역할로 손자녀에게 교육적인 내용의 활동을 제공해 주는 것이다. 예를 들어, 글씨를 가르쳐 주거나 동화책 읽어주기 등이 포함된다.

셋째, 보호자 역할로 손자녀를 안전하게 보호해 주는 것이다. 예를 들어, 귀가나 등원 시 맞아주기, 놀이 활동 지켜보기 등이 포함된다.

넷째, 위안자 역할로 손자녀의 어려움을 덜어주고 지지해 주는 것이다. 예를 들어, 울음을 달래주거나 형제자매 다툼 시 화해시켜 주기 등을 말한다.

2. 또래

1) 또래의 중요성과 기능

또래는 일반적으로 같은 연령의 친구로, 유아는 점차 많은 시간을 또래와 함께 보내며 발달하게 된다. 또래관계는 유아가 새로운 기술을 배우고 현재의 기술은 정교하게 할 기회를 준다. 유아는 또래의 반응을 통해 자신의 정서와 행동을 조절하는 것의 중요성을 빠르게 배운다. 정서와 행동을 조절할 수 있는 유아는 또래에게 인기가 있으며 리더가 되는 경향이 있다(Rubin et al., 1998). 이런 유아는 성인이 간과하기 쉬운 영역에서 다른 아이들에게 필요한 것이 무엇인지를 알고 지원과 안내를 해줄 수 있다. 또래 관계는 유아에게 비교적 평등하고 권력이 균형 잡힌 맥락 내에서 상호작용할 수 있는 독특한 기회를 제공해 준다.

사회적으로 유능한 유아는 친구를 더 잘 만들고 유지하며, 또래 관계를 통해 협동 및 이타심과 같은 친사회적 기술이 발달할 수 있도록 해준다(Sebanc, 2003). 유아는 또래와 서로의 태도에 대해 의논하고 기술을 비교할 수 있는데, 이러한 의논과 비교를 통해 유아는 자신의 태도, 생각, 기술에 대해 검증해보고, 자신에 대해 더 잘 알게 되면서 사회적으로 더 유능하다고 느끼게 된다(Harter, 2006). 친구가 없는 유아는 살면서 사회적 애착을 유지하기 위해 필요한 사회적 기술을 연습할 기회가 없어서, 이러한 적절한 삶의 기술을 발달시키지 못한다(Rubin et al., 1998).

또래관계는 정상적인 유아의 사회·정서 발달에 필수적이다. 또래에 의해 거절당한 회피적인 유아들은 괴롭힘을 당하며, 혼자임을 느끼는 유아들은 우울의 위험에 처할 수 있고, 또래에게 공격적인 유아들은 일탈을 포함한 많은 문제를 일으킬 위험에 놓이게 된다(Santrock, 2015).

또래가 유아발달에 미치는 기능을 정리하면 다음과 같다(이영 외, 2012; 정옥분, 2013).

첫째, 강화자로서 기능을 한다. 또래는 유아의 행동에 대해 보상을 하거나 벌을 주면서 특정 행동에 대한 강화자로서의 역할을 한다. 유아는 또래로부터 인정받기를 원하는데, 또래로부터 관심이나 미소, 칭찬 등 긍정적인 보상을 받게 되면 그 행동은 증가하게 된다. 반대로 또래로부터 부정적인 피드백을 받게 되면 그 행동은 감소하게 된다.

둘째, 모델로서의 기능이다. 유아는 또래의 행동을 유심히 관찰하고 모방하는 경향이 있다. 관찰을 통해 또래의 말투나 행동을 유사하게 따라하게 된다. 유아는 또래의 바람직한 행동 뿐 아니라 바람직하지 못한 부정적인 행동을 모방하기도 하므로, 부모나 교사의 지도가 필요하다.

셋째, 행동의 준거로서의 기능이다. 또래는 유아가 자신의 행동을 객관적으로 평가할 수 있도록 해준다.

넷째, 정서적 안정감을 제공한다. 유아는 또래집단에 대한 소속감이 생기면서 정서적 안정감을 느끼게 되는데, 이러한 안정감은 가족관계에서 느끼는 안정감과는 다르다. 또래로부터 얻은 소속감과 안정감은 우정 발달과 사회성 발달의 기초가 되나, 또래로부터 거부를 당하거나 관계가 원만하지 못할 경우 부정적인 문제를 야기할 수도 있다.

다섯째, 인지 발달을 촉진한다. 유아는 또래와의 상호작용을 통해 갈등을 해결하는 방법, 주변 사람들과 잘 지낼 수 있는 방법, 가장 효과적인 전략을 사용하는 방법 등 다양한 인지적 기술을 습득하게 된다.

친구들과 바깥놀이를 하는 유아들의 모습

2) 또래 수용도

또래 수용(peer acceptence)는 또래들로부터 수용되는 정도로 한 유아에 대한 또래집단의 선호성을 말한다(임지영 외, 2015). 유아기에 형성된 또래 수용도를 통해 이후 아동기와 청소년기의 사회적 적응 증도를 예측할 수 있다. 또래 수용도가 낮을 경우 대인관계에서 고립감을 경험하고 자신과 타인에 대한 부정적 감정을 키워나가며, 학업성취도가 낮아 자기효능감을 갖기 어려우며 문제행동을 키우게 된다. 이러한 기간이 길어질수록 유아는 정신건강의 위험을 초래해 발달 결함이 누적될 가능성이 높다.

또래 수용도의 정도에 따라 인기아, 배척아, 고립아, 특이아로 나눌 수 있는데 그 특성을 정리하면 다음과 같다(강문희 외, 2014).

첫째, 인기아(popular children)이다. 가장 인기가 있는 유아는 일반적으로 신체적 매력이 있고, 머리가 좋고, 사교적이고, 행동적이며, 지도력이 있다. 또한, 자아존중감이 높고, 여러 종류의 다양한 친구들과 어울리며, 유머감각이 뛰어나서, 친구들이 함께 있기를 좋아한다. 인기아는 거부아에 비해 자아존중감이 높고 지적 및 사회적으로 유능한 경향이 있다. 또래가 놀고 있는 장면에 들어갈 때 인기아는 또래활동에 맞춰 자신의 행동을 조절하기 때문에 놀이 활동에 거부감이나 방해 없이 합류한다. 또한, 의사소통의 기술도 뛰어나 또래집단이나 또래아동의 행동을 이해할 수 없을 경우 이해를 위해 설명을 요구한다. 이런 특성으로 또래에게 지도자, 동반자로 평가받는다.

둘째, 배척아(rejected children)이다. 이런 유아는 신체, 언어적 공격을 많이 하고, 교실에서 수업분위기를 망치는 경우가 많다. 또래와 상호작용할 때 공격행동이나 과잉행동을 보이므로 부정적인 사회적 행동을 한다. 또래를 오해하거나 적대적으로 여겨 공격적 행동과 미성숙한 사회적 행동을 하게 되며,이런 행동패턴을 습관화하기 때문에 타인의 의도를 파악하는 기술을 습득하기 어렵다.

셋째, 고립아(isolated or neglected children)이다. 고립되거나 무시당하는 유아는 친구들의 관심 밖에 있기 때문에 친한 친구로 지명되지도 않고 싫어하는 친구로 지명되지도 않는다. 이들은 수줍음을 잘 타고 위축된 성격으로 낮은 자아존중감, 불안, 우울증 등 내적인 문제를 가진 경우가 많다. 배척아와 비슷한 특성을 보이지만 공격적 행동을 하지는 않는다. 또래와 상호작용하는 것보다 혼자 놀거나 자신에게만 집중한다.

넷째, 특이아(controversial children)이다. 또래로부터 긍정적 평가와 부정적 평가를 동시에 받는데 이는 또래와 긍정적 상호작용 행동과 부정적 상호작용 행동을 모두 하기 때문이다. 인기아의 특성과 배척아의 특성을 동시에 지녔다고 볼 수 있으며, 또래로부터 평가도 극과 극으로 나타난다.

3) 우정

우정(friendship)은 또래 간의 정서적 유대감으로 친밀함과 애정과 같은 긍정적인 감정을 지속적으로 유지하는 관계를 말한다(임지영 외, 2015; 조형숙 외, 2014). 유아는 연령이 증가함에 따라 우정도 발달하게 되는데 처음에는 지역적인 친밀성, 즉 같은 동네 혹은 유치원에 다니는지에 따라 우정의 지속 여부가 결정되나 점차 정서적 가까움이나 심리적 이유에 의해 우정이 지속된다.

다몬(Damon, 1977)은 우정의 3단계를 제시했는데 자세하게 살펴보면 다음과 같다.

1단계는 5~7세 시기로 보상비용 단계이다. 이 단계에서는 친구란 나에게 잘해주며 같이 놀면 재미있는 아이로 생각한다. 우정은 일시적 관계로 쉽게 형성되며 또 쉽게 깨지기도 한다.

2단계는 8~10세로 규범 단계이다. 친구란 서로 도와주는 사람이라고 여긴다. 친구는 단순히 자주 만나서가 아니라 내가 좋아하는 어떤 특성을 가졌기 때문에 좋은 것이다.

3단계는 11세 이후로 감정이입 단계이다. 친구란 서로 이해할 수 있고 생각과 감정을 공유할 수 있는 사람이다. 따라서 우정은 지속적으로 이루어진다.

친구와 함께 놀이하는 모습

3. 유아교육기관

현대 사회는 핵가족화, 맞벌이 부부 증가 등으로 유아의 보육과 교육을 가정 뿐 아니라 유아교육기관에서 담당하는 경우가 증가하고 있다. 과거에 비해 우리나라의 유아들은 대부분의 유아교육기관을 거친 후 초등학교에 입학하는 추세이다. 유아교육기관은 유아가 가정을 떠나 처음으로 공동체 생활을 시작하는 곳이다. 유아는 인사, 식사, 청결, 예절 등의 기본생활습관과 함께 또래 친구들과 어울리며 사회성 발달을 이루어간다.

유아기에 다니는 유아교육기관은 규모와 형태가 다양하다. 가정과 같은 소규모 형태로 운영되는 가정어린이집에서부터 대규모의 국공립 병설유치원, 사립유치원까지 운영 방식 및 형태가 다르고 차이가 있다. 현재 우리나라에서 다닐 수 있는 유아교육기관은 크게 2가지로 구분되는데, 교육부 산하의 유치원과 보건복지부 산하의 어린이집이다. 유치원은 만 3세~만 5세 취학 전 유아를 대상으로 하고, 누리과정을 교육내용으로 포함하며, 유치원 정교사 2급 자격증이 있는 교사가 가르치게 된다. 어린이집은 0~만 12세까지로 영아부터 초등학교 방과 후 보육 프로그램 대상도 포함한다. 어린이집의 경우 0~만 2세까지는 표준보육과정, 만 3세~만 5세까지는 누리과정을 적용하고 보육교사 2급 자격증을 가진 교사가 담당하게 된다.

유치원은 설립 유형에 따라 국공립 유치원과 사립 유치원으로 구분된다. 국공립 유치원은 초등학교 내에 병설 유치원이나 단독 건물에 단설 유치원으로 운영된다. 사립 유치원은 법인이 설립한 유치원, 개인이 설립한 유치원 등이 있다. 어린이집은 설립 주체에 따라 국공립 어린이집, 법인 단체 어린이집, 직장어린이집, 가정어린이집, 부모협동어린이집, 민간어린이집 등으로 구분할 수 있다.

유치원에서 교사와 수업하는 유아들의 모습

유아교육기관인 어린이집, 유치원에 다니는 경우 유아의 발달에 다양한 영향을 미치는데 정리하면 다음과 같다.

첫째, 유아교육기관에 다니는 경험은 유아의 신체 발달 및 건강에 영향을 미친다. 특히, 식습관과 관련하여 가정에서 편식 등으로 음식을 골고루 먹지 않는 유아들도 기관에서 친구들과 함께 간식과 급식을 먹는 경험을 통해 자신이 선호하는 음식 뿐 아니라 여러 가지 음식을 골고루 먹는 기회를 가지게 된다. 유아교육기관에서는 누리과정에 맞추어 다양한 활동과 놀이가 이루어지기 때문에 대근육과 소근육을 발달시켜 건강 증진에도 도움을 준다.

둘째, 유아의 인지 발달에 도움을 준다. 부모들이 자녀를 유아교육기관에 보내는 이유 중 하나는 다양한 교육 프로그램을 경험하여 인지 발달이 향상될 것을 기대하기 때문이다. 많은 연구들에 따르면, 우수한 기관에서 좋은 교육프로그램을 경험한 유아들은 그렇지 않은 유아들보다 인지 발달이 높은 것으로 보고되고 있다.

셋째, 유아의 언어 발달을 증진한다. 유아는 유아교육기관에 다니면서 교사-유아 상호작용, 유아-유아 상호작용, 유아−교구 상호작용 등 다양한 상호작용을 경험하게 된다. 이러한 과정에서 자연스럽게 언어 발달이 이루어지며 어휘력 증진, 문해 능력 증진에도 도움이 된다. 유아교육기관에는 일반적으로 개인별 이름, 유아가 쓴 글씨나 그림, 활동 자료, 각 영역별 이름과 교재・교구 등의 풍부한 문해 환경이 조성되어 있어 유아의 언어 발달을 촉진한다.

넷째, 유아교육기관 경험은 유아의 사회·정서 발달에 영향을 준다. 가정에서 가족들과 지내던 유아들이 처음으로 교육기관에 입학하게 되면 교사와 또래들을 만나게 된다. 학기 초 유아는 혼자 놀이를 하며 친구와 어울려 활동하는 것을 어려워하는 경우도 있으나, 점차 함께 시간을 보내면서 공동체 안에서 다른 사람과 지내는 법을 알아간다. 특히, 또래와의 놀이 활동은 사회·정서 발달에 긍정적인 영향을 미친다. 예를 들어, 또래와의 갈등 상황에서 어떻게 해결해가야 하는지, 내가 하고 싶은 것이 있어도 다른 사람과 함께 지내기 위해서 어떻게 행동과 감정을 조절해야 하는지, 유치원의 놀잇감을 어떻게 사용해야 하는지 등의 방법을 익히고 배워간다.

4. 대중매체

TV, 비디오, 컴퓨터와 인터넷, 스마트폰 등 각종 미디어의 보급이 보편화되면서 대중매체가 유아의 발달과 행동에 지대한 영향을 미치고 있다. 특히, 최근에는 유아들의 미디어 이용 시간이 증가했을 뿐 아니라 이용 연령도 점차 낮아지고 있어 문제점이 지적되고 있다.

1) TV

미디어의 발달로 오늘날 대부분의 가정에서는 자녀들이 TV를 보는 것이 익숙한 일상으로 여겨진다. 우리나라의 경우에도 점차 어린 연령의 유아들이 TV 시청에 많은 시간을 할애하고 있다.

TV가 유아발달에 미치는 영향은 긍정적인 면과 부정적인 면 모두를 가지고 있다. 먼저 긍정적인 면을 살펴보면, TV는 대체로 인지 발달에 긍정적인 영향을 미치는 것으로 보고되고 있다. 시각적, 청각적으로 매력적인 자극과 드라마적 요소의 질적 수준이 유아들의 집중력을 유지시키고 강력한 지각적 영향력을 행사하는 데 효과적인 요소로 작용한다(Clermonts, 1987). 또한, TV는 교육이 아닌 오락을 목적으로 시청할 때조차 개념과 일반화를 가르치는 데 효과적인 매체이며, 언어 기술에 필요한 상징의 개념을 획득하는 데 도움을 줄 수 있다(조복희 외, 2013).

반면, 많은 학자들은 TV의 유해성에 대해 우려하며 유아의 발달에 부정적인 영향이 있음을 지적한다(Boyland & Halford, 2013; Zimmerman, Christakis, & Meltzoff, 2007). 특히, 시청자가 된 유아가 지식을 능동적으로 구성하기보다는 일방적으로 그리고 수동적으로 수용하는 입장이 되기 쉽다는 점으로 TV를 너무 많이 시청하는 경우, 오히려 호기심을 둔하게 만들 수 있기 때문에 성인의 지도를 받아 능동적으로 상상 활동을 하면서 시청하는 것이 바람직하다(최경숙, 2006).

IT 강국인 우리나라의 경우 미디어를 이용하는 연령이 점차 하향화되고 있는 것도 문제로 지적되고 있다. 김민정 등(2007)은 유아들이 전자미디어를 처음 경험하는 시기가 만 3세로 하향화된 가운데, 일반적으로 자녀의 연령이 낮을수록 전자미디어 이용 시간이 길고 보다 의존적인 경향이 나타난 점을 제시하면서, 교육기관뿐 아니라 부모가 가정에서 자녀의 미디어 이용을 지도할 수 있는 교육 지침이 요구되며, 여기에는 부모 자신의 태도와 실제 사용에 대해 자각하도록 하는 내용이 포함될 필요가 있음을 제시하였다.

유아를 위한 바람직한 TV 시청 방법을 제시하면 다음과 같다(문혁준 외, 2016; 천은영 외, 2008).

첫째, 유아가 볼 수 있는 프로그램의 종류와 시간에 관한 규칙이 필요하며, 이러한 규칙은 일회성이 아닌 지속적으로 강조해야 한다. 또한, 부모가 일관성 있게 정해진 시간 외 다른 시간에는 유아의 TV 시청을 금지한다.

둘째, 유아가 심심해서 TV를 보지 않도록 한다. TV를 켜기 전에 보고 싶은 것이 무엇인지 파악하여 다른 흥미로운 것을 하도록 격려한다.

셋째, 부모는 유아와 함께 TV를 보면서 상호작용을 해주며 다양한 감정에 대해서도 함께 이야기 나눈다. 예를 들어, 부모는 등장인물의 공격성에 대해 반대를 표현하고 갈등을 해결하기 위한 다른 방법도 제시해야 한다. 또한 고정관념도 지적해야 하여 TV에서 나오는 내용이 모두 정확한 것은 아니며 비판적으로 볼 필요가 있음을 알려준다. 또한, 놀라움, 슬픔, 감동, 기쁨 등의 감정도 이야기하며 좋은 프로그램을 선별하는 습관과 태도 및 표현 능력을 키운다.

넷째, 부모 자신이 좋은 TV 시청자가 되어야 한다. 유아가 옆에 있으면 부모도 공격적인 프로그램이나 자녀에게 적당하지 않은 프로그램은 삼가야 한다. 또한 부모도 채널을 아무 생각 없이 돌리면서 보는 것이 아니라 신중하게 선택해서 시청해야 한다.

2) 컴퓨터와 인터넷

요즘 주변의 많은 유아들이 쉽게 컴퓨터를 접하고 인터넷에 접속하는 모습을 쉽게 볼 수 있다. 통계에 따르면 우리나라 3-9세 아동의 80.1%와 청소년의 90%가 인터넷을 사용하고 있다(Korea Network Information Center, 2002). 우리나라 유아들은 주로 포털 사이트인 '야후 꾸러기'와 '주니어 네이버' 등을 즐겨 사용하는 것으로 조사되었고, 유아들이 선호하는 인터넷 콘텐츠로는 동화와 관련된 사이트부터 게임 등에 이르기까지 다양한 것으로 나타났다(김승옥, 이경옥, 2005).

컴퓨터의 긍정적인 영향으로는 교육적으로 풍부한 이득이 있고, 다양한 학습 보조매체로 적절하게 사용하면 유아의 발달에 긍정적인 효과가 있다. 반면, 유아기 컴퓨터 사용에 대해 우려하는 의견도 있다. 컴퓨터는 학습할 준비가 되어 있지 않은 유아들에게 특정 기술을 학습하도록 강요할 수 있으며, 유아들로 하여금 상호작용을 덜 하게 하고 사회적으로 격리되게 할 수도 있다(유구종, 2011).

유아의 올바른 컴퓨터 게임을 위한 지도방법은 다음과 같다(천은영 외, 2008).

첫째, 가정 이외의 장소에서 컴퓨터 게임이 이루어지지 않도록 신경을 써야 한다.

둘째, 유아와 컴퓨터 게임을 지켜보고 함께 그것에 대해 이야기를 나누거나 같이 게임을 해보면서 부정적인 영향을 줄여 나간다.

셋째, 다른 일상생활에서 지켜야 할 규칙이 있듯이 컴퓨터 게임을 할 때도 시간이나 횟수 제한과 같은 지켜야 할 규칙을 정한다. 규칙을 정할 때에는 유아와 충분히 의논하고 그 의견을 반영하여 합리적인 게임횟수, 게임시간 등을 정하며 부드럽지만 단호하게 약속을 지켜나가도록 도와주어야 한다.

넷째, 게임 외에도 컴퓨터로 할 수 있는 일이 많은지 함께 활동하면서 보여주고 컴퓨터 활용의 바른 개념을 갖도록 돕는다.

다섯째, 컴퓨터를 단순히 즐거움을 위한 사용이 아닌 다양한 학습을 지원해 줄 수 있는 매체로 활용하도록 안내해 주어야 한다.

컴퓨터 약속시간을 정하여 활동하는 유아들

표 10-2 인터넷 중독 자가진단-유아/아동 대상

문항	전혀 그렇지 않다	그렇지 않다	그렇다	매우 그렇다
1. 식사나 휴식 없이 화장실도 가지 않고 인터넷을 한다.				
2. 인터넷을 하다 그만두면 또 하고 싶어서 조를 때가 많다.				
3. 인터넷을 못하게 되면 초조해 보이고 안절부절 못한다.				
4. 인터넷을 할 때만 흥미진진해 보이고, 생생해 보인다.				
5. 인터넷을 안 할 때, 다른 것에 집중하지 못하고, 불안해 보인다.				
6. 다른 일이 있을 때도 인터넷을 사용한다.				
7. 인터넷을 못하게 되면 지루하고 재미없어 한다.				
8. 인터넷을 하는 시간이 하루 중 가장 편안해 보인다.				
9. 과다한 인터넷 사용으로 인해 집중하지 못하고 산만함을 보인다.				
10. 게임에서 빨간 피가 튀는 장면을 볼 때에 무덤덤하게 반응한다.				
11. 인터넷 사용으로 인해 불규칙한 생활을 하는 것 같다.				
12. 정해진 시간에만 사용을 하겠다고 약속하지만 대부분은 약속을 지키지 않는다.				
13. 인터넷을 오래 하느라 아이 체중이 변화한 것 같다.				
14. 인터넷을 하지 못하게 하면 화를 내거나 짜증을 부린다.				
15. 정해진 사용시간을 잘 지킨다.				
*44점 이상: 고위험 사용자군 - 중독성향이 매우 높으므로 관련기관의 전문적인 지원과 도움이 필요한 상태 *40-43점: 잠재적 위험 사용자군 - 스스로 조절하고 계획적으로 쓸 수 있도록 보호자의 지원이 필요한 상태 *39점 이하: 일반 사용자군 - 건전한 사용을 위한 보호자 및 어린이 본인의 지속적인 점검이 필요한 상태				

출처: 인터넷중독대응센터(www.iapc.or.kr)

3) 스마트폰

스마트폰은 유아들이 조작하기가 용이하고, 크기가 작아 손쉽게 가지고 놀 수 있으며 몰입도가 높은 특성이 있다. 이정림 등(2013)은 서울·경기 지역 만 0-5세를 대상으로 연구한 결과, 최초 스마트폰 이용 시기는 평균 2.27세로 10명 중 4명이 주 3-4회 스마트폰을 이용하는 것으로 나타났으며, 유아 가정의 98.0%, 영아 가정의 99.1%가 스마트폰을 보유하고 있고, 스마트폰을 사용하고 있는 유아는 68.4%, 영아는 34.9%로 나타났다.

유아의 스마트폰 사용실태에서 스마트폰 사용 시작 시기는 연령별로 차이가 있었는데, 연령이 어릴수록 스마트폰의 사용시기가 빠르게 나타났고, 연령이 높을수록 사용시간이 많았으며 선호하는 스마트폰 내용은 어릴수록 동화, 동요 동영상을 선호하고, 연령이 높을수록 게임을 더 선호하였다(박은조, 김정희, 2016).

유아의 스마트폰 이용률이 늘어감에 따라 과다사용의 경향도 높아질 수 있고, 연령이 어린 유아기에 지나치게 스마트폰에 노출될 경우 발달에 부정적인 영향을 미칠 위험이 크므로 부모와 교사는 무분별한 스마트폰 노출을 주의할 필요가 있다.

최근 '스마트폰 증후군'이란 신종 증후군이 나타났는데, '스마트폰 증후군'은 과도한 스마트폰 이용 때문에 뇌가 불균형적으로 발달해 유사발달장애, 게임중독, ADHD, 틱 장애, 사회성 결핍 등을 겪게 되는 일종의 정신질환이다(문혁준 외, 2016).

스마트폰이 유아에게 미치는 부정적인 영향과 관련하여 정리하면 다음과 같다(출처: 머니투데이, http://www.mt.co.kr/view/mtview.php?type=1&no=2016111514154446086&outlink=1).

(1) 스마트폰 블루라이트

밤에 자다가 스마트폰 사용하는 것은 뇌에 태양을 들이대는 것과 같다. 스마트폰 불빛인 블루라이트는 수면유도 호르몬인 멜라토닌 분비를 억제하여 수면장애를 유발한다.

(2) 디지털 격리 증후군

스마트폰으로 소통할 때는 편하지만, 직접 만나서는 제대로 놀지 못하고 어색하게 지내는 특성을 보인다. 함께 있지만 각자 따로 스마트폰만 하면서 놀고 있는 모습이 대표적이다.

(3) 팝콘브레인

현실에 무감각해지고 주의력이 크게 떨어져 팝콘처럼 강한 자극에만 반응을 하는 것이다. 스마트폰의 게임, 동영상을 자주 보기 때문에 자극적인 강한 정보에만 익숙하고 현실 세계의 느리고 약한 자극에는 반응을 하지 않는다.

(4) 거북목증후군과 손목터널증후군

스마트폰을 장시간 사용하여 목 뒤가 찌릿찌릿해지면서 목뼈가 휘고, 손(엄지손가락과 손바닥)과 손목이 자주 저리고 통증이 심해지는 현상을 말한다.

(5) 유아 스마트폰 증후군

6세 미만 아이들이 스마트폰의 일방적이고 반복적인 자극에 장시간 노출됨에 따라 두뇌발달에 이상을 가져오게 된다. 우뇌가 발달해야 하는 시기에 좌뇌가 과도하게 발달되어 초기에는 주의산만, 한 가지 행동이나 물건에 집착하기, 언어 지연 등의 증상으로 나타나지만, 계속 진행될 경우에는 ADHD(주의력결핍 과잉행동 장애), 틱 장애, 발달장애 등 장애로까지 이어질 수 있다.

참고문헌

강경숙(2007). 장애학생의 질적 통합을 위한 관련변인 고찰. 한국교육, 34(1), 119-157.

강문희, 김매희, 유정은(2014). 아동발달론. 경기: 공동체

강미희, 김순영(2009). 일반 유아교사를 위한 장애 유아 통합교육의 이해와 적용. 경기: 21세기사.

강성화, 김경회(2001). 유아언어교육. 서울: 동문사.

고영근, 남기심(1987). 표준국어문법론. 서울: 탑출판사.

곽금주(2016). 발달심리학. 서울: 학지사.

교육과학기술부(2010). 특수교육통계. 서울: 교육과학기술부.

구본권(2001). 장애 유아 통합교육의 사례분석. 한국영유아보육학, 24, 149-178.

국립특수교육원(2006). 유치원 통합교육 활동 자료. 경기: 국립특수교육원.

권민균, 문혁준, 권희경, 성미영, 신유림, 안선희, 안효진, 이경옥, 천희영, 한유미, 한유진, 황혜신(2014). 아동발달. 서울: 창지사.

권석만(2013). 현대이상심리학. 서울: 학지사.

김다정(2010). 아버지의 놀이참여와 유아의 놀이성 및 또래유능성의 관계. 명지대학교 사회교육대학원 석사학위논문.

김민정, 박은주, 김갑순(2007). 연령에 따른 유아의 전자미디어 이용 관련 현황과 어머니의 인식의 차이. 유아교육학논총, 11(4), 247-268.

김승옥, 이경옥(2005). 유아교육기관의 온라인 콘텐츠 사용실태 및 요구. 어린이미디어연구, 4, 223-241.

김영태(2008). 아동언어장애의 진단 및 치료. 서울: 학지사.

김영한, 김정현, 김하경, 박선희, 박정식, 엄태식, 이미순, 임채식, 조재규, 홍정숙(2016). 신특수교육개론. 서울: 태영 출판사.

김윤희 (2011). 영유아기 손자녀를 돌보는 조부모들의 이야기. 배재대학교 대학원 석사학위논문.

김은심(1994). 통합적 동작교수방법이 유아의 기본동작능력과 창의적 사고 및신체표현능력에 미치는 효과. 중앙대학교 대학원 박사학위논문.

김재은(1997). 유아 발달 심리. 서울 : 창지사.

김재희, 도현심(2011). 유아기 손자녀를 둔 조모의 역할유형과 관련변인들: 사회인구학적 특성, 조모-손자녀 접촉 정도 및 조모-모 친밀감. 아동학회지, 32(1),

13-29.

김종현, 윤치연, 이성현, 이은림(2007). 특수아동의 이해와 지도. 경기: 공동체.

김진선(2005). 통합된 자폐성 장애 아동의 학교생활 변화에 대한 사례. 이화여자대학교 교육대학원 석사학위논문.

김태련, 조혜자, 이선자, 방희정, 조숙자, 조성원, 김현정, 홍주연, 이계원, 설인자, 손원숙, 홍순정, 박영신, 손영숙, 김명소, 성은현(2004). 발달심리학. 서울: 학지사.

김태영(2010). 장애 유아 통합교육의 실행 과정 속에서 생기는 사립유치원 교사의 고민과 해결 전략. 이화여자대학교 대학원 석사학위논문.

김해력(2013). 아버지의 양육참여도와 부모효능감이 유아의 놀이성 및 자아존중감에 미치는 영향. 가톨릭대학교 대학원 석사학위논문.

김희진(2014). 유아교육기관에서의 영유아 평가: 발달과 교육적 지원을 위한 첫걸음. 서울: 파란마음.

머니투데이(2016). 장난감 대신 준 스마트폰.. 자극에 중독 '팝콘 두뇌' 키운다. http://www.mt.co.kr/view/mtview.php?type=1&no=2016111514154446086&outlink=1

문혁준, 김경은, 서소정, 성미영, 안선희, 임정하, 하지영, 황혜정(2016). 유아발달. 서울: 창지사.

민하영 (2004). 손자녀가 지각하는 조모, 외조모의 사회적지지 특성과 학령기 아동의 심리적 적응. 한국가정관리학회지, 22(3), 23-34.

박은조, 김정희(2016). 만 3, 4, 5세 유아의 스마트폰 이용실태와 어머니의 인식. 한국유아교육학회 정기학술발표논문집. 포스터발표. 649.

박은혜(2001). 통합의 한 방법론으로서의 협력교수: 개념과 실행에 관한 논의. 특수교육연구, 7, 176-197.

박재국, 강대옥(2005). 장애 유아 통합교육. 경기: 서현사.

박종효(1993). 아동의 정의개념 발달에 관한 연구. 서울대학교 대학원 석사학위논문.

박화윤, 안라리(2005). 유아의 형제관계의 질과 또래유능성 및 정서능력간의 관계. 유아교육연구, 25(1), 91-108.

백지혜(2011). 장애 유아 통합교육을 경험한 유치원 교사들의 인식과 교육과정 수정 노력. 이화여자대학교 교육대학원 석사학위논문.

보건복지부 질병관리본부, 대한소아과학회, 소아·청소년 신체발육 표준치 제정위원회(2007). 소아・청소년 표준 성장도표.

보건복지부, 한국영양학회(2015). 유아를 위한 음식피라미드. 2015 한국인 영양소 섭취기준. http://www.kns.or.kr.

서봉연, 송명자, 변창진 편저(1995). 사회인지의 본질과 과정. 인지 발달적 접근 교육 심리. 서울 : 교육과학사.
서석원, 이대균(2014). 영아기 자녀를 둔 아버지의 양육참여, 어머니의 사회적 지원 및 심리적 특성이 어머니의 양육행동에 미치는 영향. 유아교육학논집, 18(2), 135-158.
서유현(2006). 아동발달과 뇌발달의 이해. 2006년 한국아동학회 춘계학술대회, 건강한 아동, 건강한 뇌, 3-12.
성옥련, 김수정, 이지연 공역(1995). Piaget's Theory of cognitive and Affection Development. 삐아제의 인지적·정의적 발달. Barry, J. W. 서울 : 중앙 적성출판사.
손영빈, 윤기영(2011). 아버지의 역할지각, 양육참여도가 어머니의 결혼만족도에 미치는 영향. 미래유아교육학회지, 18(3), 105-126.
신의진(2006). 뇌발달과 아동 정서. 2006년 한국아동학회 춘계학술대회, 건강한 아동, 건강한 뇌, 13-39.
심성경, 함은숙, 변길희, 박수경(2012). 유아 평가 바로 알기. 서울: 창지사.
안선희, 문혁준, 김양은, 김영심, 안효진, 이경옥, 신혜원(2015). 아동관찰 및 행동연구. 서울: 창지사.
양진희(2014). 조부모가 추구하는 바람직한 조부모 상(像)에 대한 연구 - 영유아기 손자녀를 둔 조부모를 중심으로 -. 미래유아교육학회지, 21(2), 231-259.
오정숙(2009). 장애 유아 통합교육에 대한 예비 유아교사의 인식 조사. 아주대학교 교육대학원 석사학위논문.
유구종(2011). 유아를 위한 컴퓨터 교육. 서울: 창지사.
유은연, 박지연(2007). 통합 관련 교사교육이 일반 유아교사의 개인적 교수 효능감과 교수 수행에 미치는 영향. 유아특수교육연구, 7(2), 1-19.
윤순덕, 한경혜(2004). 농촌노인의 생산적 활동과 심리적 복지. 한국노년학, 24(2), 57-77.
윤애희(1998). 발달적 체육 프로그램의 유치원 현장적용 연구. 서울여자대학교 대학원 박사학위논문.
윤진주(2007). 음성언어 중심의 유아 언어교육 프로그램 개발 및 적용 효과. 원광대학교 대학원 석사학위논문.
윤향숙(2007). 통합교육을 위한 유치원 교사의 전문능력에 관한 연구. 전남대학교 교육대학원 석사학위논문.
이민정, 황현숙, 김정희, 이해정, 차영숙, 박주연, 이혜경(2014). 유아언어교육. 경기:

공동체.
이사라, 이주연, 박민선, 송승민, 박선영(2013). 영아발달. 서울: 파워북.
이소현, 박은혜(2011). 특수아동교육 제3판. 서울: 학지사.
이소현, 황복선(2000). 통합교육을 위한 특수교육-일반교사 간 협력모형. 특수교육학연구, 7, 67-87.
이순례 등(2010). 유아 신체활동은 '체육'인가? '창의적 활동'인가?. 2010년도 대한어린이교육협회 추계회원연수. 5-35.
이승환(2009). 유창성장애. 서울: 시그마프레스.
이영, 김온기, 조성연, 이혜경, 이선원, 이정림, 나유미, 김상림, 나종혜(2012). 유아발달. 서울: 학지사.
이영숙(2004). 청소년기 손자녀에 대한 조부모의 역할에 관한 연구. 한국생활과학회지, 13(5), 673-681.
이영숙, 박화윤(2000). 유아기 손자녀가 기대하는 조부모의 역할에 관한 연구. 한국유아교육학회, 20(3), 211-232.
이영자(1994). 유아언어교육. 경기: 양서원.
이영자, 이종숙(1985). 비지시적 지도방법에 의한 유아의 읽기와 쓰기 행동의 발달. 덕성여자대학교 논문집, 14(2), 367-402.
이재연 편저(1993). 아동발달. 서울: 문음사.
이정림, 도남희, 오유정(2013). 영유아의 미디어 매체 노출실태 및 보호대책. 서울: 육아정책연구소.
인터넷중독대응센터. www.iapc.or.kr.
임지영, 도금혜, 류혜원, 문영경, 배기조, 송혜영, 이수원(2015). 유아발달. 경기: 공동체.
전경원(2001). 창의성을 중심으로 한 유아연구방법론 1. 서울: 창지사.
전석균(2013). 정신건강론. 경기: 공동체.
정옥분(2013). 아동발달의 이해. 서울: 학지사.
정정옥, 이경희, 임은숙(2003). 아동의 성장과 발달 이해. 서울: 교육아카데미.
정현선(2012). 미디어를 보는 관점에 따른 유아 교육 분야 미디어 관련 연구 동향 분석. 어린이미디어연구, 11(2), 45-67.
정현화, 정은희(2007).유치원 통합교육 실태 및 지원요구 조사. 특수교육저널, 8(4), 581-614.
조경자(1988). 유치원 교사-아동 상호작용에서의 교사의 성차별적 행동. 이화여자대학교 대학원 석사학위논문.

조명한(1983). 언어심리학. 서울: 정음사.

조복희(2008). 아동발달. 경기: 교육과학사.

조운주, 최일선(2016). 유아생활지도. 서울: 창지사.

조윤경, 홍은주(2003). 질적인 통합보육 프로그램 개발을 위한 일반 유아교육과정의 수정전략의 개념과 실제. 한국영유아보육학, 32, 71-93.

조종연(2001). 부분통합학급 일반아동의 장애아동에 대한 인식연구. 공주대학교 특수교육대학원 석사학위논문.

조진희(2007). 장애 유아 통합교사의 자질에 대한 기대수준과 자기평가 수준. 이화여자대학교 대학원 석사학위논문.

조형숙, 박은주, 강현경, 김태인, 배정호(2014). 유아 발달. 서울: 학지사.

지성애(2008). 탐색중심 유아 동작교육 프로그램 개발 및 효과. 전남대학교 대학원 박사학위논문.

천은영, 안라리, 이연희(2008). 영유아발달. 서울: 동문사.

최경숙(2006). 아동발달심리학. 경기: 교문사.

최경희(2002). 유치원 통합학급의 일반교사와 특수교사의 역할에 대한 교사들의 인식 비교. 공주대학교 특수교육대학원 석사학위논문.

한국유아교육학회편(1996). 유아교육사전. 서울: 한국사전연구사.

한국정보정보화진흥원(2011). 스마트폰 중독 진단척도 개발 연구 보고서 보도자료.

한애자(2008). 유아교육기관의 창의적 동작교육에 대한 실태와 교사의 인식. 탐라대학교 교육대학원 석사학위논문.

한은숙(2002). 영유아발달과 교육. 서울: 정민사.

한의학 박사 김성훈 블로그 http://blog.daum.net/kidoctor/15964697

허계형(2008). 유아교사의 장애 유아 통합교육에 대한 신념 실제 지원 요구도 분석. 유아특수교육연구, 8(3), 1-20.

홍대식 역(1983). 심리학개론. 서울: 박영사.

홍미경(2005). 5세아 무상교육에 따른 경기도 공립유치원의 장애 유아통합교육 지원 실태 및 요구. 공주대학교 교육대학원 석사학위논문.

황해익, 송연숙, 정혜영(2008). 유아행동관찰법. 서울: 창지사.

황혜정, 문혁준, 안선희, 안효진, 이경옥, 정지나(2011). 아동연구방법. 서울: 창지사.

Almy. M., & Genish, C. (1994). Ways of studying children. 아동연구의 질적접근. 임재택, 황해익 공역(1996). 서울: 교육과학사.

American Association on Mental Retardation(AAMR, 2002). Mental Retardation: Definition, Classification, and Systems of Supports(10th ed.). Washington, DC.

Bandura, A. (1973). Aggression : A social learning analysis, N.Y. : Prentice Hall.

__________(1977). Social learning theory. Englewood Cliffs, NJ: Prentice-Hall.

Bandura, A., & Walters, R. H.(1963). Social learning and personality development, N. Y. : Holt, Rinehart & Winston.

Barbour, N. (1987). Learning to read. In C. Seefeldt(ed.). The early childhood curriculum: A review of current rearch, NY: Teachers Colleges, 107-140.

Barkley, R. A. (1998). Attention-deficit/hyperactivity disorder. New York: Guilford Press.

Baumrind, D. (1991). Effective parenting during the early adolescent transition. In P. A. Cowan & E. M. Hetherington(Eds.), Advances in Family Research(Vol. 2). Hillsdale, New Jersey : Erlbaum.

Berk, L. E. (2005). Child Development(5th ed.). Boston, MA: Allyn and Bacon.

__________(2012). Child Development(9th ed.). Boston: Pearson Education.

__________(2014). Development Through the Lifespan(6th ed.). Boston: Pearson Education.

Bjerke, T.(1981). "Aggression in young organism : why does it occur despite aversive stimulation", Immelmann, K., Barlow, G. W. Petrinorch, L., & Main, M. Eds., Behavior Development, Cambridge Univ. Press.

Boyland, E. J., & Halford, J. C. (2013). Television advertising and branding. Effects on eating behavior and food preferences in children. Appetite, 62, 236-241.

Bridges, K. M. B. (1930). Genetic theory of emotions. Journal of Genetic Psychology, 37, 514-527.

Brody, G. H., & Schaffer, D. R. (1982). Contributions of parents and peers to children's moral socialization. Developmental Review, 2, 31-75.

Bromley, K. (1988). Language arts: Exploring connections. Needham Heights, M.A. : Allyn & Bacon.

Bronfenbrenner, U., & Morris, P. A. (2006). The ecology of developmental process. In W. Damon & R. Lerner (Eds.), Handbook of child psychology (6th ed.). New York: Wiley.

Brown, B. B., & Larson, J. (2009). Peer relationships in adolescence. In R. L. Lerner & L. Steinberg(EDS.), Handbook of adolescent psychology(3rd de.). New York:

Wiley.

Buist, K, L., & Vermande, M. (2014). Sibling relationship patterns and their associations with child competence and problem behavior. Journal of Family Psychology Review, 28, 529-537.

Campbell, S. B. (2000). Attention-deficit/hyperactivity disorder. In A. J. Sameroff, M. Lewis, & M. Miller (Eds.), Handbook of developmental psychopathology. New York: Kluwer Academic/Plenum.

Campos, J. J., Caplovitz, K. B., Lamb, M. E., Goldsmith, H. H., & Steinberg, C.(1983). Socioemotional development. In M. M. Haith & J. J. Campos(Eds.), Handbook of child psychology, vol.2. Infancy and developmental psychology (4th ed., pp. 783-915), NY: Wiley.

Caruso, J. J., & Fawcett, M. T. (2006). Supervision in early childhood education: A developmental perspective(3rd ed.). Teachers College Press.

Chomsky, N.(1967). The formal nature of language, in Lenneberg(Ed.), Biological Foundation of Language, NY: J. Wiley.

Clermonts, D. H. (1987). Computer and young children: A review of the research. Young Children, 43(1), 34-44.

Cole, C. M., Waldron, N., & Majd, M. (2004). Academic progress of students across inclusive and traditional settings. Intellectual and Developmental Disabilities, 42(2), 136-144.

Cole, P. M. (1986). Children's spontaneous control of facial expression. Child Development, 57, 1309-1321.

Cook, J. L., & Cook, G. (2005). Child development: Principles and perspectives. Boston, MA: Pearson.

Cooley, M. L. (2007). Teaching kids with mental health & learning disorders in the regular classroom. 아동정신건강과 통합교육. 최나야, 최인화 공역(2012). 서울: 학지사.

Crain, W. (2010). Theories of development: concepts and applications. (6th ed.). Upper Saddle River, NJ: Pearson/Prentice Hall.

Crist, W., & Napier-Phillips, A. (2001). Mealtime behaviors of young children: A comparison of normative and clinical data. Journal of Developmental and Behavior Pediatrics, 22, 279-286.

Crystal, D. (1995). The Cambridge encyclopedia of English language. Cambridge :

Cambridge Univ. Press.

Damon, W. (1977). The social world of the child. San Francisco: Jossey-Bass.

Diamond, A., Casey, B. J., & Munakata, Y. (2011). Developmental cognitive neuroscience. New York: Oxford University Press.

Dunn, J. (2007). Siblings and socialization. In J. E. Grusec & P. D. Hastings (Eds.), Handbook of socialization. New York: Guilford.

Elder, G. H. Jr., & Caspi, A. (1988). Human development and social change: An emerging perspective on the life course. In N. Bolger, A. Caspi, G. Downey, & M. Moorehouse (Eds.), Persons in context: Developmental process. New York: Cambridge University Press.

Erikson, E. H. (1950). Childhood and society. New York: W. W. Norton.

Farver, J. M. (1993). Cultural differences in scaffolding pretend play : A comparison of American and Mexican mother－child and sibling－child pairs. In K. MacDonald(Ed). Parent－child play : Descriptions and implication(349－366). Albany : State University of New York Press.

Flavell, J. H. (1990). Perspectives on Perspective-taking. Paper presented at the meeting of the Jean Piaget Society. Philadelphia.

Freud, S. (1917). A general introduction to psychoanalysis. New York: Washington Square Press.

_________(1923). "The Infantile Genital Organization of the Libido", trans, J. Riviere, Collected Papers. vol.Ⅱ, London : Hogarth Press, 1953.

_________(1940). An Outline of Psycho-analysis. trans. J. Strachey, N.Y. : W. W. Norton & Co. Inc. 1949.

Gardner, H. (1983). Frames of mind, NY: Basic Books.

Goin, R. P., & Myers, B. J. (2004). Characteristics of infantile autism: Moving toward earlier detection. Focus on Autism and other developmental disabilities, 19(1), 5-12.

Goldstein, S. (2013). Attention-deficit/hyperactivity disorder. In S. Goldstein & C. R. Reynolds (Eds.), Handbook of neurodevelopmental and genetic disorders in children. New York: Guilford Press.

Goodman, K. S., &Goodman, Y. M. (1979). Learning to read in natural. In. L. B. Resnick and P. A. Weaver(Eds). Theory and practice of early reading, N.J. : Erlbaum.

Gross, D. (2011). Infancy: Developmental from birth to age 3. Boston: Pearson/Allyn & Bacon.

Guralnick, M. J. (2001). Social competence with peers and early childhood inclusion: Need for alternative approaches. In M. J. Guralnick (Ed.), Early childhood inclusion: Focus on change (pp.481-502). Baltimore: Paul H. Brookes Publishing Co.

Gzesh, S. M., & Surber, C. (1985). Visual perspective-taking skills in children. Child Development, 56, 1204-1213.

Harter, S. (2006). The self. In N. Eisenberg, W. Damon & R. M. Lerner (Eds.), Handbook of child psychology(pp. 505-570). Hoboken, NJ: John Wiley & Sons.

Hechtman, L. (2005). Attention-deficit disorders. In B. J. Sadock & V. A. Sadock (Eds.), Comprehensive textbook of psychiatry. Philadelphia: Lippincott Wiliams and Wilkens.

Hetherington, E. M. (2005). Divorce and the adjustment of children. Pediatrics in Review, 26, 163-169.

Hinde, R. A. (1989). Ethological and relationship approaches. In R. Vasta (Ed.), Annals of child development. (Vol. 6). Theories of child development: Revised formulations and current issues. Greenwich, CT: JAI Press.

Hodapp, R. M., & Dykens, E. M. (2003). Mental retardation(Intellectual disabilities). In E. J. Mash & R. A. Barkley (Eds.), Child psychopathology. New York: Guilford Press.

Hodapp, R. M., & Zigler, E. (1997). New issues in the developmental approach to mental deficiency, psychological theory and research. Mahwah, NJ: Lawrence Erlbaum.

Hoffman, L. W. (1977). Changes in family roles, socialization, and sex differences. American Psychologist, 32(8), 644-657.

Hoffman, L. W. (1988). Cross-cultural differences in childrearing goals. In W. Darmon(series ed.)., & R. A. Levine, P. M. Miller, & M. M. West(vol.eds.).New directions for child development: Parental behavior in diverse societies(vol. 40. pp. 92-122), CA : Jossey-Bass.

Howell, D. C. (2009). Statistical Methods for Psychology. Wadsworth Publishing Company.

Huntsinger, C. S., & Jose, P. E. (2009). Parental involvement in children's schooling:

Different meanings in different cultures. Early Childhood Research Quarterly, 24, 398-410.

Hurlock, E. B (1981). Child Development. NJ: McGraw-Hill.

Inhelder, B., & Piaget, J. (1964). The early growth of logic in the child. New York : Harper & Row.

Johnson, R. B., & Christensen, L. (2004). Educational research: Quantitaive, qualitative, and mixed methods (2nd Ed.). Thousand Oaks, CA: Sage.

Judson, J. S. (1985). Older grandparents'perceptions of generativity in the grandparent-grandchild relationship. Unpublished doctoral dissertation, Kansas State University, Manhattan.

Kagan, J., & Moss, H. A. (1962). Birth to maturity, NY: Wiley.

Kemp, C. L. (2004). Grand expectations: The experiences of grandparents and adult grandchildren. Canadian Journal of Sociology, 29(4), 499-525.

Kirk, R. E. (2013). Experimental design. In I. B. Weiner & others (Eds.), Handbook of psychology (2nd ed., Vod. 2). New York: Wiley.

Kohlberg, L(1976). Moral stages and moralization: The cognitive developmental approach(pp. 31-53). In T. Lickona(ed.) Moral development and behavior: Theory, research, and social issues(pp. 31-43), NY: Holt, Reinhart, & Winston.

Korea Network Information Center(2002). 2002 Korean internet statistics yearbook. Korea Network Information Center, Seoul.

Kostelnik, M. J., Onaga, E., Rohde, B., & Whiren, A. (2002). 장애 유아 통합교육 이야기. 박혜준, 이승연 공역(2007). 서울: 학지사.

Kostelnik, M. J., Whiren, A. P., Soderman, A. K., & Gregory, K.(2009). 영유아의 사회정서 발달과 교육. 박경자 등 공역(2009). 경기: 교문사.

Leedy, P. D., & Ormrod, J. E. (2013). Practical research(10th ed.). Upper Saddle River, NJ: Pearson.

Levant, R. F., Richmond, K., Cruickshank, C., Rankin, T. J., & Rummell C. (2014). Exploring the role of father involvement in the relationship between day care and childrens behavior problems. The American Journal of Family Therapy, 42, 193-204.

Levine, L. E., & Munsch, J. (2013). Child Development: An Active Learning Approach. SAGE Publications.

Lonner, W. J., & Malpass, R. (Eds.). (1994). Psychology and culture. Needham

Heights, Massachusetts: Allyn & Bacon.

Maccoby, E. E., & Jacklin, C. N.(1980). "Sex differences in aggression-a rejoinder and reprise", Child Development, vol.51, no.4, 964-980.

Mader, S. S. (2014). Inquiry into life (14th ed.). New York: McGraw-Hill.

Main, M., & Solomon, J. (1990). Procedures for identifying infants as disorganized/disoriented during the Ainsworth Strange Situation. In M. T. Greenberg, D. Cicchetti, & E. M. Cummings (Eds.), Attachment in the preschool years (pp. 121-160). Chicago: University of Chicago Press.

Mason, J. M. (1980). When do children begin to read : An exploration of four-year-old children's letter and word reading competencies. Reading Research Quarterly, 15, 203-226.

Milevsky, A. (2011). Sibling relationships in childhood and adolescence: Predictors and outcomes, NY: Columbia University Press.

Miller, P. H. (1993). Theories of developmental psychology (3rd ed.), NY: W. H. Freeman and Company.

Mondell, S., & Tyler, F. (1981). Parental competencen and style of problem-solving/play behavior with children. Developmental Psychology, 17, 73-78.

National Association for Sport and Physical Education (2002). Active start: A statement of physical activity guidelines for children birth to five years. Reston, VA: National Association for Sport and Physical Education.

National Sleep Foundation (2013). Children's sleep habits. Retrieved January 3, 2013, from www.sleepfoundation. org.

Newcombe, N., & Huttenlocher, J. (1992). Children's early ability to solve perspective-taking problems. Developmental Psychology, 28, 635-643.

Nicholls, D. (2004). Eating problems in childhood. In J. K. Thompson (Ed.), Handbook of eating disorders and obesity. Hoboken, NJ: John Wiley.

O'Callaghan, F. V., & Others (2010). The link between sleep problems at 5 and 14 years: Evidence from birth cohert study. Early Human Development, 86, 419-424.

Parten, M. (1932). Social participation among preschool children. Journal of Abnormal and Social Psychology, 27, 243-269.

Piaget, J. (1959). The Language and Thought of the Child, NY: The Humanities

Press Inc.

________(1965). The moral judgement of child. NY: Free Press.

Pleck, J. (2010). Paternal involvement: Revised conceptualization and theoretical linkages with child outcomes. In M. E. Lamb (Ed.), The role of the father in child development (5th ed., pp. 58-93). Hoboken, NJ: Wiley.

Pliszka, S. and the AACAP Work Group on Quality Issues. (2007). Practice parameter for the assessment of children and adolescents with attention-deficit/hyperactivity disorder. Journal of the Academy of Child and Adolescent Psychiatry, 46, 894-921.

Rinaldi, C. M., & Howe, N. (2012). Mothers'and fathers'parenting styles and associations with toddlers'externalizing, internalizing, and adaptive behaviors. Early Childhood Research Quarterly, 27, 266-273.

Rubin, K. H., Bukowskki, W. M., & Parker, J. G. (1998). Peer interactions, relationships, and groups. In N. Eisenberg, W. Damon, & R. M. Lerner (Eds.), Handbook of child psychology(pp. 571-645). Hoboken, NJ: Wiley.

Rutter, M. (1987). Psychosocial reselience and protective mechanisms. American Journal of Orthopsychiatry, 57(3), 316-331.

Salend, S. J. (1994). Effective mainstreaming: Creating inclusive classroom(2nd ed.). New York: MacMillan.

Salkind, N. J. (1985). Theories of human development. New York: John Wiley & Sons.

Salovey, P., & Mayer, J. D. (1990). Emotional intelligence. Imagination, Cognition, and Personality, 9, 185-211.

Sanders, R. (2004). Sibling relationships: Theory and issues for practice. Basingstoke: Palgrave Macmillan.

Santrock, J. W. (2014). Child Development(4th ed.). New York: McGraw-Hill.

____________(2015). Essentials of life-span development. 발달심리학. 이지연, 임춘희, 김수정 공역(2016). 경기: 교육과학사.

Schaffer, D. R., & Katherine, Kipp(2014). Developmental Psychology : Childood and Adolescence. International Edtion 9th. 송영길, 장유경, 이지연, 정윤경 공역(2014). 발달심리학. 박영사Story.

Schaie, K. W. (2012). Developmental influences on adult intellectual development: The Seattle Longitudinal Study. New York: Oxford University Press.

Sebanc, A. M. (2003). The friendship features of preschool children: Links with prosocial behaviorand aggression. Social Development, 12(2), 249-265.

Shaffer, D. R. (2000). Social and personality development (4th ed.). Belmont, CA: Wadsworth.

Spodek, B., & Saracho, O. N. (1994). Right from the start: Teaching children three to eight. Boston: Allyn & Bacon.

Sternberg, R. J. (1986). Intelligence applied. Fort Worth, TX: Harcourt Brace.

Teti, O. M.,& Gelfand, D. M. (1991). Behavioral competence among mothers of infants in the first year: The mediational role of maternal self-efficacy, Child Development, 62, 918-929.

Thomas, R. M. (2000). Comparing theories of child development(5th Ed.). Belmont, CA: Wadsworth.

van Bokhoven, H. (2011). Genetic and epigenetic networks in intellectual disabilities. Annual Review of Genetics, 45, 81-104.

Vygotsky, L. S. (1962). Thought and language. Cambridge, MA: Mit Press.

Watson, J. B. (1927). What to do when your child is afraid. Children(March). 25-27.

Wicks-Nelson, R., & Israel, A. C. (2014). Abnormal child and Adolescent Psychology with DSM-ⅤUpdates. 아동 · 청소년 이상심리학. 정명숙, 박영신, 정현희 공역 (2015). 서울: 시그마 프레스.

Wilson, K. R., & Prior, M. R. (2011). Father involvement and child well-being. Journal of Paediatrics and Child Health, 47(7), 405-407.

Wong, M. M., Brower, K. J., Nigg, J. T., & Zucker, r. a. (2010). Childhood sleep problems, response inhibition, and alchol and drug outcomes in adolescence and young adulthood. Alcoholism, Clinical and Experimental Research, 34, 10033-10044.

Wood, J. W. (2006). Teaching students in inclusive settings: Adapting and accommodating instruction. UpperSaddleRiver, NJ: Merrill.

Yairi, E., & Ambrose, N. (2004). Stuttering: Recent developments and futures directions. The ASHA Leader, 18, 14-15.

Zimmerman, F. J., Christakis, D. A., & Meltzoff, A. N. (2007). Associations between media viewing and language development in children under age 2 years. The Journal of Pediatrics, 151(4), 364-368.

찾 아 보 기

(인 명)

(내 용)

저자약력

■ 이경희

서울여자대학교 대학원 아동학과 졸업(문학박사)
현재, 인천재능대학교 유아교육과 교수
인천재능대학교 부속유치원 원장
저서, 유아교육개론(공저), 유아창작공예 등 다수

■ 김정신

이화여자대학교 대학원 유아교육과 졸업(문학박사)
현재, 인천재능대학교 유아교육과 교수
박사학위논문 : 유치원 만 3세반 유아들의 친구에 대한 문화기술적 연구

유아발달

초판 1쇄 인쇄-2017년 2월 10일
초판 1쇄 발행-2017년 2월 15일

•

저 자- 이 경 희 · 김 정 신

•

발행인- 김 의 용
발행처-교육아카데미

•

주소-서울시 성북구 석관동 77-37
전화-(02) 3142-9924(代)
(02) 967-9947
팩스-(02) 967-9948
E-mail : educa9937@naver.com
등록-1996년 9월 6일, No 2-2243

•

정가 17,000원